DAVID LYON

# SURVEILLANCE
## AFTER SEPTEMBER 11

**Themes for the 21st Century**

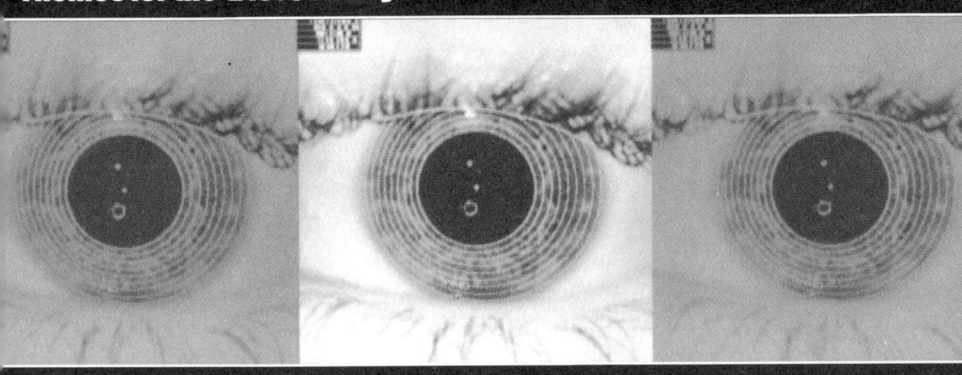

21세기를 위한 주제 06

# 9월 11일 이후의 감시

데이비드 라이언 지음 · 이혁규 옮김

울력

## 9월 11일 이후의 감시 (21세기를 위한 주제 06)

지은이 | 데이비드 라이언
옮긴이 | 이혁규
펴낸이 | 강동호
펴낸곳 | 도서출판 울력
1판 1쇄 | 2011년 9월 30일
등록번호 | 제10-1949호(2000. 4. 10)
주소 | 152-889 서울시 구로구 고척로 4길 15-67 (오류동)
전화 | (02) 2614-4054
FAX | (02) 2614-4055
E-mail | ulyuck@hanmail.net
값 | 14,000원

ISBN | 978-89-89485-84-1  93330

· 잘못된 책은 바꾸어 드립니다.
· 옮긴이와 협의하여 인지는 생략합니다

# 차례

## 일러두기

1. 이 책은 David Lyon의 ***Surveillance after September 11*** (Polity, 2003)을 완역하였다.
2. 이 책은 원서의 체제를 따랐다.
3. 본문에서 책과 신문, 잡지 등은 『 』로, 논문과 기사는 「 」로 표시하였다. 원어 그대로 표기한 경우, 책과 신문, 잡지 등은 이탤릭체로, 논문과 기사는 " "로 표시하였다.
4. 원주는 책 뒷부분에 있다. 옮긴이의 주는 본문 중에 있으며, [ ] 안에 옮긴이의 것임을 밝혔다.
5. 본문 중 ' '는 옮긴이가 표시한 것이다.
6. 이 책을 번역하면서 risk는 '위험'이라 번역하였는데, danger와 함께 쓸 때는 '위험성'이라고 번역하였다. 그리고 security는 문맥에 따라 '안보'와 '보안'으로, identification은 '신분 증명'과 '신원 확인'으로, complacency는 '자기 만족'과 '안주'로 번역하였다. classification은 '분류'라고 번역하면서 social sorting (사회적 분류) 등과 구분하기 위해 '등급화'로 번역하기도 하였다. global은 '전 지구적'으로 번역하였고, data-double은 '이중 자료'로 번역하였다. 그리고 정보 관련 용어들은 우리말로 확립된 용어가 있으면 그것을 쓰려고 하였는데, 원어 발음 그대로 표기하는 것은 그에 따랐다.

# 머리말과 감사의 말

이 책의 초고에 대해 친절하게 조언을 해준 퀸즈 대학 감시 프로젝트의 친구와 동료들, 그리고 캐나다와 그 외 지역의 다른 학자들에게 감사한다. 이들은 페리 이언 반즈, 콜린 베넷, 바트 보니코우스키, 크레이그 캘훈, 욜랜드 찬, 리처드 데이, 린제이 더블드, 게리 질, 시안 히어, 애비 라이언, 크리스틴 리프리히트, 빌 모어, 코넬리아 모서, 기너 패터슨, 마크 솔터, 제프 스미스, 캐서린 스토어, 어윈 스트레이트, 도널드 스튜어트, 알리 제이디, 엘리어 주레이크, 두 명의 익명의 비평가, 그리고 폴리티 출판사의 나의 편집자인 존 톰슨이다. 색인을 만들어 준 나의 연구 조교 에밀리 메르츠와 애비 라이언에게도 감사한다. 몇몇 아이디어들의 초기 버전은『온라인 사회학 연구Sociological Review Online』, 2001년 11월호(www.socresonline.org.uk/6/3/lyon)에 수록되었다. 2장의 다소 다른 버전은 2003년『국제 도시 · 지역 연구 저널The International Journal of Urban and Regional

*Research*』에 실린 것이다. 4장의 일부는 2002년 11월, 비엔나에 소재한 오스트리아 과학아카데미의 기술평가연구소Technology Assessment Institute의 학회에서 발표한 글이다. 그리고 5장의 절들은 2003년, 『사회 속의 정보, 통신, 윤리*Information, Communication, and Ethics in Society*』, 제1권 1호 13~20쪽에 실린 「정보 필터로서의 공항: 9/11 이후 수렴되고 있는 감시 체계들」에 수록된 것이다. 가족들은 격려와 조언뿐 아니라 기대 이상의 최상의 지원을 제공해 주었다. 이에 대해 수, 팀, 애비, 조쉬, 그리고 미리엄에게 다시 한 번 감사의 말을 전한다.

# 서 론

숨길 것이 없으면 두려워할 것도 없다고 사람들은 종종 말한다. 2001년 9월 11일 이전에도 이것은 잘못된 추정이었다. 그리고 2001년 9월 11일 이후부터는 그것의 오류가 더욱더 분명하고 유해有害하게 되었다. "테러와의 전쟁"으로 의심의 망은 광범위하게 확산되고 있다. "테러리즘"과 아무리 거리가 멀다고 하더라도, 어느 누구도 감시로부터 자유롭다고 확실히 생각할 수 없다. 얼마간의 자유가 안보의 대가代價로서 상실된 것으로 묘사된다. 이런 자유와 안보의 교환은 또 하나의 의심스런 거래이다. 폭력을 행사한 범법자를 추적하는 일은 매우 적절하고 칭찬할 만한 것이다. 반면에, 분명하고 민주적으로 정의된 한계 없이 이루어지는 감시의 강화는 그렇지 않다.

물론, 부적절한 행동을 탐지하거나 위험이나 손해를 막기 위해서 타자를 감시하는 관행이 새로운 것은 아니다. 성경의 첫 부분인 창세기를 생각해 보라. 에덴동산에 존재하던 단 하나의 계율을 어긴 후에 자신들의 위선적 의도를 명백히 인식하지 못하고 몸을 숨긴 최초의 남녀에게 창조주는 "너희들은 어디에 있느냐?"라고 호명한다. 그러나 21세기에 감시는 개인의 목소리를 거의 들을 수 없으며, 면대면의 문제, 일회성 사건인 경우가 드물다. 그것은 지속적이며, 일반적이며, 일상적이며, 체계적이며, 비개인적이며, 편재적遍在的이다. 그것은 세계의 상이한 지역에서 상이한 형태로 존재하고 있다. 그러나 기술에 대한 의존이 심한 지역에서는 매일의 일상에 대한 감시를 피할 수가 없다. 북반구에 사는 우리들은 편의성과 안락함을 위해 감시에 의존한다. 특히 9/11 이후에는 안보를 위해 감시에 의존하도록 요구받고 있다. 감시의 자동화는 새로운 종류의 감시를 용이하게 한다. 그러나 우리는 그런 종류의 감시에 대해 윤리적 판단은 말할 것도 없고, 완전히 이해하지도 못하고 있다.

얼마 전에 필자는 싱가포르와 홍콩으로 여행 중이었다. 학회에 참석하고 몇 차례 강의를 하기 위해서였다. 비행기 기장이 에어 캐나다Air Canada의 지시에 따라 예기치 못한 착륙을 해야 한다고 방송했을 때, 필자는 약간의 불안감만 느꼈다. 이런 일을 당해 본 적이 없었지만, 필자는 착륙 후에 간단한 해명을 들을 수 있으리라는 것을 의심하지 않았다. 다른 사람들도 마찬가지였다. 그 순간에 내가 염려한 것은 밴쿠버에서 싱가포르로 가는 환승 항공기를 놓칠지도 모른다는 것이었다. 그날이 2001년 9월 11일 아침이라는 사실이 그때까지는 아무것도 의미하지 않았다. 그날은 일상적인 여러 날들 중의 하루였을 뿐이었다.

그러나 위니펙에 착륙하자마자 특별한 사건이 발생했다는 것이 명백해졌다. 뉴욕에 있는 미국의 세계 상업·방송의 심장부와 펜타곤의 군사력이 공격받았다는 엄청난 이야기를 낯선 여행객들끼리 주고받았다. 우리는 곧 텔레비전 화면에서 믿기 어려운 똑같은 소식이 보도되는 것을 목격하게 되었다. 이 사건에 대한 보도는 여러 날 계속되었다. 동남아시아로 가려던 내 여행을 계속할 수 없다는 것을 완전히 깨닫는 데는 얼마간의 시간이 더 필요했다.

그때까지 필자는 여행할 때마다 항상 스위스제 나이프를 휴대하고 다녔다. 이 나이프에 달린 편리한 도구들 중 하나가 필요한 경우를 대비해서이다. 예를 들어, 이 나이프에는 필자의 안경을 고치는 데 필요한 작은 스크루드라이버와 같은 도구들이 달려 있다. 필자는 아무것도 숨길 게 없었다. 그러나 며칠 후에 온타리오 주 킹스턴에 있는 집으로 돌아오는 비행기에 겨우 탑승하게 되었을 때, 필자는 나이프를 공항 보안 봉투에 담아서 별도로 보내야 했다. 토론토의 공항에서 보안 라인을 따라 길게 줄을 서서 무장한 보안 요원과 군인들의 검열을 통과하는 것도 두려운 일이었다. 백인 남성인 덕분에 차출되어 특별 조사를 받지는 않았지만, 필자는 두려운 마음이 들었다. 그러나 그 이후에 우리 모두가 알게 되었듯이, 이것은 단지 시작에 불과했다.

그 이후로 필자는 아이슬란드 케플라빅 공항의 식별 카메라 앞에서 안면 감식을 받은 적이 있다. 도쿄의 나리타 공항에서는 테러 위협을 예방하기 위해 보안이 강화되었음을 알리는 경고 문구가 선명한 새 디스플레이 장치들을 접할 수 있었다. 또 런던, 시드니, 비엔나 같은 세계적 도시에서도 새로운 감시 조치들 — 출입문에서 수하물을 조사하는 검색견 등 — 을 경험했다. 필자는 지금 우연하게도 2001년 9월에 운명의 비행기들 중에서 두 대가 출발했던 보스턴 로건 공항의 출발 라운지에서 이 글을 쓰고 있다. 체크인에서 탑승 램프까지 수하물과 사람에 대한 검열이 훨씬 더 엄격하다. 안전 요원에게 랩톱 컴퓨터를 켜서 보여 주어야 하고, 비행기 탑승 전에 여권 사진을 보여 주어야 한다. 미국 입국 비행기는 승객에 대한 정보를 목적지에 미리 보내야만 한다. 일상적 관행에서 볼 때, 이 모든 것은 새로 도입된 것이다.

　그러나 이런 변화들은 북아메리카뿐 아니라 전 세계에서 진행되는 정치 문화, 거버넌스 및 사회 통제의 심층적이며 장기적인 전환의 단지 표면적인 징후들이다. 지역에 따라서 이런 전환이 가지는 중요성을 인식하는 정도가 다른 것은 사실이다. 예를 들어, 짐바브웨에서 발행되는 전국 일간 신문은 9월 13일자 신문에서 단 몇 줄만을 9/11 테러 공격에 할애했다. 그렇지만 9/11이 초래한 영향이 정말로 전 지구적이라는 것은 의심의 여지가 없다. 다른 사람들의 경험과 비교해 볼 때, 필자가 개인적으로 경험한 것은 사소한 문제일 뿐이다. 이것들은 몇 가지 공적 이슈들이 거대한 모습을 드러내는 더 큰 그림의 일부분에 불과하다. 사회학의 과제는 그것들 간의 연관 관계를 조명하는 것이다. 이 경우는 필자가 겪은 작은 이야기가 21세기의 주요 사회적 변환 속에서 어떤 위치에 있는가를 보여 주는 것이다.

이 책은 이런 심층적 변화의 한 국면인 감시의 시도에 대해 다룬다. 이것은 9/11 공격이 일어난 후에 안전을 확보하려는 시도로 인해 확립되었다. 이 책은 이런 특수한 국면을 탐구하는 것에 한정되어 있다. 물론 범위를 이렇게 한정함에도 불구하고, 이것의 기원과 결과는 복합적이며 광범위하다. 여기서 강조하지 않을 수 없는 것은, 비록 9/11 사건과 그 결과들이 전례가 없는 것이기는 하지만, 바로 그날에 "모든 것이 변했다"는 생각은 매우 잘못된 것이라는 점이다. 9/11로 인해 미국인들이 무시무시한 자살 공격으로 표현되는 외국인의 증오를 당혹스럽게 직면하게 된 것은 사실이다. 그리고 이전에는 존재하지 않았던 몇몇 보안 조치들이 취해졌다. 그러나 필자가 언급한 "심층적 변화"의 많은 부분은 9/11 이전에 이미 진행되고 있었다. 9/11은 단지 좀 더 공개적인 방식으로 그것의 도래를 촉진하는 데 공헌했다.

## 감시와 갑작스런 변화

우리는 9/11 — 그 사건과 그것의 영향 — 을 두 가지 방식으로 이해할 수 있다. 즉, 9/11은 중요한 사회적 변화를 드러내기도 하고, 중요한 사회적 변화를 실제로 구성하기도 하는 양면을 가진 것으로 간주할 수 있다. 그날의 공격은 지난 10년간 그리고 그 이전부터 조용히 발전하고 있던 수많은 감시의 경향들을 표면화시켰다. 그것들은 대체로 인지되지 않고 있던 것들이다. 예를 들어, 이전에는 대중 매체를 통해 간헐적으로만 논의되던 비디오 감시 문제가 갑자기 모든 사람의 입에 오르내리게 되었다. 일반 대중이 안보 및 경찰 서비스를 위한 "눈과 귀"의 역할을 할 수 있다는 생각은 오래 된 것이다. 그러나 이제는 그것이 공적인 요청의 문제가 되었다. 다른 말로 표현하면, 모든 보통 사람들의 삶에 영향을 미치는 "감시 사회"의 구축은 9/11이 발생하기 오래 전부터 이미 충분히 진행되고 있었다. 이렇게 이미 진행되고 있던 일들을 9/11 공격의 영향으로 인해 보다 명료하게 볼 수 있게 된 것이다.

동시에 9/11 사건은 이미 존재하고 있던 몇 가지 관념, 정책, 기술에 새로운 가능성을 부여하는 기회로 ─ 누군가에게는 심지어 황금 같은 기회로 ─ 간주될 수도 있다. 이런 방식으로 9/11 사건은 사회적 · 정치적 현실들을 융합하여 구성하는 것을 촉진했다. 미국에서는 존 애시크로프트John Ashcroft[부시 정부에서 법무장관을 역임하였으며, 패트리어트 법안을 열렬히 지지한 보수주의자: 옮긴이]가 전부터 법 집행 감시를 강화하는 아이디어를 좋아했다는 것은 명백하다. 몇몇 정부는 지구화되어 가는 세계에서 사람들이 그들의 통제망으로부터 빠져 나가고 있다고 생각했다. 이런 가운데 사회적 통제의 몇 가지 환영幻影을 붙들고 있기를 원하는 몇몇 정부의 욕망은 이제 "반테러" 입법에서 탈출구를 발견했다.

기술적으로, 미국 행정부는 놀랍도록 포괄적인 "통합 정보 인식Total Information Awareness" 계획을 펜타곤에서 제안하도록 꽤 신속하게 움직였다. 데이터 마이닝 기술[인터넷 같은 방대한 정보의 바다에서 유용한 정보를 추출하는 기술: 옮긴이]은 때때로 상업적 배경에서 활용되어 왔다. 9/11이 발생하기 전까지는 이런 기술 — 그리고 그것이 분석하는 고객 자료들 — 을 국가 안보 기구 내에 배치해야 할 그럴 듯한 이유가 존재하지 않았다. 테크놀로지 기업들은 공항이나 국경 같은 장소에서 개인의 신원을 확인하고 검열하기 위한 대규모 통합 시스템이 필요하다고 여러 해 동안 주장했다. 쌍둥이 빌딩이 붕괴되자, 그런 시스템을 향한 욕구는 정당성을 부여받았다.

몇몇 학자들이 일상의 사회적 삶이 체계적인 감시 아래로 점점 더 포섭되어 가는 방식들을 기록하기 위한 노력으로 시간을 보내는 동안,[1] 필자는 9/11 사건이 제기한 몇 가지 매력적이면서도 긴급한 도전을 찾아냈다. 이 책에서 이해하는 바로서의 감시는 특정한 사람들이나 인구 집단에게 영향력을 행사하거나, 이들을 관리 혹은 통제하길 원하는 조직들이 개개인의 세세한 일상들에 주의를 집중하는 일상화된 방식들을 말한다. 이런 감시는 수만 가지 이유로 행해진다. 그것은 보호에서 통제에 이르는 연속선 위의 어느 곳이든 위치할 수 있다. 보호와 통제의 몇몇 요소들은 거의 언제나 존재한다. 그리고 이것은 감시의 과정을 본질적으로 모호한 것으로 만든다. 이런 감시의 관행들이 일상사의 모든 면 — 우리가 일을 하거나, 쇼핑을 하거나, 투표를 하거나, 여행을 하거나, 오락을 하거나, 혹은 다른 사람과 의사소통하는 것 — 을 간섭하기 시작하는 곳에서는 어디나 감시 사회가 출현한다. 9/11 사건에 대한 대응들은 민주주의와 개인의 자유, 사회적 신뢰, 상호 배려에 대해 흥조를 드리우는 방식으로 그런 감시를 촉진하고 확장시키는데 봉사하고 있다.

물론 미디어들이 9/11의 몇 가지 측면에 엄청나게 관심의 초점을 맞추고 있는 상황에서 그런 측면을 과장하기는 너무나 쉽다. 이 책을 시작하면서 이 중 두 가지를 먼저 언급해야 할 것 같다. 첫째, 많은 시도들이 새로운 기술을 수반하기는 하지만, 결코 모든 감시가 기술적인 것은 아니라는 점이다. 그럼에도 불구하고 이 책은 특별히 기술에 주의를 기울인다. 왜냐하면 그것이 첫 번째 피난처이기 때문이다. 또한 그에 관한 비용을 지불하기 위해서 예산이 증액되어 왔으며, 기술과 관련하여 특별한 위험들이 수반되기 때문이다. 그러나 [기술에 의존하지 않는] 유서 깊은, 직접적인 관찰이 여전히 중요하다는 점을 필자는 계속 강조하고자 한다. 타인에 의한 일상적이고 직접적인 지켜보기는 감시의 중요한 요소로 계속 남아 있을 것이다.

둘째, 미국이 세계의 전부는 아니라는 점이다. 이 책에서 언급하는 예의 대부분은 미국에 관한 것이다. 이에 대해 변명하지는 않겠다. 그러나 기술과 관련하여 보면, 자격 부여에는 순서가 있다. 호주에 위치한 아시아-태평양 안보 프로그램Asia-Pacific Security Program의 책임자인 앨런 듀폰트Alan Dupont는 "미국이 가는 길을 다른 나라들도 따라갈 것이다"라고 언급했다.[2] 미국은 안보와 감시에 관한 대책들을 선도하고 있다. 다른 나라들은 미국의 이런 대책을 각자 상이한 속도로 따라가고 있다. 이런 현상은 미국이 여러 나라(특히 영국[3])와 공유하고 있는 심층적인 경향들로 인해 나타났다. 그러므로 무엇을 피해야 하는지 알기 위해서라도, 미국에서 무슨 일이 일어났는지를 자세히 조사해 볼 가치가 있다. 그렇지만 모두가 미국이 선도하는 것을 항상 따라가는 것은 아니다. 9/11 및 그 영향이 전 지구적 사건이기는 하지만, 그것들은 지역적이고 개인적인 차원에서 경험된다. 그리고 환경이 달라지면 경험의 내용도 달라진다. 필자는 과대 선전은 피하고자 한다. 그리고 진지하게 다음과 같이 주장하고자 한다. 미국이나 그 밖의 지역에서 현재 진행되고 있는 감시의 강화가 완화되거나 중단되지 않는다면, 현재 형성되고 있는 의심의 풍조로 인해 우리 모두는 불쾌할 뿐만 아니라 부정의하고 부자유스러운 상황에 처하게 될 것이다.

# 이 책의 내용

사람들은 오늘날의 감시를 어떻게 이해할까? 1장은 9/11 이전과 이후의 감시에 대해 조사함으로써 이 문제를 탐구한다. 이와 관련하여 몇 가지 배경이 대단히 중요하다. 그래서 감시에 관한 최근의 역사를 조사한다. 또 9/11 공격의 영향을 해석하는 데 얼마나 도움이 되는지를 알기 위해서 감시에 관한 최근 이론들을 검토한다. 9/11은 감시 사회 내의 사회적·정치적 변화들을 이해하기 위한 프리즘으로 간주된다. 기존의 감시 관행들은 강화되고 있으며, 감시 시선surveillance gaze이 얼마나 심층적으로 혹은 얼마나 광범위하게 조사할 수 있는지와 관련하여 보면, 이전의 한계들은 제거되고 있다. 정보 보호 관리들, 프라이버시 감시인들privacy watchdogs, 시민권 운동 단체들, 그 외 다른 사람들이 감시의 부정적인 사회적 영향을 완화하기 위해 노력한 지 수십 년이 지났으나, 우리는 더 배타적이고 개입적인 감시 관행들을 향해 급격하게 변화하는 경향을 목도하고 있다. 이런 현상이 초강대국 미국뿐만 아니라 수많은 나라에서 동시에 일어나고 있는 중요한 사회적 관심사라는 점이 필자가 주장하고 싶은 것이다.

　이런 일이 일어나고 있는 맥락은 새로운 '테러리즘의 전 지구적 정치학'이다. 21세기는 "테러의 시대"라고 이미 쉴 새 없이 묘사되고 있다. 그리고 이런 명칭은 군사 정책과 국내 정책 모두를 정당화하기 위해 활용된다.[4] 여기에는 안보와 감시가 포함된다. 2장은 특히 "테러리즘"이 어떻게 정의되는가를 살펴보면서 감시의 강화에 대해 다룬다. 테러리즘이 어떻게 정의되는가는, "테러범"이 그 대상이 될 때, 감시에서 중요한 문제이다. 미국의 국토안보부[American Department of Homeland Security: 미국은 9/11 이후에 국내 안보를 전담하는 국토안보부를 창설하였다: 옮긴이]와 패트리어트 법안PATRIOT Act은 단지 9/11 공격 이후에 출현한 반-테러 정책과 법률의 가장 발달된 버전들이다. 냉전의 수사학과 태도가 떠난 자리를 반-테러리즘이 주도하고 있으며, 낡은 "공산주의자"에 대한 공포는 "테러범"에 대한 공포로 대체되었다. 필자는 냉혹한 공격으로 인해 희생당한 사람들을 동정하는 것과 공격을 행한 범죄자들을 처단하려는 결의는 동일한 것이라고 주장한다. 편견에 의해 "테러범"을 넓게 정의하고, 이를 기반으로 가혹한 수사망을 펼치는 것은 전혀 다른 것이다. "테러의 시대"에 감시 시선은 전례가 없고 의식할 수 없는 방식으로 평범한 시민들을 향하고 있다. 이런 의심의 풍조는 아마도 환경 변화 — 전 지구적 위축global chilling — 에 대한 정치적 대응물일 것이다.

새로운 안보와 감시 조치들이 지닌 한 가지 핵심적 특징은 첨단 기술을 사용한다는 점이다. 완벽한 진용을 갖춘 장치들이 제안되거나 설치되고 있는데, 안면 인식, 생체 인식, 스마트 ID 카드 등을 수반하는 비디오 감시가 여기에 포함된다. 이것들은 안보를 증진하기 위해서, 그리고 사람들이 주장하는 것처럼, 미래의 공격을 "막기" 위해서 제안되거나 설치되고 있다. 3장에서는 이런 몇몇 체계들이 테러리즘의 확산을 막는 데 있어 효율적인지 의심스럽다는 문제와는 별개로, 그것의 의도하지 않은 효과들로 인해 평범한 시민들의 삶에 나쁜 결과를 초래할 수 있음을 보여 주고자 한다. 특히 사회적 지위가 이미 불안정한 사람들의 삶에 대해서 그러하다. 이것을 정책 입안자에 대한 경고의 형태로 표현하면 다음과 같다. 첨단 기술의 감시 체계를 조심하라. 그것은 옹호자들이 주장하는 바를 성취할 수 없다. 반면에 그것은 힘들여서 획득한, 소중한 시민의 자유를 너무 쉽게 손상시킨다.

9/11이 감시에 미친 영향으로 인해 두 가지 핵심 경향이 명백하게 드러난다. 하나는 서로 다른 감시 체계들 간의 수렴과 통합이고, 다른 하나는 그것들의 지구화이다. 전자는 대체로 점점 유사한 기술적 방법들을 사용함으로써 가능해지고 있다. 이것이 4장의 주제이다. 법 집행과 도서관, 혹은 쇼핑과 스파이 활동에 사용되는 기술들은 검색가능한 데이터베이스들을 활용하며, 그것들은 상호 연결될 수도 있다. 전산화되기 이전에는, 물론, 그런 기록들은 특별 인가를 받은 특별한 목적을 위해서만 연결될 수 있었다. 오늘날에는 그런 기록을 너무 쉽게 이용할 수 있다는 사실이 감시 목적을 위한 손쉬운 시류에의 편승co-option, 즉 개인들을 — 고객으로든 사기꾼으로든 간에 — 프로파일하기 위해 광범위한 일상 활동에 걸쳐 분산되어 있는 정보 조각들을 연결하는 것을 허용한다. 9/11에 대

한 대응은 통합되고, 네트워크화된 감시의 새로운 국면들을 촉진시켰다.

그런 촉수 같은 감시는 국내뿐 아니라 국가들 간에도 끝없이 확장된다. 오늘날 지구화된 의사소통의 물결을 구성하는 이미지, 금융 거래, 정보의 흐름에 개인 정보가 포함된다. 그러나 특별한 측면에서 이런 흐름의 양은 9/11 이후에, 특히 북반구에서, 엄청나게 필연적으로 확장되고 있다. 이것이 5장의 주제이다. 여기서는 세 가지 중요한 예가 논의된다. 첫째, 항공기 탑승객 정보는 이미 이런 흐름의 중요한 구성 요소이며, 보안상의 이유로 현재 대규모로 요구되고 있다. 둘째, 인터넷 커뮤니케이션. 셋째, 경찰의 자료. 매우 비민주적인 유형의 사회 통제 가능성을 고려한다면, 통합적이고 지구화되고 있는 이런 체계들에 대한 제한이 결여되어 있다는 것은 걱정스러운 일이다.

물론, 9/11 이후의 감시의 성장 ― 특히 첨단 기술에 의한 감시 ― 에 대해서 논평하는 것은 편집증으로 간주될 수도 있다. 특히 9/11 이후로 의심이 사람들의 주된 동기가 된 때에, 이는 사람들을 추적하고 탐지하며, 행동을 감시하고, 그들을 프로파일하기 위해 설계된 대규모 시스템들이 존재하는 것을 염려하는 생각이다. 그러나 이런 생각은 감시 체계들이 그 자체로 결코 완전하지 않으며, 감시당하는 사람들의 반응에도 어느 정도 의존한다는 것을 망각한다. 우리는 우리의 일상 활동들을 통해 많은 감시 장치들을 작동시킨다. 그리고 우리는 협상이나 저항을 통해서도 그것들의 효과를 완화할 수 있다. 9/11 이후 감시의 시도들로 인해 나타난 결과들이 단순히 새로운 법률과 기술적 조치의 결과라고만 간주할 수는 없다. 그것들은 기술과 사회 사이의 복합적 상호작용으로부터 출현한다.

9/11 이후의 감시에 대해 의문을 제기해야 하는 그럴 만한 이유들 또한 존재한다. 이 책을 계획할 때 필자는 마지막 장의 제목을 "감시에 대해 다시 생각하기"라고 붙였다. 그러나 연구와 집필을 진행하면서 필자는 이 제목 자체를 다시 생각하지 않을 수 없었다. 지금은 "감시에 저항하기"라는 제목으로 바꾸었다. 기술된 변화들이 너무 광범위하고, 퇴행적이며, 심지어 비난할 만하다는 사실로 인해 더 충격을 받았기 때문이다. 그러나 감시가 나아가는 방향에 대한 경고도 존재하며, 앞으로 나아갈 다른 길도 있다. 필자는 지금까지 이런 테러 사건들에 대한 반응을 지배해 온 공포 체제panic regimes에 대한 대안도 제안한다.

이 책의 중심 주제는 의심의 문화이다. 그리고 의심의 문화가 감시를 어떻게 생산하며, 감시에 의해 어떻게 생산되는지에 대한 것이다. 역사상 유례가 없는 감시의 현재적 형태는 (다른 범주들뿐만 아니라, 소비 영역에서 유혹의 범주와 같은) 의심의 범주들을 창조하며, 이 범주들은 9/11 이후에 매우 강화되고 있다. 그러나 이것 이상으로, 새로운 기술이 사용되건 아니건 간에, 9/11 이후에 의심의 문화가 확장되었다. 그리고 의심의 문화는 잠재적으로 모든 평판을 잠식하며, 또한 우리 모두를 감시자로 만든다. 이것은 미국에서 특히 그러하며, 그 밖의 다른 지역에서도 강하게 퍼져 나가고 있다. 그러나 의심의 문화가 어떻게 발생하는지는 비밀에 싸여 있다. 감시에 관한 정보가 사람들에게 최소한으로 알려져야만 안전이 확보된다는 말을 우리는 반복해서 들어 왔다. 그 결과, 사람들은 비밀리에 감시당하고, 재판 없이 그리고 자신의 죄목에 대해 고지도 받지 못한 채 구금당하고, 때때로 변호사의 접견까지 거부당한 채 독방에 감금당하게 된다. 더 광범위하게 보면, 이것은 감시 체계를 투명하게 하는 데 대한 침묵을 반영한다. 즉, 프라이버시 법과 세계적으로 등장하고 있는 정보 보호 정책들의 근저에 있는 공정한 정보 사용 규칙fair information practice과 직접적으로 충돌하는 풍조이다. 이런 경향이 제한 없이 계속 허용된다면, 모든 사회적 관계와 민주적 참여가 기반하고 있는 기본적인 신뢰가 손상될 것이다.

　필자는 사회학자로서 그리고 시민으로서 이 글을 쓴다. 9/11 이후의 감시에 관한 필자의 생각은 필자의 연구뿐만 아니라 필자의 개인적 경험과 참여에 의해서도 영향을 받았다. 필자는 9/11 공격뿐만 아니라, 그에 대응하기 위해 추진되고 있는 군사 정책과 국내 정책에 대해서도 비탄과 분노를 감출 수 없다. 필자는 또한 첨단 기술을 구세주로 생각하는 우상화된 믿음에 대해서도 점점 더 비판적이 되고 있는 자신을 발견한다.[5] 필자는 캐나다인으로서, 가장 가까운 이웃의 활동이 우리 자신의 안보와 감시의 방법에 깊은 영향을 미치고 있음을 매우 잘 인식하고 있다(그리고 이것은 불가피하게도 필자가 글을 쓰는 방식에 다시 영향을 미치고 있다). 그럼에도 불구하고, 9월 11일과 그날 이후, 필자가 항공기 탑승객으로서 겪은 경험은 안보와 감시의 방법이 중요함을 필자에게 환기시켜 주었다. 정부와 기업은 그들이 돌보는 사람들의 안전을 추구하고 확보할 책임이 있다.

그러나 9월 11일 이래로 선한 의도에서 행해진 많은 시도가 목적하는 바의 약속을 거의 달성하지 못하면서, 이동과 자결自決의 자유를 제한하고 정부와 기업의 권력과 무책임을 증가시키는 새로운 문제들을 동시에 만들어 내고 있다. 필자가 이후의 장들에서 말하려는 것은 단순히 회의주의나 불만을 가진 입장에서 나온 것이 아니다. 오히려 필자는 훼손되고 있는 긍정적 가치들 — 즉, 사회적 신뢰, 상호 배려, 인정의 정치학, 정당한 법적 절차due process, 그리고 권력의 제한 — 에 입각해서 말하고자 한다. 감시는 항상 모호하다. 배려와 통제는 항상 긴장 관계에 놓여 있다. 이 책은 9/11로 인해 시계추가 배려에서 통제로 이동하고 있음을 논의한다.[6]

# 1. 감시에 대해 이해하기

범죄자들을 확실히 체포하기 위해서는 만인을 감독하는 것이 필요하다.

자크 엘륄[1]

2001년 9월 11일, 뉴욕과 워싱턴에 대한 공격은 즉각적인 일련의 대응을 야기했다. 그 대응은 오사마 빈라덴에게 은신처를 제공하고 있다고 생각되는 아프가니스탄에 대한 군사적 보복부터 영토 방어를 위한 포괄적인 반-테러 입법과 정책에까지 걸쳐 있다. 후자의 예 중에서 현재 진행되고 있는 가장 두드러진 대응은 수많은 국경에서 감시 활동을 강화하는 것이다. 이것을 달성할 최고의 방법에 관해 적잖은 아이디어들이 마련되고 있다. 경찰 활동과 안보 업무에 공적 자금을 쏟아 붓는 제안들이 매우 신속하게 고안되었다. 첨단 기술 기업들은 테러 희생자들에게 "마음에서 우러나오는 위로"뿐만 아니라 그런 공격이 재발하는 것을 방지하기 위한 기술적 해결책을 제안하는 데 열을 올렸다.[2] 9월 11일은 이런 측면에서 장기적인 영향을 미칠 것이다.

이 장은 테러에 대한 감시 대응의 문제를 탐구하는 것에서 시작한다. 감시의 배경과 감시에 대한 설명을 탐구할 것이다. 9/11을 전 지구적 사건global event으로 사고하고, 이것이 사람들의 마음을 특정한 중대 문제들에 대해 어떻게 주목하게 하는지 사고하는 것에서 출발하려고 한다. 미디어로 인해 크게 잘못 생각하는 것이 한 가지 있는데, 그것은 9/11로 인해 전례 없던 감시 대응이 발생했다고 간주하는 것이다. 9/11 공격 자체가 복합적이지만 분명한 맥락과 역사적 배경을 가지고 있는 것처럼, 감시 또한 그러하다. 자크 엘륄Jacques Ellul[프랑스의 사회학자, 철학자, 기독교 저술가로 "기술 사회"에 관한 여러 책을 저술함: 옮긴이]은 이미 감시 사회의 발달이 1960년대까지 거슬러 올라간다고 지적했다. 그리고 오웰Orwell은 1940년대에 이를 어렴풋이 암시하였다! 그러면 우리는 매일의 삶이 다양한 기관들에 의해서 열심히 모니터되는 지점에 어떻게 도달했는가? 오늘날 자동화되고, 분산된 감시의 발달을 어떻게 이해할 수 있는가? 그리고 9/11의 관점에서 볼 때, 이 모든 것들은 무엇을 의미하는가? 필자는 이런 질문들을 다룰 뿐만 아니라, 다음과 같은 추가적인 질문들도 제기할 것이다. 감시는 여전히 중앙집중화되어 있는가, 혹은 그렇지 않은가? 감시의 주 효과는 침해intrusion인가, 혹은 배제exclusion인가? 그리고 그것은 돌이킬 수 없는 것인가, 혹은 그 결과들은 완화되고, 왜곡되고, 역전될 수 있는가? 처음 두 질문에 대해 나는 "양쪽 모두"라고 주장할 것이다. 그러나 세 번째 질문에 대해서는 "그렇지 않다. 감시는 수정될 수 있다"라고 주장할 것이다.

## 의미의 탐색

9/11 공격은 중요하고도 긴급한 많은 질문을 제기한다. 다른 영역들뿐 아니라 감시에 있어서도 "모든 것이 변했다"고 사람들은 자주 주장한다. 그러나 이것은 명백히 사실이 아니다. 변화의 개념은 때때로 공항에 설치된 홍채 스캐너와 도시의 거리와 광장에 설치된 CCTV와 같이 매일의 풍경에서 볼 수 있는 새로운 장치들의 목록으로 축소된다. 대신, 이전의 법적 한계를 뛰어넘어 시민을 모니터하는 것에 대해 정치적 통제의 "새로운 시대"라고 언급할 수 있다. 묘하게도, 이러한 맥락에서 영국과 미국의 평론가들은 타자에 대한 "경찰국가" 전략에 대하여 경고했다![3] 그러나 엄격하게 말하면, 이 중에서 어떤 것도 새로운 것은 아니다. 감시의 기저에 놓인 연속성들은 9/11 이후의 변화된 상황에서도 여전히 중요하다.

미디어의 과장 보도에도 불구하고, 공격에 대한 대응이 전적으로 새로운 감시 풍경이라고 볼 수는 없다. 대신에 이미 존재하고 있던 감시 체계들이 강화, 확대되고 있다. 그것들은 많은 서구 국가와 그 영향을 받은 국가에서 지난 수십 년 동안,

그리고 실로 지난 200년 동안 조심스럽게 성장해 온 견제와 균형을 무너뜨렸다. 많은 "민주" 국가에서 감시 사회는 이미 현실이 되었다. 이제까지는 억압적 체제와 디스토피아적 소설과 영화의 대상이었던, 사회적으로 부정적인 결과들이 9/11로 인해서 현실이 되었다. "테러와의 전쟁"으로 인하여 정상적인 조건들을 유보하는 것이 정당화되었다.

이런 맥락에서 "안보"와 "감시"는 무엇을 의미하는가? 9/11 이후에 추구된 안보는 제2차 세계대전 이후의 안보 개념에 기초하고 있다. 여기서는 정치적 목적으로서의 불가침과 보호에 대한 보장들이 기술적·군사적 수단들을 통해 추구되었다. 위기의 시기에는 안전 보장guaranteed security이 "정상적normal"인 조건들의 유보를 정당화하는 우선권을 갖는다. 이런 최대한의 안보maximum security를 확보하는 핵심 수단 중의 하나는 감시, 특히 감시 기술을 이용하는 것이다. 가장 넓은 의미에서 감시는 "주시하는 것to watch over"을 의미한다. 사회학적으로 볼 때, 조사받는 사람들에게 영향력을 행사하고, 관리 혹은 통제할 목적으로 세세한 개인 정보들 ― 종종 디지털 정보의 형태로 ― 에 대해 매우 세심한 주의를 기울이는 것으로 생각하면 될 것이다.

9/11이 세계적 사건이 된 방식과 사회 변화에 있어서 이것이 의미하는 바를 생각해 보라. 9/11의 여파에 초점을 맞추면, 우리는 큰 사건들이 사회적 세계의 변화를 만들어 낸다는 점을 환기해 낼 수 있다. 필립 아브람스Philip Abrams[영국의 사회학자로

사회학과 사회 정책에 대한 연구를 주로 수행함: 옮긴이]가 지혜롭게 말한 것처럼, 하나의 사건은 "하나의 중대한portentous 결과이다. 그 것은 과거와 미래 사이의 변환 장치이다. 그것은 과거로부터 귀착되며, 미래의 전조가 된다."[4] 사건 — 그리고 여기에서 조사한 바로서의 그 여파 — 을 중요하게 살펴보는 것은 단지 무의미한 흐름의 순간들에 지나지 않는 것들에서 우리의 경험을 시의적절하게 구출해 낸다. 그러나 그 사건은 또한 "그것을 통해서 사회적 구조와 과정을 살펴볼 수 있는 필수불가결한 프리즘이다"라고 아브람스는 말한다.[5] 전면에 부각된 안보와 감시의 문제들을 9/11로 인해 그렇게 된 것처럼 살펴보는 것은 "사회적 구조와 과정"에 관한 핵심 질문들에 대해서 문을 여는 것이다.

악명 높은 세계적 사건의 한 사례로서 홀로코스트를 생각해 보자. 한나 아렌트Hana Arendt[독일 출신의 유대계 여성 정치 이론가로 전체주의에 대한 연구물을 많이 남겼음: 옮긴이]와, 아마도 더 사회학적으로는 지그문트 바우만Zygmunt Bauman[폴란드 출신의 사회학자로 근대성과 홀로코스트의 관계를 심도 있게 규명하였음: 옮긴이][6]과 같은 인물들이 홀로코스트를 단지 인간의 악한 능력뿐만 아니라 근대성 자체의 핵심적인 특징 중 몇 가지를 드러내었다고 파악한 것은 유용한다. 섬세한 합리적 조직이 이룬 승리는 죽음의 수용소에서 그 비통하고 그릇된 모습을 보여 준다. 그런 죽음의 수용소는 "근대 문명"으로부터의 설명 불가능한 일탈일 뿐만 아니라 근대 문명 그 자체의 결과물 중 하나이기도 하다. 현재의 맥락에서 이런 사례가 연상되는 까닭은 오늘날의 감시 형태와 관행도 근대성의 산물이며, 유사한 양면성을 보여 주기 때문이다. 감시의 경우, 보호를 증진시켜야 할 것이 실제로는 통제를 확대시킬지도 모른다.

안보의 추구가 전적으로 잘못된 것은 아니며, 감시의 관행이 본질적으로 사악하거나 악영향을 끼치는 것도 아니다. 문제는 한편으로 최대한의 안보 혹은 안전 보장의 개념이 단순히 성취될 수 있는 것이 아니며, 다른 한편으로 기술적 감시에 대한 과도한 의존이 피할 수 있는 몇 가지 문제를 수반한다는 것이다. 때때로 더 많은 경계를 해야 할 필요는 명백해지고, 그런 의미에서 9월 11일의 사건은 "각성wake-up"에 대한 호소로 작용했다. 위험물을 취급하면서 꾸벅꾸벅 존다면, 이는 명백히 무책임한 것이다. 그러나 9/11은 동시에 감시 체계가 적절하고 책임질 수 있는 방식으로 개발되는지를 확인하는 것과 관련 있는 사람들을 향한 각성의 외침이기도 했다. 9/11 공격은 감시 전문가들을 결단력 있게 행동하도록 자극하였을지 모른다. 그러나 이로 인해 비판이 활성화되었고, 자기 만족com-placency에 구멍이 뚫리게 되었다.

정의 혹은 자유의 관점에서 감시를 강화하는 것 자체가 문제시되지는 않는다. 어떤 맥락에서는 감시를 통해 특정 집단이나 개인이 차별당하지 않도록 보증해 줄 수 있다. 예를 들어, 경찰 심문실에서 사용되는 비디오카메라를 생각해 보라. 이것은 혐의자에 대한 공정한 대우를 방해한다기보다는 강화한다.[7] 그러나 또 다른 맥락에서 감시의 강화는 보호보다 인권 박탈을, 상호 배려보다 사회 통제를 우선시하는 것을 의미하는, 부정적인 사회적 결과를 초래할 수도 있다. 2001년 9월 11일 이후에 뒤따른 현재의 염려스럽고 긴장된 상황은 몇몇 국가에서는 후자의 종류에 속하는 감시의 위험스런 확대를 초래할 가능성을 촉진하고 있다.

## 파괴와 폭로

9/11의 이미지는 파괴와 죽음을 강조한다. 일부 사람들에게는 한 시대가 종말을 고했다. 대참사는 새로운 질서의 전조였다. 이 맥락에서는 사건을 "프리즘" ― 광선光線의 정연한 재편성을 제안하는 ― 으로 보는 필립 아브람스의 관념은 빈약해 보인다. 이천 명 이상의 죄 없는 시민들에게 9/11 사건은 폭발적이고, 격렬하고, 운명적이었다. 콘크리트와 유리뿐만 아니라 전 지구적 상징인 스카이라인이 두 차례 충돌로 인해 파괴되었다. 소위 "문명의 충돌"[8]이 정면 충돌한 것처럼 보였다. 많은 사람들에게 9/11은 예상치 못했고 전례가 없었던 재난이라는 점에서 묵시록적 사건, 즉 거의 우주적 의미를 지닌 최후 심판의 날이었다. 그러나 우리는 또한 9/11이, 묵시록이라는 단어가 가지는 적절한 의미 ― 계시와 심판 ― 에서 볼 때, 묵

시록적이라고 주장할 수도 있다. 묵시록의 이런 의미는 유대교와 기독교의 문헌에 등장하며, 파괴보다는 폭로에 대해 더 언급한다. 파괴적 측면은 폭로의 다른 자아alter ego인 계산an accounting, 전환점, 심판과 관련이 있다.[9]

묵시록의 관념을 사회학적 용어로 바꾸어 표현해 보면, 9/11의 여파는 사회 변화를 드러내기도 하고 생산하기도 한 것으로 간주할 수 있다. 즉, 우리는 9/11의 렌즈를 통해서 무엇이 진행되고 있는지를 좀 더 명료하게 알 수 있게 되었다. 동시에 9/11의 여파는 사회 변화를 촉진하는 데 일조했다. 2001년 9월 11일 아침 전까지 북아메리카에서 "테러리즘"은 여전히 상대적으로 거리가 먼 도전처럼 보였다. 그래서 "안보"나 "감시"라는 개념은 정치적 논쟁에서 뚜렷이 부각되지 않았다. 그러나 세계무역센터의 잔해 위에 먼지가 채 내려앉기도 전에 사람들은 도처에서 이런 말들을 접할 수 있게 되었다. "생체인식"이나 "CCTV"와 같은 개념들이 추가 공격에 대한 방어 수단으로 제안되면서 갑자기 전면에 등장했다. 이 명백한 위기는 기존의 시스템과 역량을 더 온전하게 활용할 수 있는 기회로 즉각 인식되었다. 그리하여 9/11은 감시를 수면 위로 부상시켰다. "감시 사회"의 존재는 모두에게 훨씬 더 분명하게 되었다.

9/11 이후에 광범위한 감시 체계의 존재가 더 분명해졌을 뿐만 아니라 그 잠재적 역량 또한 현실화되었다. 따라서 9월 11일로 인해 "모든 것이 변한" 것은 아니지만, 몇 가지는 확실히

변했다. 이전에는 제한을 받았던 특정한 관행들 — 예를 들어, 재판 없는 구금 — 이나 특정 종류의 기술의 활용 — 예컨대, 감청 혹은 인터넷 감시 — 을 사람들이 기꺼이 용인하게 되었다는 점 등이 이런 것들 중의 하나이다. 9/11이라는 세계적 사건은 몇 가지 중요한 결과를 야기하였다. 그리고 현재의 경향이 바뀌지 않는다면, 21세기 전체에 걸쳐 장기적인 영향을 미칠 것이다. 이는 위기라고 인식된 시기에 이루어진 법적 · 기술적 변화들은 재빨리 당연시되는 상태가 되며, 그 이후에는 해체하기가 매우 어렵기 때문이다. 그것들은 당분간 우리를 따라다니면서 괴롭힐 것으로 보이는데, 오늘날의 많은 정책입안자들은 그 비용을 계산하지 않는다.

사회학적 견지에서 이해할 때, 9/11 사건이 감시와 관계되는 훨씬 더 특수한 몇 가지 방식이 존재한다. 세계무역센터에 대한 테러 공격은 미디어 보도를 최대한 이끌어내도록 설계되었다. 수백만의 사람들이 공포스런 상황이 전개되는 것을 실시간으로 시청하였으며, 공격 이후에는 그 수가 더 증가하였다. 쌍둥이 빌딩에 대한 첫 번째 공격과 두 번째 공격 사이의 시차는 이 광경을 완벽하게 시청할 수 있도록 텔레비전 카메라 팀들이 현장에서 준비할 수 있는 시간을 확보해 주었다. 이 것은 토마스 마티센Thomas Mathiesen[노르웨이 출신의 사회학자로 통제와 감옥에 관한 많은 연구를 수행함: 옮긴이]이 "구경꾼 사회viewer society" 혹은 "시놉티콘synopticon"이라고 명명한 것 — 여기서는 다수가 소수를 감시한다 — 의 최고의 사례이다.[10] 이 사례의 경우, 시청자 수는 엄청났다. 제트 여객기의 접근, 타워와의 충돌, 폭발, 화염, 연기, 창문에서 뛰어내려 죽음을 맞이하는 비참한 사람들, 최후의 끔찍한 붕괴 장면을 지겹도록 반복함으로써 이 기회는 엄청나게 활용되었다.

이 이미지들은, 집중적이고 끔찍한 주술의 형태로, 9월 11일에 일어난 바로 그것이다. 미국이 이전에 세계 도처에서 행한 경제적·군사적 활동의 역사 혹은 수많은 국가들이 미국에 대해 가지고 있는 점증하는 분노 및 증오와 분리한다면, 9/11 공격은 명백히 자발적이며, 완전히 예상치 못한 것이며, 예견할 수 없었던 것이다. 이것은 그들의 피의 대가와 그들의 냉담한 계산 속에서 9/11 공격을 더욱 가증스러운 것으로 만들었다.[11] 이것은 여론에 영향을 미치는 미디어 스펙터클이다. 그리고 그것은 다시 정치적·군사적 대응을 정당화하기 위해 활용된다. 이런 이미지들을 목격한 사람들 — 북반구의 대다수 사람들 — 은 죽음과 파괴뿐만 아니라 세계에 대한 특정한 견해 또한 마음속에 새기게 되었다. 이 견해는 반대를 거의 용납하지 않으며, 논쟁도 거의 허용하지 않는다. 어떻게 그런 무시무시한 — 그리고 두려움을 야기하는 — 사건들이 발생할 수 있었을까?

미국의 안보 및 정보 기관들은 어째서 사건을 사전에 인지하지 못 하였나 하는, 주로 기술적 관점의 의문이 제기되었다. 그리고 그것은 "다시는 그런 일이 발생하지 않도록 하기 위한" 결정으로 이어졌다. 다시, 그 결정은 주로 기술적 견지에

서 이루어졌으며, 또한 광범위한 법적 · 정책적 시도들을 수
반하였다. 다음 두 장에서 살펴보겠지만, 실제로는 순서가 역
전된다. 즉, 급조된 법안들이 먼저 만들어졌다. 반면에, 비록
많은 논의가 있었지만, 신기술들은 앞으로 여러 해에 걸쳐서
계속 실행될 것이다.

9/11에 대한 이런 기술적 대응들 중에서 감시의 강화가 두
드러진다. 이를 옹호하는 사람들은 더 나은 시스템을 배치함
으로써 또 다른 공격의 위험을 급격하게 감소시킬 수 있다고
주장한다. 사람들의 신분을 확인하고, 분류하고, 프로파일링
하고, 평가하고, 추적하는 더 개선된 수단을 통해 미래의 공격
을 방지할 가능성을 높일 수 있다는 것이다. 소수의 감시자가
많은 사람들을 관찰할 수 있도록, 적절하게 자동화된 감시 체
계들이 그런 수단을 제공한다. 이것은 다수가 소수를 감시하
는 시놉티콘이 아니라 소수가 다수를 감시하는 "파놉티콘pan-
opticon"이다. 그러나 두 가지 시스템은 함께 작동하며 서로를
강화한다.

설명하자면, (모든 것을 보는) "파놉티콘" 감옥 설계는 18세
기에 영국의 세속적 공리주의 사회 개혁가이며 다소 자부심
강한 성격의 소유자였던 제레미 벤담Jeremy Bentham의 아이디어
에서 유래하였다. 미셸 푸코Michel Foucault는 벤담의 아이디어를
권위authority의 시선 아래 있는 근대적 자기 규율의 패러다임으
로 간주하였다. 푸코는 스펙터클의 체계system of spectacle는 중세
이래로 처벌과 밀접하게 연결되어 있었으며, 근대에 와서는

더 교묘한 이런 사회 통제 수단에 의해 대체되고 있었다고 가정했다. 그러나 이에 대하여, 마티센은 두 가지가 계속 함께 작동한다고 주장한다. 실제로, 그것들은 서로 강화하는 방식으로 작동한다. 소수를 지켜보는 다수는 다수를 주시하는 소수에게 양보하지give way 않는다. 오히려, 두 가지는 동시에 일어나며, 유사한 전자 통신 기술들에 점점 더 의존한다. 9월 11일에 특수한 사람들이 전례가 없던 공격을 감행했다. 그리고 사람들은 어디서나 이 장면을 볼 수 있었다. 이들의 행위는, 이전의 사건들로부터 추상화되어, 본능적인 두려움을 생산했다. 그리고 그것은 공포 체제와 스테레오타입을 정당화하는 데 사용되었다. 다시 그것은 새롭게 확장된 감시 체계들을 창출하였고, 그것에 정당성과 코드화된 동의coded content를 제공하였다.

어느 쪽이든, 물론, 지켜보기가 중요하다. 비디오 감시를 통해서 지켜보기를 계속한다는 의미에서 이것은 문자적, 혹은 거의 문자적일 수 있다. 혹은 개인의 세세한 일상들을 다른 전자적 수단을 통해 감시한다는 의미에서 이것은 문자적 — 은유적 — 일 수 있다. 매개에 의한 지켜보기mediated watching는 현대 사회의 핵심적 특징이 되었다. 때때로 그것은 강박적일 정도이다. 소위 리얼리티 TV의 대중성은 이것을 얼마간 보여 준다. 사람들의 가정 내 일상 활동을 보여 주는 웹캠의 확산도 마찬가지이다. 다수가 소수를 지켜보는 것과 소수가 다수를 지켜보는 것 모두가 이런 주시注視 욕구에 의해 에너지를 공급받는다. 이런 주시 욕구를 영화 이론가들은 "절시증scopophilia"
이라고 부른다. 두 경우 모두, 이 같은 절시증은 관찰당하는
사람의 권리를 축소시키는 관음증의 일종으로 간주된다. 리
얼리티 TV 쇼의 주인공들은 자신들을 대중에게 노출하는 데
동의했을 것이다. 반면에 스크린에 등장하는 다른 사람들 —
9/11의 희생자들과 같은 사람들 — 은 이에 동의하지 않았다.
마찬가지로, 파놉티콘적인 응시gaze 아래 있는 많은 사람들은
그런 사실을 통보받지 못한다. 혹은 그들은 자신의 사생활이
관찰당하는 것에 동의한 적이 없다.[12]

"지켜보기" 현상에 더하여, 9/11에 대한 감시 대응의 렌즈
를 통해서 사회적 구조와 과정의 다른 측면들을 살펴볼 수 있
다. 이 렌즈는 특히 두 가지 중요한 문제에 대해 관심을 집중
하도록 도와준다. 첫째, 현대의 사회적 존재의 형성을 제한하
고 촉진하는 기존의 감시 과정과 관행이 확장되는 범위이다.
둘째, 감시 체계의 기술적 개선에 의존하려는 경향이다(심지어
그것이 작동하는지 혹은 그것이 다루도록 설정된 문제에 대해 말하는지
불분명한 경우에도 말이다). 그런데 이 두 가지 문제에 주목하는
것은 감시의 영역에서 변한 것이 아무것도 없다고 주장하려는
것이 아니라 단지 "모든 것이 변하였다"는 주장을 완화하기
위해서이다. 실제로 서구 여러 나라에서 9/11의 영향으로 인
해 감시의 강도와 중앙집중화가 극적으로 증가하고 있다. 그
런 체계들은, 일단 자리 잡으면, 설치하기보다 해체하기가 훨
씬 어렵다.

감시의 변화로 추정되는 것들의 가시적 표시들은 법적 측면과 기술적 측면 양쪽을 가지고 있다. 미국과 몇몇 나라들은 안보를 강화하고, 경찰과 정보기관에 더 많은 권한을 부여하고, "테러범"의 공격에 대해 더 신속한 정치적 대응을 허용하는 법안들을 통과시켰다.[13] 전형적으로, "테러"와 관련된 것으로 의심받는 사람들을 발견하는(체포하는) 일을 용이하게 하기 위해서, 도청에 관한 몇 가지 제한이 제거되었을 뿐만 아니라 이메일에 대한 감청과 인터넷 검색 기록에 대한 모니터링까지 가능해졌다. 캐나다의 통신보안국Communications Security Establishment(캐나다 국방부의 하부 기구로 1946년에 설치되었으며, 외국의 통신에 대한 감청을 주로 한다: 옮긴이)은 현재 인종과 국적 정보뿐만 아니라 여행 정보 및 금융 거래까지 추적하는 "프로파일링" 방법을 사용하여 "테러" 집단에 대한 정보를 수집할 수 있다. 몇몇 나라는 새로운 국민 신분 증명 카드 시스템을 제안하였다. 이 중 몇 가지는 생체 인식 장치나 프로그램화할 수 있는 칩들을 포함하고 있다. 다른 나라들은 새로운 캐나다 영주권자 카드 Canadian Permanent Resident Card[14] 혹은 영국에 망명을 희망하는 사람들을 위한 "스마트 ID"[15]와 같은 더 한정적인 ID 카드 시스템을 제안하였다. 이런 시스템들에 대해서는 3장에서 살펴볼 것이다.

입법 과정을 통해 신속하게 추진된 조치들에 대해 일부에서는 그것이 얼마나 새로운 것인지에 대해 의문을 제기하였고, 다른 쪽에서는 그것이 얼마나 필요한 것인지에 대해 의문을 제기하였다. 예를 들어, 회의주의자들은 영국과 미국의 잘 정립된 정보 수집 협약과 카니보어CARNIVORE라고 알려진 대규모 정보 감청 시스템을 지적한다. 9월 11일 훨씬 이전부터 이 시스템은 이미 국제적으로 소통되는 수백만의 일상적인 이메일, 팩스, 전화 내용들을 필터링하여 왔다. 그런 법적 조치들이 얼마나 오랫동안 적용되어야 하는지에 대해서도 논쟁이 일어났다. 미국은 반테러 법률의 효력을 5년의 기간이 지난 후에 단계적으로 제거하는 "일몰 조항sunset clause"[새로 신설되거나 강화되는 모든 규제는 존속 기한을 설정하고, 기한이 끝나면 자동적으로 규제가 폐기되는 제도: 옮긴이]을 가지고 있다. 캐나다의 법률도 "일몰" 조항을 가지고 있다. 그러나 그것은 새로운 권력의 무기고 속에 있는 단지 두 항목, 즉 피의자의 구금과 판사 앞에서의 묵비권 없는 심문에만 적용되었다. 그러나 "테러" 위협을 다루기 위해 최소한 몇 가지 법적 체계를 강화할 필요성이 있다는 인식을 부정하는 사람은 거의 없다.

## 9/11 이전의 감시

9/11 이후에 제안된 감시 체계들은 그 이전에 설치되어 있던 감시 체계들과 가장 강력하게 가능한 연관을 가진다. 20세기 말에 그와 같은 감시 체계들이 어떻게 발달하였고 감시의 중

심이 되었는지를 이해하기 위해서는 근대의 감시에 관한 이야기를 간략히 조사할 필요가 있다. 감시는 효율성, 생산성, 참여, 복지, 건강, 혹은 안전을 증진하기 위한 관점에서 실천되었다. 감시 체계를 도입하게 된 동기가 순수하게 사회 통제인 경우는 드물었다. 물론 사회 통제가 감시 체계의 배치로 인해 나타난, 의도하지 않았거나 이차적인 결과일 수는 있다. 예를 들면, 16세기에 영국에서 국가 감시가 실시된 초기 시절부터 감시의 목적은 신민臣民을 통제하기 위해 날것의 정보력을 이용하는 것이라기보다는, 타자들에 대항하여 국가의 권력을 강고히 하고, 엘리트의 지위를 유지하기 위한 것이었다.[16] 이것은 통치governance이지, 잔인한 통제가 아니었다.

몇몇 사람들은 감시가 인간 사회만큼이나 오래되었다고 반론을 제기할지 모른다. 감시는 확실히 그렇게 오래되었다. 사람들은 그들 자신의 안전을 확보하고, 그들이 맡고 있는 것을 관리하고자 하는 두 가지 이유에서 항상 타자를 감시하였다. 심지어 고대에도 그와 같은 관행들은 때때로 체계적이었다. 성경의 다윗 왕은 한때 인구 조사를 실시하였다. 중국은 3세기에 중앙정부 하에 관리되었다. 로마 제국은 관료주의의 초기 형태를 통해 지배하였다. 중세 유럽은 재산 거래에 대해 기록하였다. 그리고 심지어 임금 노동이 도래한 이후에도 적절한 노동을 수행했는지 뿐만 아니라 적절한 임금을 지급했는지를 확인하기 위해서 계산표tallies가 필요했다. 그러나 오늘날의 감시는 일상화되고, 체계적이며, 전체 인구에 대해 지속적이고 피할 수 없는 형태로 영향을 미친다는 중요한 측면에서 과거와 다르다.

근대성의 발달과 관련해 현대의 감시가 종종 조망되지만,[17] 중앙정부의 감시는 16세기 초에 영국 — 최초의 산업 사회 — 에서 나타나기 시작했다.[18] 많은 감시 — 예를 들어, 교구의 교회에서 출생, 결혼, 사망을 기록하고, 구민법Poor Law을 집행하며, 치안 판사와 마을 치안관을 통해 범죄를 다루는 — 가 지역적이었던 것에 반하여, 정치적이고 군사적인 감시는 일찍부터 중앙집중화되었다. 예를 들어, 나폴레옹 전쟁 때 실시된 최초의 인구 조사는 얼마나 많은 사람을 전쟁에 동원할 수 있는지를 파악하기 위해 수행되었다. 에드워드 힉스Edward Higgs [영국의 사회학자로 영국의 인구 조사의 역사에 대해 많은 연구를 수행함: 옮긴이]가 주장하는 것처럼, 인구 조사도 반드시 주민들에게 엄격한 꼬리표를 붙이기 위해서가 아니라 정치적 엘리트들에게 "국가의 활력"을 재확신시키기 위해 수행되었다.[19] 이런 형태의 감시는 직접적인 지배의 기술이라기보다는 제한적인 권리와 의무를 창출하는 수단이었다.[20] 그러나 이 단계는 변화에 직면하게 되었다.

영국에서, 근대적 정보 국가는 실질적으로 20세기 초반에 분명해졌다. 복지와 치안 양 측면에서 중앙집중화된 국가 감시의 씨앗이 뿌려졌다. 하나의 사례로 게오르크 지멜Georg Simmel이 "이방인들의 사회society of strangers"라고 명명했던 것 — 자동차 등록하기 — 에서 보편적인 경찰 감시가 출현했다. 물

론 처음에는 매우 부유한 사람들에게만 영향을 미쳤지만,
1903년의 자동차 법안Motor Car Act은 중앙 등록청이 추적가능한
번호판 부착을 의무화했다. 9/11 이후의 미국의 맥락에서 보
면, 이 이동성의 상징 — 지리적이고, 종국에는 사회적이며,
그리고 자동차보다는 운전자에게 더 많이 부여된 — 이 사실
상의 국가 신분증 계획의 개발에 있어서 중요한 고리가 될 수
있다는 점이 흥미롭다.

　우리가 현재 감시 국가로 간주하는 것의 대부분이 전쟁과
복지의 결합을 통해 생겨났다. 영국에서 그러하였으며, 다른
곳에서도 명백한 유사성을 보였다. 전쟁을 위한 국가적 동원
은 징집에서부터 많은 종류의 기록 유지를 계속 필요로 했다.
그리고 잘 기록된 문서들을 용도 변경함으로써, 그런 군사 지
향적 기초 위에 평시의 필요들이 설계되었다. 실제로, 영국에
서 2차 세계대전 중에 얼마간 사용된 임시 신분증은 곧 국민
건강보험제도National Health Service로 변화되는 제도의 주요 신분
증명 수단이 되었다.[21]

　그러므로 빅토리아 왕조의 영국에서는 국가 시민증이 예외
적 — 인구 조사, 출산, 결혼, 죽음과 관련하여 — 이었던 데
반해, 20세기 중반의 영국, 그리고 소위 모든 선진 사회에서는
신분증tabs이 많아지게 되었다. 세금, 보건, 복지, 자동차 면
허, 그리고 다른 시스템들은 증가하는 감시망과 일시적으로
연결되는 것 이상을 수반한다. 특히 냉전 시기에 외부 위협의
증가는 또한 자본주의에 대한 내부 위협과도 연결되어 있었

다. 안보 당국은 점차 "내부의 적enemy within"에 초점을 맞추었는데, 여기에는 노동조합주의자, 평화 활동가, 소수 정당이 포함될 수 있었다. 힉스가 말한 것처럼, 지정학과 계급 정치학 사이의 구분은 희미해지고 있었다.[22] 이것을 넘어서, 작업장에서의 과학적 관리, 그리고 바로 뒤이어 등장한 시장 조사는 근로자와 소비자로부터 그리고 근로자와 소비자에 관한 개인 정보가 검색된다는 것을 또한 의미했다.

여기서 감시라고 언급되는 것은 근대 초기에 상대적으로 분리된 사회적 삶의 많은 영역들에서 출현했다. 이런 영역들에는 정부 행정, 작업장 감독, 빈민 구제, 법과 질서, 군사 훈련 등이 포함된다.[23] 과학적 관리가 20세기 초반에 작업장 통제 수단으로 체계화되기 시작하면서 비로소 유사한 감시 수단들이 아주 다른 상황에서도 실제로 나타나기 시작했다. 그것들은 또한 새로운 영역으로 퍼져 나갔다. 시장 조사와 광고를 통해서 특정 생산품을 구매하도록 소비자들에게 영향력을 행사하려는 체계적 시도와 같은 것이 그런 예이다. 그러나 20세기 말에 이르러, 조직적 삶의 전산화는 매우 다양한 사회적 영역에 걸쳐 감시 관행들이 점점 더 유사하게 보이는 환경을 촉진하는 데 일조했다.

자본주의적 작업장 환경에서 감시는 이런 생산 양식의 고유한 요소로서 발달했다.[24] 그리고 그것은 특히 제임스 베니거James Beniger가 통제 혁명control revolution이라고 부른 것과 관련이 있다.[25] 이런 사실을 가지고 감시가 단지 더 많은 착취를 생산하도록 운명지워져 있었다고 말하려는 것은 아니다. 어떤 경우에는 감시가 더 많은 공정성을 확보해 줄 수 있다. 그러나 많은 경우에 피고용자들은 작업장 감시의 잠재적인 억압적 측면들에 대항해 투쟁하여야만 했다. 그러나 자본주의적 작업장에서의 감시가 다른 맥락에서의 감시를 위한 전형典型은 아니다. 감시 스펙트럼은 엄격하고, 중앙집중화되고, 파놉티콘적인 통제에서부터 부드럽고, 분산적인, 설득과 영향력에까지 이른다. 작업장 감시는 경찰 활동의 "범주적 의심categorical suspicion"과 소비에 대한 "범주적 유혹categorical seduction" 사이의 어딘가에 존재한다.[26]

행정적인 작업과 시스템의 광범위한 전산화는 1960년대부터 나타났다. 그것은 업무 부담이 많은 관료들의 짐을 들어주는 효과를 가져왔다. 그러나 일상적인 감시 검열을 통해서 모든 시민과 노동자, 그리고 오래지 않아 소비자의 가시성도 엄청나게 증가하는 부수적 효과도 빈번하게 나타났다. 그러나 1980년대와 90년대에 이르러서는 이것이 국가의 복지 제도를 해체하고 위험을 급격하게 개인에게 전가시키는 일반적인 경제적 재구조화와도 연결되었다. 풍요와 이동성의 증가는 범죄와 일탈의 기회도 증가시켰으며, 그것이 이번에는 "통제의 문화"의 출현을 촉진하였다.[27] 이런 문제들을 권력자들의 음모의 일종으로 이해하기보다는 넓은 사회적 맥락 속에서 조망하는 것이 중요하다.

20세기에 행정과 상업 분야에서 감시의 급격한 성장은 대부분 "소멸하는 신체들disappearing bodies"과 관계있는지도 모른다. 여행 및 통신 분야의 신기술들에 의해 가능해진 사회적 관계들의 확장과 연계된, 이동성의 증가율은 면대면 관계에 기반을 둔 거래와 상호작용이 점점 더 줄어드는 것을 의미한다. 우리가 친구, 가족, 동료들과의 면대면 관계를 포기하는 것은 아니다. 그것보다는 단순히 카드 판독기, 전화, 이메일 등을 통해 함께 상호작용하는 사람들 중 상당수를 우리가 결코 보지 못한다는 것이다. 이것은 "신뢰의 증표tokens of trust"로 부를 수 있는 것을 보충하는 수단에 대한 욕구를 낳는다.[28] 그래서 비밀번호(PINs), 바코드, 서명이 등장했고, 종국에는 우리가 소지한 카드를 장식하는 사진 신분증과 생체 인식이 등장했다. 그리하여 인간 존재, 신체화된 개인embodied person은 장소로부터 추상화되며, 흐름들flows 속의 정보들로 흡수된다. 따라서 그것은 감시 체계 속의 "정보 이미지들"로 재구조화된다. 각양각색의 시스템이 1960년대부터 계속해서 발달했다. 그중 몇 가지는 연결망을 가지게 되었다. 그러나 일반적으로(그리고 부분적으로 법적 제한 때문에) 특별한 이유 없이 데이터베이스들을 넘나들며 정보를 추적할 수 있는 기회는 거의 없었다.

## 감시의 시선을 이론화하기

9/11 이후의 감시의 발달을 다루기 위해서는 변화를 묘사하는 것만으로는 충분하지 않으며, 일정한 종류의 해석이나 설명이 필요하다. 이 같은 목적을 위해 활용할 수 있는 다양한 이론적 자원들이 존재한다. 이들 각각은 현재의 사건들을 조망하는 나름의 시각을 제공해 준다. 만약 우리가 자본주의에 강조점을 둔다면, 거래의 조건들은 가능한 한 자유롭게 하면서, 피고용자와 자원에 대한 통제를 유지할 목적으로 분명히 감시가 활용될 것이다. 자본주의에 의해 창출된 착취 관계는 감시를 포함하여 활용가능한 도구들을 이용해 영속화된다. 작업장에서 감시는 자주 갈등을 불러일으키는 영역이며, 성과들은 경쟁되고 협상된다.[29] 그러나 만약 관료주의를 중심에 둔다면, 그때는 자본주의적 관계를 넘어서는 감시의 몇 가지 특징이 관찰된다. 점점 더 많은 삶의 영역들의 합리화와 의도적 통제는 확실히 감시의 강화뿐 아니라 근본적인 불안감도 수반한다. 전 지구적 근대화가 더 많은 위험을 생산함에 따라, 이를 방지하기 위해 더 많은 노력이 기울여지고 있는데, 특히 감시정보에 기반한 보험을 통해서이다.[30]

비록 현재의 발전에 비추어 계속 검토되어야 하지만, 이런 관점들은 오늘날의 감시 상황에 대한 중요한 통찰력을 제공한다. 예를 들어, "자본주의 사회"와 "관료주의" 이론들은 모두

19세기 혹은 20세기 초반에 나타났으며, 우리의 주의를 개별화individualization라는 병행 과정으로부터 벗어나게 하는 경향이 있다.[31] 그러므로 자본주의적 맥락에서 오늘날 우리는 노동의 개별화[32]와 함께 소비의 개별화를 목격한다. 마케팅 담당자의 꿈은 "틈새시장niches"을 공략하는 것뿐만 아니라 종국에는 특정 품목들을 구매하도록 개인들을 유인하는 것이다. 이를 위해 감시에 의해 수집된 생활 양식과 선호에 대한 자료를 사용한다. 그러나 "위험" 또한 개별화되는데, 특히 위험을 분산하는 이전의 공동체적 수단들 — 복지 국가와 같은 — 이 축소되고 있기 때문에 그러하다. 복지 자체 내에서 감시는 철저하고 엄격하다.[33] 그러나 그것을 넘어서, 모든 행위자가 건강, 능력, 수입, 다른 개인 정보에 대한 상세한 기록을 점점 더 원한다.

사회학자들이 무슨 말을 하든지, 감시에 대한 연구에서 항상 인용되는 이름인 조지 오웰을 무시하는 것은 어리석은 일이 될 것이다. 그의 소설, 『1984』와 거기에 등장하는 괴물 같은 반反영웅인 "빅브라더"는 감시 장르 내에서 전형典型이 되었다. 여기에는 그럴 만한 이유가 있다. 오웰은 감시를 매개하는 기술의 사용 — 도처에 존재하는 쌍방향 "텔레스크린"과 같은 — 뿐만 아니라 언어의 변형에 대해서도 기록했다. 그는 또한 그의 작품이 국가 사회주의자를 겨냥하는지 혹은 자유 민주주의 사회를 겨냥하는지에 관하여 미묘한 모호성을 유지했다. 서구 세계의 많은 사람들은 그의 비판이 그 당시 "철의 장막" 국가들의 공산주의 체제를 폭로한 것이라고 자신만만

하게 생각했다. 그러나 그가 감시에 관해 예견한 많은 것들은
실제로 자유 민주주의에도 적용된다. 그는 전자 공학이 얼마
만큼 감시를 용이하게 할지, 혹은 소비자 영역에서도 시민 영
역만큼(혹은 이 문제의 경우, 시민권이 점점 더 소비를 닮게 될 것이
다) 전자 공학이 사용될지 상상할 수 없었다. 그럼에도 불구하
고 그의 경고들은 잘 받아들여진다.

이론적으로 볼 때, 조지 오웰이 두려워한 것은 국가에 의해
조직된 중앙 감시 기구였으며, 이 기구는 지배자와 피지배자
가 서로 투명하게 보이는 권력의 피라미드였다. 비록 1970년
대에 이르러 감시의 다른 측면이 중요해졌지만, 현대의 감시
에 대한 초기 사회학적 연구에서 전형적인 필연적 미래ache-
typical avoidable future라고 언급되는 것이 바로 이 중앙집권적 모델
이었다.[34] 그런 연구들은 또한 막스 베버Max Weber와 그의 계승
자들을 참고하였다. 베버는 기록 보관, 서류철, 통제의 위계,
식견 있는 관리官吏들에 대해서 주목했는데, 이것은 모두 관료
제의 감시를 이해하는 데 있어서 중요하다. 그러나 다음과 같
은 의문이 저절로 생겨나기 시작한다. 관료주의적 절차 자체
를 보강하기 위해 컴퓨터 사용을 늘리는 것은 감시가 수행되
는 방식의 차이를 만들어 내지 않을까? 초기 연구에서, 전산
화는 주로 기존의 과정을 확장하는 수단으로 간주되었다. 오
늘날에는 전산화가 새로운 형태의 "담론적discursive" 권력을 생
산하는지에 관한 질문들이 제기되고 있다.[35]

그런데 전자적인 감시 형태가 더 널리 전파됨에 따라, 많은

사람들은 푸코가 벤담의 파놉티콘을 지속적인 관찰에 기초한 편재하는 권력ubiquitous power에 대해 사고하는 수단으로 간주한 데 관심을 돌렸다. 비록 일상생활의 세목들 속에서 "모세관 capillary" 수준들로 지역화 할 여지가 있기는 하지만, 파놉티콘 은 부분적으로 중앙집중화된 기구이다. 그런 중앙집중화된 감시는 항상 전체주의의 위협을 수반한다.[36] 그러나 민간 압력 단체, 노동조합, 시민권 운동, 그리고 소비자 단체의 견제와 균형, 그리고 경계警戒는 전체주의를 억제하는 데 아주 효과적 이라는 것이 전통적으로 입증되어 왔다. 특히 서구의 경우가 그러하다.

그런데 파놉티콘적인 관념에는 눈을 마주보는 것 이상이 존재한다. 실제로 "눈"은 얼마간 현재 진행중인 논쟁의 중심 에 있다.[37] 앞에서 보았듯이, 일부 사람들은 다수가 소수를 감 시하는 "시놉티콘적인" 눈은 소수가 다수를 감시하는 "파놉 티콘적인" 눈만큼 중요하다고 주장한다. "보이지 않는 관찰자 unseen observer"가 파놉티콘적인 것 ― 특히 이것은 오늘날 활용 가능한 매우 비개입적인 전자 정보 수집 형태를 반영하는 것 같아 보인다 ― 의 핵심적 특징이라고 간주하는 사람들과 파 놉티콘적인 것의 분류 능력이 실제로 그것을 정의한다고 주장 하는 사람들 사이에는 또 하나의 중요한 논쟁이 존재한다.[38] 후자의 관점에서 보면, 경찰 활동에서부터 정보 마케팅에 이 르기까지 많은 장면들에서 파놉티콘을 관찰할 수 있다.[39] 9/11 과 관련하여, 새로운 감시 기술의 확산은 감시의 "눈"을 판별하기가 더 쉽지 않음을 의미한다. 그러나 검색가능한 데이터 베이스를 사용하는 것은 — 특히 프로파일링을 위해서 — 파놉티콘의 분류 능력이 강화됨을 의미한다. 그 같은 프로파일링은 특히 "인종적" 경계선을 따라 일어나며, 특히 "아랍" 사람들에게 초점이 맞추어져 일어난다. 예를 들어, 200개 이상의 미국 대학들의 FBI 감시망trawl에서 "중동" 출신의 학생들이 선택되었다.[40]

최근 몇 년 동안, 감시 어셈블리지surveillant assemblage 개념이 이론가들의 주목을 받으면서, 중앙집중화된 파놉티콘적 혹은 오웰적 감시 기구들의 변형들에 대한 관심은 많이 줄어들었다. 감시 어셈블리지라는 관념은 질 들뢰즈Gilles Deleuze의 풍부한 상상력에서 유래한다.[41] 그리고 최소한 이 개념이 감시의 분산, 탈중심화, 지구화를 설명해 주는 것 같으므로, 많은 사회과학자들이 많은 성과를 내면서 탐구해 왔다.[42] 이 맥락에서 어셈블리지는 느슨하게 결합된 체계들의 집합이며, 적어도 정치학자들이 전통적으로 이해한 정부의 작동 방식과는 구분된다. 그것은 발현적emergent이며 불안정하다. 그것은 국가 기관들과 국가와 (직접적인) 관계가 전혀 없는 다른 것들을 넘나들며 작동한다. 정보-주체data-subject의 관점에서 보면, 이것은 감시에 관한 우리의 일상적인 경험과 관계있다. 즉, 그러한 감시는 특별한 조사를 통해서보다는 일상의 순간들 속에서 발생한다. 니콜라스 로즈Nikolas Rose영국의 사회학자로 인간 과학의 사회사와 정치사, 주체의 계보학에 대한 연구 등을 수행함: 옮긴이가 말한 것처럼,

"감시는 매일의 존재의 흐름들 '속에 설계되어' 있다."[43]

한 가지 핵심 사례는 위험을 결정하기 위해 경찰에 의해 사용되는 보험 범주들이다. 혹은 9/11 이후의 상황에서는 경찰과 정보기관의 자료뿐만 아니라 소비자 자료도 국경을 통과하는 사람들의 잠재적 위협을 계산하기 위해서 사람들을 프로파일하는 데 사용된다. 어셈블리지는 모두 이전에는 분리되어 있던 것들의 연결linking, 교차참조cross-referencing, 결합에 관한 것이다. 그것은 옆으로 가지를 뻗은 후, 그 가지가 다시 계속 자라나는 연결망의 마디들이 되는 "크리핑 찰리Creeping Charlie"라는 잡초와 같다. 질 들뢰즈와 펠릭스 가타리Felix Guatarri가 언급했던 것처럼, 그것은 "리좀적rhizomic"이다. 어셈블리지에서, 감시는 장소들로부터 신체들을 추상화하고 그것들을 ― 가상적 이중 자료들data-doubles로 재결합되는 ― 흐름들 속에 분해함으로써 작동하는데, 이것은 다시 한 번 위계 구조와 중앙집중화된 권력에 대해 의문을 불러일으킨다.

이것의 중요한 한 양상은 개인 정보와 집단 정보의 흐름들이 과거에는 훨씬 침투하기 어렵던 시스템들, 즉 훨씬 더 구별되고 불침투성不浸透性이던 시스템들 속을 통과한다는 것이다. 따라서 9/11 이후에, 공격 이전에 존재했던 "테러범들"의 활동을 날짜 단위와 시간 단위로 추적하기 위해서 수많은 출처 ― 슈퍼마켓, 모텔, 교통 통제 지점, 신용카드 거래 기록 등 ― 로부터 유래한 감시 정보들이 활용되었다. 검색가능한 데이터베이스를 활용함으로써 경찰과 정보기관은 이전에는 활용할 수 없던 상업적 기록들을 이용할 수 있게 되고, 따라서 명백히 "범죄와 관련 없는" 모든 종류의 기록에 의존할 수 있게 된다.

그러나 9/11 이후에 우리가 감시에 관해 목격한 것으로부터, 느슨하게 네트워크화된 어셈블리지가 중앙집중화된 기구를 단순히 대체한다고 상상한다면 이는 잘못된 것이다. 실제로 들뢰즈와 가타리 스스로도 리좀의 상이한 종류들을 구분했다. 그중 몇 가지는 위계적인 통제를 계속 허용한다. 위험 관리 기법의 증가 경향은 다른 제도적 영역들 사이에 존재하는 오래된 구분을 실제로 지워버리고 있다. 그러나 불안정성이 만연해 있다. 결과를 예측하는 것은 불가능하다. 진실로, "조직화된 위험 관리"는 20세기 말에 와서 "무조직화되고disorganized," "무질서한disorderly" 시스템들에 의해 다소간 잠식되었다.[44] 그러나 국가에 의한 감시 형태는 결코 사라지지 않았다. 그리고 9/11과 같은 세계적 사건은, 위기에 대한 인식이 충분히 클 때에는, 국가에 의한 감시 형태가 힘과 영향력 모두를 보유하고 있음을 드러내 준다. 어셈블리지와 기구는 중첩되며, 심지어 누적적이고 서로 정보를 제공하는 체계들이다. 그리고 어셈블리지는 여전히 기구에 의해 활용될 수 있다. 실제로, 이것은 부분적으로 정부가 위험 관리에서 점점 더 단서를 얻기 때문이다. 그 결과, 정부 자체의 성격이 변하고 있다. 우리는 이 문제를 4장에서 더 자세히 살펴볼 것이다.

감시에 대한 이런 간략한 조사[45]는 한때 지배적이던 중앙집중화된 국가 정보력의 모델이 사회-기술적 발달에 의해 어떻게 도전받게 되었는지를 보여 준다. 따라서 새로운 모델들은 정보 통신 기술의 성장을 개인과 전체 국민에 관한 정보 처리 과정에 통합한다. 그리고 그 형태에 수반되는 유연성과 조직 경계의 개방성을 가진 훨씬 더 네트워크화된 사회 조직 형태들이 존재한다. 그러나 다른 종류의 설명들 — 마치 그것들이 사회 변화로 인해 단순히 과다하게 되었다는 것과 같은 — 을 비판 없이 포기할 수는 없다. 이것을 예시하기 위하여, 나는 단순하게 일련의 질문들을 제기할 것이다. 이 질문들은 9/11 의 영향력이라는 프리즘이 특히 감시와 관련된 구조와 과정의 양상들을 다시 한 번 더 강조하도록 해줄 것이다.

## 비판적 질문들

9/11 이후의 감시 발달에 관해 세 가지 비판적 질문을 제기할 수 있다. 각각의 질문에 대한 답에는 많은 것이 관련되어 있다.

첫 번째 질문은 감시를 중앙집중화된 권력과 분산된 어셈블리지 중 어느 것으로 이해해야 가장 좋은가 하는 것이다. 제2차 세계대전 이후 일어나고 있는 모든 변화의 모습에도 불구하고, 9/11에 대한 대응을 보면, 국민-국가가 여전히 무시무시한 힘을 보유하고 있음을 강하게 환기시켜 준다. 특히 리좀적 가지들rhizomic shoots이 보유한 정보에 접근하려는 매우 특수한 목적을 위해 명백하게 그것들[리좀적 가치들]이 계속 활용될 수 있을 때 그러하다. 빅브라더라는 수사修辭가 처음 등장했을 때, 그것은 (오늘날 만연되어 있는 상업적 감시 혹은 인터넷 감시와 같은) 국가 바깥의 어떤 것을 언급하지 않았다. 오웰은 "텔레스크린telescreen"이 처음에는 극소 전자 공학microelectronics의 발달, 나중에는 전 지구적 TV와 검색가능한 데이터베이스를 포함하는 통신의 발달에 의해 얼마나 확대될 것인지를 추측하지 못했다. 그러나 빅브라더 유형의 위협이 어쨌든 과거의 ˚일이라고 생각한다면 순진하다고 해야 할 것이다.

　나라마다 "테러리즘"에 대항할 목적으로 법률과 관행들을 마련함에 따라 엄중한 조치들draconian measures이 전 세계적으로 나타나고 있다. 미국의 법무장관 존 애시크로프트는 새로운 경찰권에 대해 심각하게 반대 목소리를 높인 소수의 상원 의원들 중 한 사람인 패트릭 레이히Patrick Leahy에게 "말이 테러리즘을 예방해 주지는 않을 것이다"라고 경고했다.[46] 비판적 논의를 침묵시키는 동시에 시민의 자유에 제한을 가하는 이 같은 공황 상태의 반응은 장기적이고 어쩌면 돌이키기 어려운 결과를 초래할 것 같다. 이것은 비정상적인 "전시wartime" 조치들을 용인한다. 그것들은 일상적인 통신과 거래에 관한 정보들 — 전화 통화, 이메일, 인터넷 — 의 감청을 포함하는 한편, 이런 매체들이 민주적 논쟁을 위해 사용되는 것을 암묵적으로 방해한다. 감시 어셈블리지는 전통적인 "강한 국가"의 목적을 위해 흡수되고 있다.

두 번째로, 감시의 경험과 관련하여 침해intrusion나 배제exclusion가 핵심 동기인지 질문하는 것도 가치가 있다. 오늘날의 북반구 사회들은 꾸준한 민영화 과정을 경험하고 있다. 사회적 세계는 너무나 자주 일련의 '개인적 공간의 거품들'로 간주된다. 그러므로 감시가 종종 프라이버시에 대한 잠재적 위협, 내밀한 생활에 대한 침해, 성스러운 가정에 대한 침입(여성과 남성은 이것을 다르게 인식할지도 모른다) 같은, 혹은 익명성에 대한 위협 같은 개인주의적 용어에 의해 조망되는 것도 놀라운 일은 아니다. 이 모든 것이 이해가능한 태도(그리고 그 자체의 이론적이고 실천적인 대응을 요청하는 것들)이지만, 어느 것도 현재의 감시가 지닌 핵심 양상 중 하나 — "사회적 분류social sorting" — 를 진정으로 다루지 못하고 있다.[47] 사회적 분류는 이론적으로 적절히 다루기가 어렵다. 그리고 그것에 대중적 지위를 부여하는 강력한 메타포 — "빅브라더"와 같은 — 도 아직 제안되지 않았다.

리스크 프로파일링risk profiling과 사회적 범주화social categorizing를 위해 점점 더 자동화되는 차별의 메커니즘은 정보 사회에서 사회적, 경제적, 문화적 분리를 재생산하고 강화하는 중요한 하나의 수단을 표상한다. 그것들은 책임을 묻기가 매우 어려운 경향이 있다. 특히 비디오 감시와 같은 맥락에서는 그러하다.[48] 통속적인 홍보 문구인 "숨길 것이 없으면 두려워할 것도 없다"는 말이 공허한 것도 바로 이 때문이다. 범주적 의심은 "죄가 없거나," "죄가 있거나" 상관없이, 그 시선 아래 놓여 있는 누구에게나 영향을 미친다. 이것이 9/11 이후에 실행된 새로운 반-테러 조치들이 고통스럽게 함의하고 있는 하나의 사실이다. 이미 몇몇 나라에서는 이 조치들로 인해 아랍과 무슬림 소수자들이 과도하고 불공정한 표적이 되고 있다.

감시의 경험은 또한 주체들이 자신들의 개인 정보를 포착하고 처리하는 관행에 대해 어느 정도 공모, 협상, 혹은 저항할 것인가 하는 세 번째 질문을 제기한다. 감시가 단지 권력자의 시선의 문제만은 아니듯이, 그것은 기술적으로 결정되는 것도 아니다. 정보-주체는 감시 체계와 상호작용한다. 푸코가 말한 것처럼, 우리는 "우리 차신에 대한 감시의 하수인들 bearers"이다. 그러나 우리가 꼭두각시dupe로 존재하는 무의식적 과정이 아니라는 점을 강조해야만 한다. 감시는 항상 불명료하다. 감시에는 명백한 불이익뿐만 아니라 진정한 혜택과 그럴 듯한 합리화도 존재한다. 그래서 감시에 대한 협력의 정도는 환경과 태도의 정도에 의존한다. 현재와 같은 공포 체제 하에서는 불안한 대중들이 9/11 이전보다 더 많은 침해, 감청, 유예, 심문들을 견뎌내려고 할 것이다. 이것은 "자유"와 "안보" 사이에서 극단적인 "선택"을 강요하는 대중 매체들에 의해서 증폭된다.[49] 이런 자기만족의 결과는 광범위할 수 있다. 그러나 상황이 이런 식으로 계속 전개될 필요는 없다. 9/11 이후의 감시에 대해 말해야 할 것들은 이 세 가지 비판적 질문에만 한정되지 않는다. 이 세 가지 질문은 단지 평가를 위한 출발점일 뿐이다. 여기에 뒤따라 등장할 더 진전되고 심층적인

주제는 사회적 분석을 규범적인 것과 중요한 방식으로 연결한
다. 이것은 다음과 같은 질문 형태로 진술될 수 있다. 즉, 거버
넌스에 대한 도구적이고 합리적인 접근들 — 법과 기술에 대
한 신뢰와 같은 — 이 장기적으로 유지될 수 있는가? 기술적
해결책들에 대한 사회적 제한은 존재하는가? 앞으로 살펴보
겠지만, 이 같은 기술적 해결책들이 논의를 지배하고 있다. 그
러나 그로 인하여 두려움과 불확실성은 줄어들기보다 오히려
더 증가할 것이다. 그것은 치솟아 오르는 소용돌이처럼 위험
을 격화시킬 것이다. 공적인 참여가 서서히 줄어드는 것과 동
시에 기술적 해결책들은 자기영속적이 되어 가고 있다. 어떤
시점에 가면 그것들은 사회적 정박지를 상실하고, 해결하려
고 의도했던 상황을 악화시키는 것으로 끝을 맞이할 것 같다.

그러므로 이 책 전체를 통해서 제기하는 또 다른 중요한 질
문은 법적이고 기술적인 조치들의 한계에 관한 것이다. 이것
은 기술이 일상적인 사회적 삶 속에 내장되어 있는 방식들을
탐구하기 위해 "합리화"에 초점을 맞춘 접근들을 넘어서는 것
을 의미한다. 그것은 북반구 사회들이 비공식적 연대, 도덕적
공동체, 의사소통적 의례들communcational rituals이 갖는 중요성을
망각할 위험에 처해 있는지에 대해 질문하는 것을 의미한다.
그것들은 확실히 급진적인 합리화의 대척점에 존재한다.[50] 이
것은 다시 상호 신뢰에 대한 물음을 요청하는데, 오늘날 테러
에 대한 공포라는 의심의 풍조 속에서 이 물음은 낮은 우선순
위를 갖는 것처럼 보인다. 그러므로 정의의 윤리가 배려의 윤

리에 의해 순화될 수 있도록 하는 방법[51]과 신뢰가 중심적인 동기가 되도록 하는 방법을 탐구하는 것이 차후의 중요한 과제가 될 것이다.

## 프리즘, 관점, 그리고 실천

9/11에 대한 감시 대응은 사회적 구조와 과정의 양상들을 실제로 관찰할 수 있는 하나의 프리즘이다. 이 프리즘은 소위 정보 사회에서 일상의 삶을 간섭하는, 기존의 광범위한 감시 관행과 과정을 가시화할 수 있도록 하는 데 도움을 준다. 그리고 그것은 손쉽게 만들어진 감시에 관한 다양한 가정들 — 중앙 집중화되어 있기보다는 분산되어 있고, 배제하기보다는 침해하며, 정보-주체는 체계의 하수인이며, 감시는 기술에 의해 추동되고 있으며, 사건 발생 이후의 조사보다는 사건 예방을 위해 더 노력한다 — 을 검토하는 데 도움을 준다.

　우리가 살펴본 것처럼, 이 가정들 중 어떤 것도 옳은 것은 아니다. 9/11 이후, 감시 국가는 그 어느 때보다도 더 강해 보인다. 비록 그것은 지금 감시 사회의 분산된 체계와 장치를 사용하지만 말이다. 감시 사회의 분산된 체계와 장치에는 심지어 "테러범"들을 뿌리 뽑기 위해 개조된 첨단 마케팅 기법도 포함되어 있다. 프라이버시를 침해하는 것에 대한 빈번한 두려움에도 불구하고, 개인의 삶에 가해지는 침해가 감시와 연관된 가장 큰 문제는 아니다. 감시의 효과는 의심의 범주들을 차별하고 배제하는 것이다. 이것은 사회적 차별과 분리를 강화한다. 권리 침해는 그 부산물에 불과하다. 그러나 정보-주체 — 감시의 시선 아래 놓여 있는 우리 모두 혹은 일부 — 는 하수인이 아니다. 종종 우리는 단지 도시의 거리를 걷고, 전화와 은행 단말기를 사용하고, 가게에서 고객 카드를 발급받고, 자주 이용하는 항공사에서 익스프레스 카드를 받는 것만으로도 우리 자신을 감시하는 데 참여한다. 우리는 '아니오'라고 말할 수 있다. 많은 사람들이 그렇게 한다. 비록 기술에 대한 믿음이 강하게 남아 있기는 하지만, 감시는 기술에 의해 추동되는 것이 아니다. 감시는 일상의 토대 위에서 기술적으로 확대되지만, 9/11 이전에도 그랬던 것처럼 그것은 상업적 결정과 정부 정책의 결과물이다. 그러나 그 효과를 살펴보면, 분석가능한 정보의 양을 증가시키는 것에 비하여 범죄와 폭력을 예견하고 방지하지는 못한다.

그러므로 더 오래된 모더니즘적 감시 모델들이 더 새로운 후기-모던late-modern 혹은 포스트-모던 모델에 의해서 단순히 대체되었다고 보는 데는 주의해야 할 것 같다. 지구화되고 있는 세계에서 명백히 약화되고 있음에도 불구하고, 국민 국가는 내부 통제에 대한 지배력을 신속히 강화할 수 있는 능력을 보유하고 있다. 그리고 국가가 사용하는 수단에는 "감시"에 포함시키기에는 "부드럽고soft," 거의 가치가 없어 보이는 상업적 감시의 아이템들, — 전화 통화, 슈퍼마켓 방문, 인터넷 서핑 — 이 포함된다. 위험에 노출되기 쉬운 정보, 통신, 수송 환경에 대한 모든 의심에도 불구하고, 놀랍게도 기술의 약속에 대한 순진한 믿음은 9/11의 "실패"에 의해서도 손상된 것 같지 않다.

테러 공격 자체가 역사를 지니고 있는 것과 마찬가지로, 9/11에 대한 감시 대응도 역사를 가지고 있다. 아랍계와 무슬림들을 프로파일링 하는 데 감시의 관심이 집중되기 오래 전부터, 감시는 이미 체계적인 사회적 분류의 방향으로 꾸준히 이동하고 있었다. 그리고 9/11 이전의 감시 체계는, 여타의 것들로부터 사회적으로 수용가능한 것을 가려내고 정밀한 조사를 위해 의미없는 사람들을 걸러내기 위해서, 계속 작동하고 있다. 이제 막 또 다른 준거criteria의 집합이 그 격자格子의 일부를 구성한다. 테러범들에 대한 정보를 이 잡듯이 조사하는 것은 의심의 범주와 위험의 관계에 단순히 또 하나의 차원을 더하는 것이다. 이것은 하나의 전선戰線 이상에 대해 주의를 기울일 것을 요구한다. 테러와의 전쟁에 수반되는 시민의 자유 상실을 경고하는 것은 가치가 있다. 그러나 그렇다고 특정 집단들이 감시 기법에 의해 이미 차별당하고 있다는 점을 망각해서는 안 될 것이다. 현재 테러 체제에 대한 미디어의 보도 확대가 극적으로 발달하면서, 감시로 인한 불평등에 대항하는 투쟁으로부터 사람들의 관심을 돌리기는 쉬울 것이다.

9/11 이전과 이후의 감시를 이해하기 위해서는 역사와 정치

경제학에 세심한 주의를 기울여야 한다. 단지 이것만이 우리가 오늘날 감시의 체계적·구조적 양상들을 파악하도록 도와줄 것이다. 그러나 이런 요소들이 필수적이지만, 이것만으로 충분하지는 않다. 여기에 더하여 규범적인 접근들이 매우 중요하다. 규범적인 접근들은 우리의 분석에 정보를 제공하며, 생명을 불어넣는다. 오늘날의 감시는 점점 더 컴퓨터의 지원을 받고 있으며 기술 의존적이다. 이것은 사회적 불평등의 강화 및 재생산이 자동화되고 있음을 의미한다. 이런 조건에서는 현실 세계의 실제 사람들을 시야에서 놓치기 쉽다. 그러나 바로 이들을 위해서 높은 수준의 정의와 배려에 의해 감시가 민주적으로 결정되고 평가되어야 한다.

요즘 분위기에서는 감시 체계에 대해 민주적 책무성과 윤리적 조사를 요구하는 목소리가 단지 자유주의적 넋두리로만 들리지 않기를 기대하기는 어렵다. 그러나 민주적 책무성은 타자의 목소리에 귀를 기울이려는 의지와 함께 시작된다. 그리고 윤리적 조사는 고통을 경감하고 방지하기 위해 타자를 배려하는 것과 더불어 시작된다. 위에서 언급한 감시의 사회학은 이를 무시하는 것을, 우리 모두가 후회하면서 살게 되는 결과들을 초래할지도 모르는, 심각한 잘못으로 간주한다.

# 2. 감시 강화하기

"…되돌아볼 때, 나는 두려울 지도 모른다, 이것이 더 나쁜 사태를 향한 출발점이라는 것을 깨닫게 될까 봐."

마가렛 드래블[1]

위기의 시대는 기이한 조치들을 생산한다. 특히, 전쟁은 후방의 보안을 강화하도록 만들며, 일부 시민권의 일시적 유보를 초래한다. 미국에 대한 9/11 공격이 있은 후에, 조지 부시 대통령은 "테러와의 전쟁"을 선포하였다. 그와 함께 안보냐 자유냐 하는 가상적인 선택이 제시되었다. 안전 보장의 이상은 20세기 후반에 발전한 것으로, 지금은 기이한 조치들을 정당화하기 위해 활용되고 있다. 여기에는 감시의 강화도 포함된다. 이런 정치적, 법적, 기술적 움직임은 미국인들에게만 영향을 미치는 것이 아니다. 북반구에 있는 많은 사람들과 함께 지구상의 다른 사람들에게도 영향을 미친다. 자유롭고, 공정하고, 우애 있는 사회에서 삶을 영위한다는 이상은 9/11의 영향으로 인해 의문시되고 있다.

20세기 후반부에 "전쟁"의 정의는 얼마간 확장되었다. 의심할 바 없이, 20세기는 인류 역사상 가장 많은 피를 흘린 전쟁으로 점철된 세기였다. 그리고 제2차 세계대전 후에는 미국과 소련이라는 초강대국 사이에서 "냉전Cold War"이 전개되었다. 다른 "전쟁들" 또한 선포되었다. 특히 영국에서는 결핍, 무지, 질병 등과의 전쟁이 선포되었다. 감내하기 어려운 삶의 조건들에 대항한 전쟁은 자유의 상실을 수반하지는 않았다. 그렇지만 냉전은 내부의 적들의 위협, 그들에 대한 의심, 감시, 컴퓨터 능력의 대규모 개발과 배치,[2] 그리고 궁극적으로 "상호 확증 파괴mutually assured destruction"[적이 핵 공격을 가할 경우 적의 공격 미사일 등이 도달하기 전에 또는 도달한 후에 생존해 있는 보복력을 이용해 상대편도 전멸시키는 보복 핵전략: 옮긴이]의 시나리오까지 포함하였다. 그 시기에 미국의 매카시즘은 "공산주의 선동자"에 대한 정형화 및 무책임하고 우스꽝스러운 "레즈 언더 더 베드reds under the bed"[공산당의 멤버들로 특히 영국 정치에서 나쁜 영향을 끼쳤는데, 매카시는 미국에도 공산주의자들이 있다고 주장하여 공포 분위기를 조성하였다: 옮긴이]라는 공포 전술로 악명이 높았다. 다행스럽게도, 냉전 시대는 베를린 장벽의 상징적 해체와 함께 1989년에 막을 내렸다.

불행하게도, 실제 전쟁도 그리고 대리전도 그때 막을 내리지는 않았다. 이런 예들 중에 하나로 미국은 불법적 품목의 공급을 차단하기 위해서 "마약과의 전쟁"을 선포했다. 마약 사용을 막으려는 이런 시도 또한 감시를 수반한다. 여기에는 전화 도청[3]과 같은 방법이 포함된다. 2001년 9월 11일 이후에 마약과의 전쟁은 또 다른 것에 의해 잠식당했다. 이것은 이제 우리에게 훨씬 더 친숙하다. 마약과의 전쟁과 마찬가지로, 테러와의 전쟁은 법적·기술적 대항-조치들을 명백히 진행중인 소용돌이처럼 확대시켜 간다. 새로운 권력들은 테러 혐의자뿐 아니라 다른 종류의 범죄에 대해서도 발언을 한다. 그렇지만 이것은 장소와 시간이 불분명한 전쟁이다. 테러범은 도시의 시민들 속에 살고 있으며, 따라서 이들을 공격하는 것은, 그윈 다이어Gwynne Dyer[프리랜스 저널리스트, 저술가, 방송인으로 80년대 중반에 만든 7부작 '전쟁'은 45개국에서 방송되었다: 옮긴이]가 말한 것처럼, 평범한 목수에게 전쟁을 선포하는 것과 마찬가지이다.[4] 그것은 또한 끝없는 전쟁일 것이다. 왜냐하면 테러리즘은 계속되는 위협일 것 같으니 말이다.

　이 장에서는 세 가지 이슈를 탐색할 것이다. 첫 번째는 의심에 관한 것이다. 9/11의 여파로 지구촌의 시민들은 의심의 홍수 속에 살게 되었다. 의심의 문화는 새로운 것이 아니다. 그러나 9/11은 그것을 심화시켰다. 감시 대상을 정하는 데 활용되는 "테러범"에 대한 법적 정의에도 이 중요한 새 요소가 포함되어 있다. 이것은 다시 경찰권과 첩보 활동을 강화시킨다. 두 번째 이슈는 기밀이다. 웰즈H. G. Wells[과학 소설로 유명한 작가로 때로 과학 소설의 아버지로 불린다: 옮긴이]는 1908년에 출간된, 뉴욕이 공습을 받는 내용의 공상 과학 소설인 『공중전The War in the Air』에서 이것을 단순한 암시 이상으로 섬뜩하게 보여 주었다.

"이 전쟁과 관련하여 역사적으로 가장 놀라운 사실 중의 하나이며, 전쟁의 방법과 민주주의의 방법 사이를 완전하게 분리시킨 것은 워싱턴의 효과적인 기밀 유지였다."[5] 이것은 워싱턴 근처뿐만 아니라, 오늘날의 "테러와의 전쟁"의 비극적인 진실이다. 세 번째 이슈는 기밀과 관련이 없다. 그것은 시민들을 스파이로 동원하는 문제이다. 의심의 눈초리로 "테러범"을 새롭게 정의하는 것에 만족하지 못한 채, 새로운 체제는 또한 평범한 주민들을 감시자로 개조한다. 그러나 이 세 가지 이슈를 다루기 전에 왜 시민의 자유가 중요하며, 누가 진정한 희생자인가에 대해 몇 가지 예비적인 언급이 필요하다.


## 가시적 희생자들: 쇠락하는 자유


9/11 이후로 시민의 자유는 어려운 시기를 맞게 되었다. 새로운 법과 기술은 시민의 자유를 경시하거나 부정한다. 시민의 자유는 파괴하기는 쉬우나 회복하기는 어렵다. 소위 기회가 모두에게 열려 있다고 하는, 사회의 공정성과 관련하여 사람들이 매우 중시하는 신념도 9/11 이후에 변질되고 있다. 뉴욕의 중요한 상징 중 하나인 자유의 여신상은 그 자리에서 눈물을 흘리고 있음에 틀림없다. 진실로, 미국은 평등한 사회라는 고상한 주장에 합당한 생활을 결코 영위해 본 적이 없다. 그럼

에도 불구하고 2001년의 그 사건 이후에 기존의 불평등과 불이익이 강화되기 시작한다. 전시에는 타자the Other, 즉 적에 대한 적대적 방어가 고양되며, 의심의 문화가 출현한다. 그리고 누구도 그로부터 면제되지 않으며, 이 "전쟁"에는 예외가 없다. 이로 인하여 사회성의 토대인 상호 신뢰가 손상되고 있다.

"시민의 자유"가 어디에서 유래하였는지를 상기해 보는 것도 가치 있다. 그것은 근대 시기에 일어났던 중요한 투쟁의 산물이며, 200년 이상 축적되어 온 수많은 권리와 밀접하게 연결되어 있다.[6] 시민권civil rights은 법 앞에서 개인의 공정한 대우를 보장하며, 거주 이전의 자유, 재산권의 자유, 종교의 자유, 언론의 자유와 관련되어 있다. 미국에서 정치적 권리 ― 선거에 참여하고 공직에 출마하는 것과 같은 ― 는 재산 소유자로부터 모든 백인 남성, 여성, 그리고 흑인에게 순차적으로 확대되었다. 그러나 그 과정은 투쟁 없이 진행되지 않았다. 최저 생계의 보장과 경제적 안정과 같은 사회권들은 20세기 복지 국가의 산물이다. 그러나 지금은 사회권이 확립되었던 대부분의 나라에서 그것이 약화되고 있다. 야만적인 인종주의와 홀로코스트로 인해 발생했던 치욕적인 삶에 대한 반성의 결과로서, 1948년에 세계인권선언문 속에 이런 권리들이 종합되었다. 여기에는 개인의 생명, 자유, 안전의 권리, 그리고 법 앞에서의 만인의 평등, 이주의 자유 등이 포함된다.

9/11 이후에는 모두의 관심이 구멍 뚫린 안보에 집중되었다. 안전한 피난처인 "자유의 땅"의 국경은 침범당하였다. 그

다음 날 아침, 캐나다에서 발행되는 한 신문은 "희생자"가 되어야만 했던 초강대국 미국의 모욕감을 반영하여,[7] "격분 Outrage!"이라고 헤드라인을 뽑았다. 슬라보예 지젝Slavoj Žižek[슬로베니아 출신의 사회학자, 포스트모던 철학자이자 문화 비평가: 옮긴이]이 지적한 것처럼, 미국도 그 일부인 세계가 어떤 특성을 가지고 있는지 깨달을 기회가 주어졌으나, 미국은 이 기회를 거부하였다. 대신에 "가난한 제3세계에 대한 책임감과 죄의식으로부터 벗어나, 이제 우리가 피해자다"[8]라고 하면서, 전통적인 이데올로기적 헌신을 재주장하는 길을 선택했다. 이 점은 캐나다 수상, 장 크레티앙Jean Chretien[1993년부터 2003년까지 캐나다의 제20대 수상을 역임: 옮긴이]이 부유한 서방 세계는 빈곤국들과의 관계를 통해 테러의 조건들을 만들어 내는 데 일조했다고 용기 있게 발언했을 때 이전보다 더 분명해졌다. 9/11 발생 1주기 추모 연설에서, 그는 "타자들을 굴복시키기 위해 힘을 행사할 수는 없다"고 발언하였다. 이에 대해 미국의 TV 방송사들은 엄청난 비난을 퍼부었다.[9] 미국의 공식 입장은 비통한 피해자의 심정이었다.

　세계는 재빨리 미국에 대한 찬성과 반대라는 단순한 이분법에 의해 재편되었다. 안보가 전면에 나서고, 자유는 뒤로 밀려났다. 물론 비통함은 완전히 진실된 감정이다. 그러나 그것은 이데올로기적으로 부당하게 활용되었으며, 피해자의 지위와 강력하게 결합되었다. 아프가니스탄에서 미국의 군사력을 과시할 기회를 노리던 사람들뿐만 아니라 경찰과 정보기관의

권력을 강화할 기회를 노리던 사람들에게 이것은 손쉬운 구실
을 제공하였다. 한편에는 무엇인가가 통제를 벗어났다는 수
치스런 감정이 있었고, 다른 한편에는 신속히 형성되고 있는
진영들 사이에 잠재적 적들 — 혐의자들 — 의 회색 지대가 존
재한다는 감정이 있었다. 의심의 문화가 생성되거나 확인되
는 것과 짝을 이루어, 통제력을 회복하고 강화하는 것에 즉각
적인 우선권이 주어졌다.

매우 반정치적인 어떤 것이 새로운 안전 조치들 속에 스며
든다. 프란츠 노이만Franz Neumann은 안보와 위험의 언어가 지
배하게 되면서, 개인 행동의 사회적 · 법적 맥락, 그리고 이로
인해 정치적 교섭의 사회적 · 법적 맥락도 점점 고려 대상에서
제외된다고 단언한다.[10] 우리는 정치적 논쟁을 축소하려는 시
도가 오랫동안 존재해 왔음을 관찰할 수 있다. 심지어 미국 헌
법과 권리장전에서도 이를 관찰할 수 있다. 윌 허턴Will Hutton이
주장하듯이, 인민 주권을 효과적으로 부정하려는 시도는 9/11
이후에 단순히 재등장했다. 그리고 존 애시크로프트가 민간
군사 재판private military trials을 허용하고, 테러범으로 간주되는 비
미국인에 대한 사형 집행, 전화 통화와 이메일에 대한 광범위
한 감청을 재개한 것에서 이것을 관찰할 수 있다. 허턴이 지적
한 것처럼, "테러리즘과 싸우기 위해 시민의 자유를 이런 정
도로 축소시키는 것은 과도한 것이며, 테러리즘의 잠재적 결
과로써 이를 정당화하기는 어렵다." 그럼에도 2003년 4월까지
의회 내의 몇몇 공화당 의원들은 반테러 법안을 영구화하려고

시도하였다.[11]

통제와 의심의 문화는 9/11 이후에 새롭게 등장한 것이 아니다. 공포, 분노 및 "피해자들"의 비통한 마음으로부터, 그리고 보복을 행하려는 정치적 입장으로부터 에너지를 공급받으면서, 이전부터 존재하던 것이 9/11 이후에 눈덩이처럼 커지고 있을 뿐이다. 이런 통제와 의심의 문화는 20세기 후반에 이미 발달하고 있었다. 정치적 참여는 위험 관리risk management에 의해 이미 잠식되고 있었다. 위험 관리는 시민의 자유를 통제하고 침해하는 수단으로서 사람들을 프로파일한다. 위험 체제는 이미 엄격한 의심의 범주들을 만들어 내고 있었다. 개인들은 그 안에 자리하게 되겠지만, 그들의 목소리는 철저하게 묻히게 된다. 그러나 두 가지 중요한 측면 — 법과 기술 — 에서, 통제와 의심의 문화는 9/11 이후에 힘을 공급받고 있다.

새로운 법률과 정책은 지배적인 견해에 동의하기를 거부할지도 모르는 누군가에게 영향을 미친다. 특히 시위대, 노동조합, 학계, 그리고 종교 집단이 그러하다. 그로 인해 혹독한 결과가 발생하며, 몇몇 중요한 사례를 차단하는 기밀에 의해 그 결과는 더욱 냉혹해진다. 반체제 인사만 의심을 받는 것도 아니다. 새로운 법과 정책들은 모든 사람을 잠재적인 의심의 대상 혹은 FBI나 CIA의 잠재적 협조자로 탈바꿈시켰다. 이런 감시의 형태는 컴퓨터 네트워크나 생체 인식 식별자를 필요로 하지 않는다는 것에 주목하라.

## "테러범" 체포하기: 의심의 문화

9/11 공격은 미국 행정부로 하여금 행동에 들어가도록 자극하였다. 한 달 안에 새로운 반테러 법률 — 패트리어트 법안 — 이 통과되어 경찰권, 사법 기관 그리고 용의자 처리 문제를 다루게 되었다. 9/11 사건 발생 후 막 1년이 경과했을 때는 국토안보부라는 새로운 부서가 설치되어 활동을 개시했다. 현재 연방 국토안보부는 미국 영토에 대한 테러 활동을 예방하고 방지하며, 또 그에 대응하는 것을 돕는, 전례가 없는 임무를 수행한다.[12] 이런 조치가 취해진 것은 미국만이 아니다. 많은 국가들이 그들 나름의 법안과 새로운 정책을 통해 테러 공격에 대응했다. 여기에는 캐나다와 멕시코(이 두 나라는 테러범들이 잠입하기 쉬운 루트로 즉각적으로 지목되었다), 유럽과 동남아시아의 여러 나라들, 호주, 남한, 일본 등이 포함된다.

9/11 이후에 많은 나라에서 새로운 법을 제정하려는 맹렬한 움직임이 있었다. 무엇보다도 테러범들이 빠져나갈지도 모르는 법적인 허점들을 방지하기 위해서였다. 사실 이런 움직임은 지난 30년 넘게 등장했던 익숙한 패턴과 잘 들어맞는다. 즉, 그것은 위험을 계산해 그에 대비하고, 만약 가능하다면, 미연에 방지하려는 시도이다. 현대 사회는 자연적 삶과 사회적 삶에 결정적으로 개입 — 그렇게 하기 위해서 일련의 기술을 활용하였다 — 하는 바로 그것으로 인해서 대규모의 위기

를 생산하였다.[13] 위험을 관리하는 것은 이제 정부 활동의 핵심이다. 1950년대와 60년대의 냉전 시대 이래로, 기술적·군사적 수단을 통해서 타국의 — 소련의 미국에 대한 — 공격 위협으로부터 안전을 보장받을 수 있다는 것이 지배적 견해였다. 보안 기술은 급격히 확대되었다. 그리고 이와 더불어 중요한 신념 두 가지가 나타났다. 첫째, "최대 안보maximum security"가 바람직한 목표라는 생각이다. 둘째, 그것은 시장에 존재하는 점진적으로 활용가능한 이 기술들을 사용함으로써 달성할 수 있다는 생각이다.

이전에는 미국에 사소한 위험으로 간주되던 것이 갑자기 피비린내 나는 현실이 되었다. 테러범들은 미국이 세계적으로 자랑하는 최고의 상징들에 대해 놀랍도록 정확하게 타격을 가할 수 있었다. 군은 즉각 완전 경계 상태에 돌입해야 했으며, 뒤이어 신속하게 안보 관련 법률의 변화와 기술적 개선 조짐이 뒤따랐다. 위험에 대처하는 기존의 조치들은 불완전하고 결함이 있는 것으로 간주되었다. 그리고 공항, 국경, 음모와 관련된 메시지의 전달 경로에 있어서, 특히 방어벽이 뚫린 곳과 관련하여 새로운 계책들calculations이 만들어졌다.

역설적이게도, 위험danger과 관련하여 높은 위험성risk을 가진 이런 곳들은 경제적 도전economic adventure과 관련하여서도 높은 위험성을 가진 곳들이다. 오늘날의 세계는 자본, 기술, 사람, 정보의 흐름에 의해 지배된다. 세계무역센터(WTC)가 그처럼 비상하는 미국적 자부심의 상징이 될 수 있었던 것은, 정

확히 말해, 그곳이 신기술들로 인해 가능하게 된 전 지구적 상
업 네트워크를 보유하고 있었기 때문이다. 아무튼 이동성과
흐름이 많은 동일한 세계에서는 안전이 확보되어야만 한다.
그런 세계에서 제한 없는 자유로운 이동이라는 목표는 이제
필터filters, 검문소, 여타 분류 메커니즘들에 의해서 역풍을 맞
고 있다. "반-테러리즘"은 이제 정치적 의제들 중에서 가장
우선시되고 있다. 전 세계의 정부들은 테러리즘에 대항하여
무엇인가를 하고 있음을 보여 주기 위해서 분투하고 있다. 그
들이 실제로 달성한 것은 공항의 보안을 개선하고 반테러 법
안을 통과시킨 것이다. 이런 조치들로 그들이 공언한 목표를
얼마나 성공적으로 달성할 것인지는 또 다른 문제이다.

많은 사람들이 목소리를 높이고 분노를 표출하고 있는 것
은 분명하지만, 그것이 의미하는 바가 무엇인지에 대해서는
논쟁의 여지가 있다. 나중에 살펴보겠지만, 기술 혁신 중 일부
는 그렇게 잘 설계된 것이 아니며, 협력을 위해서 다른 정부
부처들을 설득하는 것 또한 단순한 일이 아니다. 미국이 경험
하는 것들은 다른 곳에서도 유사하게 나타난다. 예를 들어, 유
감스럽게도 2002년 8월에 열린 캐나다 변호사협회의 회의에서
는 두 가지 주요 이슈가 두드러졌다. 하나는 반테러 법률인
"C-36 법안" 아래서 시민의 자유가 불필요하게 침해를 당한다
는 것이고, 다른 하나는 캐나다의 정보 수집 능력이 CIA와 FBI
가 "분리된 정보의 섬separate islands of intelligence"으로 남아 있는 미
국보다도 덜 통합적이거나 공조적이라는 것이다.[14]

9/11 직후에 몇몇 나라에서 통과된 새로운 법률의 배경에는 정보 수집 기관들이 실패했다는 이런 판단이 부분적으로 존재한다. 사건 발생 일 년 후에 나온 보고서들에는 "아랍 테러범들"이 세계무역센터를 공격하기 위해 폭탄을 적재한 비행기를 이용할지도 모른다는 경고가 담겨 있었다. 이 보고서들의 발행 시기는 1998년까지 거슬러 올라간다. 그러나 FBI나 미국 연방항공국은 이 보고서들을 심각하게 고려하지 않았다.[15] 보안망의 그 같은 허점을 방지하기 위해서 법안들이 엄청난 속도로 만들어졌다. 그 결과 경찰과 정보 당국은 새로운 권력을 부여받게 되었고, 시민들에 대한 데이터베이스를 생산할 수 있는 기술적 능력은 확대되었다. 대화를 도청하는 것은 더 쉬워졌다. 그리고 "테러범"이라는 단어를 정의하기 위한 새로운 노력이 경주되었는데, 정의의 문제는 매우 중요하다. 일단 어떤 활동이 "테러리즘"으로 간주되면, 이후에는 그런 집단을 대상으로 하는 감시 권력이 정당화된다. 미국자유인권협회 American Civil Liberties Union(ACLU)[1920년에 창설된 단체로 주로 법조인을 중심으로 구성되어 있으며, 입법 및 정부 기관을 대상으로 미국에서의 인권과 관련된 광범위한 논제를 제기하고 있음: 옮긴이]가 지적했듯이, 패트리어트 법안의 초안에서 테러리즘을 정의하는 방식을 보면, 동물의 윤리적 대우를 위한 모임People for the Ethical Treatment of Animals(PETA) [1980년에 창설된 최대 규모의 동물 보호 단체: 옮긴이]이 활용하는 단순한 시민 불복종까지 테러에 포함할 수 있다.[16]

미국에서 패트리어트 법안 — "테러리즘을 중간 차단하고 막기 위해 필요한 적절한 수단들을 제공함으로써 미국을 통합하고 강하게 하는 것"[이 법안의 이름은 Providing Appropriate Tools Required to Intercept and Obstruct Terrorism의 앞 글자를 딴 것이다: 옮긴이] — 은 2001년 10월에 의회의 압도적 찬성에 의해 통과되었다. 그 이후로 경찰권은 증강되었고, 사법부는 무시되었다. 그리고 용의자들은 그들의 신분이나 인원수에 대한 정보가 공중에게 알려지지 않은 상태에서 무기한 수감되었다. 호주에서 만들어진 새로운 법률은 주민들이 당국에 "정보, 기록, 혹은 물건"을 제공할 것을 요구하며, 자신의 무죄를 증명할 책임을 피의자들에게 부과하며, 사람이 "실종되거나" 독방에 감금되는 것도 가능하게 만들었다. 캐나다의 "C-36 법안"은 기소 없는 구금과 같은 저인망식 경찰권을 도입하고, 판사 앞에서의 증언을 강요했다.[17] 실행과 법률에 있어서의 그 같은 변화는 오스트리아, 영국, 덴마크, 프랑스, 독일, 인도, 싱가포르, 스웨덴에서도 일어났다.

## 테러범은 누구인가?

한 가지 핵심 이슈는 "테러리즘"을 정의하는 것이다. 9/11 이전까지는 다른 단어나 구들이 그 말을 대신해 왔다. 테러리즘이라는 말은 파악하기 어렵기로 악명이 높다. 어떤 사람들에게는 "자유의 투사"인 사람이 다른 사람들에게는 "테러범"이기 때문에 특히 그러하다. 북아일랜드의 개신교와 가톨릭 간의 갈등, 남아프리카공화국의 인종차별 정책에 대항하는 아프리카 민족회의African National Congress[남아프리카공화국의 정당이며 흑인 민족주의 조직으로 인종 차별 및 격리 정책을 철폐하는 데 헌신하였다: 옮긴이]의 투쟁, 혹은 이스라엘과 팔레스타인 간의 갈등에 대해서 살펴보기만 해도 이 문제를 이해할 수 있다. 희생자들이 대중매체에서 테러범으로 묘사되는 과정은 복잡하거나 이해 불가능한 것은 아니다. 이미지는 너무나 쉽게 사실을 지배할 수 있다.[18] 그러나 이 이슈는 서로 경합하는 명칭들뿐만 아니라 이 정의에 누가 포함될 수 있는가를 중심으로 반복된다. 전 세계의 다른 법안들도 그렇듯이, 패트리어트 법안은 테러리즘에 대한 새로운 정의에 의존하고 있다. 대부분의 사람들은 민간인들을 용의주도하게 겨냥한 정치적 목적을 지닌 폭력적이고 독단적인 행동을 테러리즘으로 간주하는 데 동의할 것이다. 그러나 테러에 대항하는 새로운 법률들 속에는 이보다 훨씬 더 많은 것이 숨어 있다.

패트리어트 법안은 테러리즘을 "주로 미국 내에서 발생하는, 민간인 집단을 억압하거나, 위협이나 강제에 의해 정부 정책에 영향을 미치거나, 대량 파괴, 살해 혹은 유괴를 통해 정부의 행위에 영향을 미치려고 의도하는 것처럼 보이는, 인간의 삶을 위협하는 범죄 행위"라고 규정한다. 이 법안에 의하면, "…비행기 납치를 협박, 공모, 혹은 시도하는 경우," 혹은 테러 집단에 대한 지지를 표하거나 모색하는 경우, 혹은 테러범의 가족 구성원인 경우 — "테러리즘과의 관계를 청산했다"는 것을 증명하지 못한다면 — 에 그 사람은 테러범이다.

2003년 1월 1일에 유럽연합에서 발효된 테러와의 전쟁에 관한 "프레임워크 디시전Framework Decision"[유럽연합에서 회원국 내의 법률과 규정을 조정하기 위해서 사용되는 결정: 옮긴이] 역시 테러리즘에 대한 광의의 정의를 사용한다.[19] 그것은 시설 — 정보 기반시설과 같은 — 이나 기관에 대한 피해를 포함하며, "정치적, 경제적, 혹은 사회적 구조를 심각하게 변경시키려는 목적"을 증거 없이 추정한다. 뿐만 아니라 "능동적이거나 수동적이거나 간에, 테러 활동에 연관된 단체나 개인들에 대한 어떤 형태의 지지"도 억압할 수 있는 조치들을 취할 수 있다.[20] 마찬가지로, 캐나다의 C-36 법안은 "필수 서비스에 대한 중대한 혼란이나 방해를 초래하려고 시도하는" 사람들을 포함하도록 테러리즘의 의미를 확장하였다. 이 법안은 "테러 집단"의 지정을 장관에게 허용하였다.

이처럼 테러리즘을 넓게 정의 내리면, 모든 종류의 활동에 대해 "테러범"이라는 낙인을 찍을 수 있는 것이 확실하다. 여기에는 이전까지 완전히 합법적이던 데모나 항의도 포함된다. 이제 사회 통제망이 확대되어, 의심할 필요가 없는 많은 사람들이 그 범위 내에 포함된다. 이것은 새로운 현상은 아니지만, 9/11은 이런 과정을 강화했다. 예를 들어, 콜로라도 주 덴버 시에서는 경찰이 지역 활동가들에 대한 정보를 1950년대부터 수집해 왔음이 최근에 밝혀졌다. 그들은 정보를 작은 색 인카드에서 오리온 사이언티픽 시스템Orion Scientific Systems[1978년 설립된 국제적 소프트웨어 회사로 정부와 업체를 대상으로 정보 관리에 관한 기술과 상품을 판매한다: 옮긴이]의 컴퓨터 시스템으로 전환했다. 이 시스템은 그것을 저장하고, 검색하고, 범주화한다. 이 시스템에서 미국 퀘이커 봉사위원회American Friends Service Committee[퀘이커 교도를 중심으로 1917년에 설립된 봉사 조직으로 평화와 정의를 위해서 활동하며 1947년 노벨 평화상을 공동 수상하였다: 옮긴이]를 포함한 몇몇 단체들, 노벨 평화상 수상자 중 한 사람, 그리고 "빈곤한 인디언들"을 가르쳤던 원로 수녀[미국과 멕시코에서 인디언을 대상으로 봉사 활동을 한 74세의 안토니아 앤서니Antonia Anthony 수녀: 옮긴이]와 같은 개인들이 "범죄적 극단주의자criminal extremists"로 명명되었다.[21] 전산화가 진행된 이후에는 다른 부서들도 정보를 공유해 왔다. 오리온은 미국 국방부 산하 고등연구기획국Defense Advanced Research Projects Agency(DARPA) 프로젝트에서 시작되었으며, 현재는 자체 웹사이트를 통해 새로운 반테러 능력을 선전하고 있다.[22]

그러나 폭넓게 정의된 것은 "테러리즘"뿐만이 아니다. "프로파일링"으로 알려진 행위도 새로운 법령 아래서 허용된다. 이것은 대체로 "무슬림-아랍인"의 범주를 포함하는 "인종적" 프로파일링이다. 전 세계에 약 12억의 무슬림이 있음을 고려할 때, 이것이 의심의 범주들을 어떻게 "좁혀 가는지"는 분명하지 않다. 그러나 요점은 이것이다. 즉, 그것은 범주들을 좁히지 않는다는 것이다. 오히려 망을 더 확대하기 위한 수단이 모색되어 왔다. 몇몇 나라에서는 그 결과들을 이미 목격하고 있다.[23] "사람들이 좋아하지 않는 누군가가 테러범이 된다"라고 말한 프랭크 푸레디Frank Furedi[1948년에 헝가리에서 태어났으며, 영국 켄트 대학의 사회학 교수로 있다. 『공포의 문화』, 『그 많던 지식인들은 다 어디로 갔는가: 21세기의 무교양에 맞서』와 같은 책이 있다: 옮긴이]의 냉소적인 결론을 피하기는 어렵다.[24] 반대, 혹은 심지어 아무것도 하지 않는 것을 의미하는 데까지 "테러범"의 정의를 확대하는 것은 타인에 대한 의심을 불러일으킬 수 있다. 뿐만 아니라 그 정의를 이타적 활동, 특히 무슬림 사이에서의 이타적 활동에까지 확대하면, 그런 활동들 또한 조사 대상이 될 수 있다. 북아메리카와 다른 지역의 많은 무슬림 이민자들은 가족 부양이나 자선을 목적으로 모국으로 송금을 한다. 그러나 9/11 이후에 자산 동결 조치가 취해지면서, 그들은 송금하는 일을 꺼리게 되었다. 원치 않는 주목의 대상이 됨으로써 야기되는 직접적인 고난과는 별개로, 그런 제한은 장기적으로 지구상의 남북 사이에 점증하는 격차를 더 악화시킬 수 있다.

이런 법적 변화들의 가혹한 특성을 고려할 때, 이 법률들의 입안 과정에서 반대 목소리가 더 많이 제기되지 않았다는 사실이 놀랍다. 오히려 패트리어트 법안, 그리고 이와 유사한 법안들은 매우 신속하게 통과되었으며, 이에 대한 논쟁의 기회는 최소화되었다. 헌법적 권리는 평가절하된 것처럼 보이며, 당연시되던 시민의 자유는 잠식되고 있다. 얼마간의 반대 목소리도 표출되었다. 그러나 미국의 경우에는 이런 반대 목소리가 들리지 않았다. 그 까닭을 찾아내기는 어렵지 않다. 미디어에 의해 지속된 국가적 슬픔이라는 정서적 분위기가 한몫을 하였다. 부시 대통령이 선제공격을 주장하면서 테러범에 대항하지 않는 사람은 테러범을 편드는 자라고 선언한 사실도 한몫을 하였다. 그러나 그 이후로 비판이 비등하게 되었다. 유럽에서는 새로운 법률들에 대하여 심각한 물음이 제기되고 있다. 여기에는 스테이트워치Statewatch[1991년에 설립되어 유럽을 기반으로 국가를 감시하고 시민권을 수호하기 위한 활동을 하는 비영리 시민 단체: 옮긴이]의 정보가 핵심적인 역할을 하였다.[25] 미국에서는, 2002년 한 해 동안 몇몇 도시가 그 법안의 모든 명령을 따르지 말 것을 경찰에게 지시함으로써 패트리어트 법에 저항하였다. 앤 아버, 버클리, 캠브리지가 이런 도시에 포함된다.[26]

9/11 이후, 공격당하기 전에 미리 테러범을 체포하는 것이 많은 정부들의 강박적인 목표가 되었다. 이 목표를 달성하기 위한 법안들이 통과되었다. 이 법안들은 테러리즘에 대한 광의의 정의定義이자, 종국에는, 작동 불가능한 정의에 입각하고 있다. 그리고 그 법안들은 사람들에 대한 프로파일링을 허용하고 있다. 그러나 프로파일링 방식들을 보면, 잠재적인 테러범들을 정확히 가려낼 수 있을 것 같지는 않다. 그러나 이런 법안들이 영향력을 미치지 않는 것은 아니다. 이것은 시민권의 시곗바늘을 거꾸로 돌린다. 그리고 의심의 망들을 창조한다. 이 망들은 정당화할 수 없을 뿐만 아니라, 대개의 경우 이 일을 착수한 정부에게도 도움이 되지 않는다. 그러나 일단 법

안이 실행되면 또 다른 요소가 그 그림 속에 삽입된다. 즉, 투명성이 감소하며, 이로 인해 공중이 알지 못하는 체포, 기소, 구금이 발생할 수 있다. 그런 일은 공중이 알지 못하는 사이에 실제로 발생하고 있다. 의심의 문화가 생성되고 있을 뿐만 아니라, 그와 병행하여 기밀의 문화가 생성되고 있다.

## 위축된 분위기: 기밀의 문화

9/11 이후에 제정된 반-테러 법률들의 복합적 효과는 "테러" 활동을 넘어서 훨씬 더 많은 활동들에 대해서 위축된 분위기를 조성한다. 이 법률들의 위축 효과는 9/11 이후에 사실상 구금 상태에 있는 사람들에게 먼저 영향을 미친다. 미국 내에서도 그러하고, 악명 높은 쿠바의 관타나모 기지에서도 그러하다. 관타나모 만의 경우는 명백히 제네바 협정이나 미국 헌법의 영향력 밖에 있는 미군 기지로, "알카에다 요원들"로 의심받는 39개국 564명의 사람들이 "심문"을 받기 위해 2002년부터 수용되어 있다.[27] 미국 본토에도 약 1,200명의 사람들이 테러 활동에 개입되었을 개연성이 있다는 이유로 구금되어 있다. 내부에 존재하는 사악한 적의 일부로 생각된다는 것을 제외하고 이 사람들에 대해 알려진 것은 거의 없다.

다른 나라에서도 유사한 어려움이 발생했다. 예를 들어, 오타와에 거주하는 캐나다 기술자인 마허 아라Maher Arar는 최근 휴가를 마치고 집으로 돌아가는 중에 뉴욕에서 환승 비행기를 타려다가 미국 이민국 직원에 의해 시리아로 추방되었다. 이 사건을 통해 그를 테러와 연결시킨 FBI 데이터베이스의 잘못된 정보가 전혀 삭제되지 않았음이 확인되었다. 튀니지로의 가족 방문, 즉 장인과 장모에게 새로 태어난 손자를 보여드리기 위한 여행이 오해의 단초가 되었다. 사람들은 여기서 단순히 적법 절차가 무시되었다고 결론을 내릴 수 있다.[28]

위축 효과는 9/11 이후로 "혐의자들"에게 주어지던, 기본적인 시민권인, 적법 절차의 결여만으로 일어난 것은 아니다. 그것은 법률과 정책이 영향을 받는 국가의 전체 인구 중에서 특정 집단에게 효력을 미치는 방식에서도 나타난다. 2001년 9월에서 12월 사이에 중동 국가에서 입국한 학생들을 조사하기 위해 연방 조사관들이 미국의 종합 대학과 단과 대학에 파견된 것은 무엇 때문인가? 9/11 사건의 테러범들 중 한 명이 학생 비자를 가지고 있었기 때문이다. 이 사실이 미국 내에 있는 약 50만의 외국인 학생들에 대한 조사 활동을 충분히 정당화시켰다. 조사관의 방문은 미리 공지되지 않았으며, 법적으로 달리 선택할 방법이 없는 것처럼 보였기 때문에, 대부분의 대학은 ― 내키지 않는 경우에도 ― 그에 응할 수밖에 없었다.[29] 그리고 9/11 이후로 왜 고용주들은 직원 채용 과정에서 사설탐정 서비스를 받고 있는가? 이력서에서 드러나지 않은 "안보 위험security risk"을 누군가가 지금 제기할지도 모르기 때문이다.[30] 그러므로 위축 효과는 생산 공장, 교실, 가게, 사무실로 침투한다.

위축 효과가 파급됨에 따라, 가장 많은 의심을 받는 사람들 — 특히 아랍 출신 무슬림들 — 속에 그것이 내면화되는 경향도 존재한다. 이런 의심의 내면화는 식민지화된 사람들의 경험 속에서도 보편적으로 드러난다. 감시를 당하는 사람들, 혐의를 받는 사람들이 스스로에게 혐의를 두고 의심하기 시작한다. 그들은 이 같은 상황이 아니었다면 허용될 수도 있었을 행동들에 대해서 변명거리를 만들며, 오해를 받을 가능성이 있으므로 합법적 활동과 모임을 기피한다. 이런 식으로 타자성의 인식sense of Otherness은 강화된다.

"정치적, 경제적, 혹은 사회적 구조들을 변화시키는 것"과 같은 목적을 포함하도록 "테러리즘"의 정의가 확대될 때, 다른 종류의 활동들 사이에 존재하는 경계들이 흐려진다. 그 결과 올바른(혹은 잘못된) "인종적" 또는 지역적 배경을 가진 사람들만이 조사 대상이 되는 것은 아니다. 좌파든 우파든, 소비자 운동가든 환경 운동가든, 가부장주의자든 여성 운동가든 간에, 현 체제의 질서에 전적으로 동의하지 않는 사람은 그 같은 목적을 가지고 있으며, 현행 법 아래에서 효과적으로 범죄자로 내몰릴 수 있다.

국제적 차원에서 볼 때, 예컨대 "반-지구화" 운동이 점점 가시화되며 목소리를 높여 가는 세계에서, 9/11 이후에 그런 법률이 탄생했다는 것은 놀라운 일이 아니다. 흥미롭게도, 테

러와의 전쟁에 관한 유럽연합의 "프레임워크 디시전" 초기 안
案들은 그 게임의 정체를 드러내 주었다. 그것은 주최국에 그
행사에 참여하려는 "알려진 테러범들"에 관한 정보를 제공함
으로써 "테러 조직들이 대규모 국제 행사에서 그들의 목적을
이루기 위해 수행하는 활동들"을 방지하는 것에 관해 언급했
다.[31] 분명히 이것은 "테러범들"이 아니라 항의자들에 대한 언
급이 아닌가? 정치 활동과 범죄의 차이를 무시함으로써, 오웰
이 언급한 전체주의 체제와 유사한, 위험한 선례가 만들어진
다. 나오미 클라인Naomi Klein[1970년생, 캐나다 출신의 언론인, 작가, 활동
가로 반세계화와 관련된 활동으로 유명하다: 옮긴이]의 말처럼, "9/11 이후
에 전 세계의 정치가와 전문가들은 즉각 테러범의 공격을 반
미反美와 반기업 폭력의 연속선상에 있는 것으로 연결시키기
시작했다." 그녀는 뉴스 기자들의 사례를 제시하였는데, 그들
은 항의자들이 "미국에 대한 증오" 때문에 활동하며, "협박
intimidation"을 하나의 전략으로 사용한다고 본다.[32]

그러므로 그것의 직·간접적인 영향을 받는 집단들은 반테
러 활동의 위축 효과를 느낄 수 있다. 반대 정당의 구성원, 항
의자와 반대자, 노동조합의 구성원, 학계의 구성원, 혹은 정
부 정책이나 태도에 비판적인 종교 집단의 구성원 등 현 체제
에 대한 어떤 반대자도 여기에 포함된다. 이런 종류의 활동은
전혀 애매하지 않다. 예를 들어, 미국 대학 이사 및 졸업생 협
회The American Council of Trustees & Alumni[1995년에 설립되어 미국 대학의 학문
적 자유와 수월성, 책무성을 증진시키기 위해서 활동하는 비영리 교육 단체: 옮긴

이는 비애국적인 발언을 하는 학자들 — 그들의 관점에서 — 의 목록을 출간했다.[33] 사우스플로리다 대학의 교수인 사미 알-아리안Sami Al-Arian은 지하드에 대해 명백히 동정적인 표현을 한 10년 전의 발언으로 인해 9/11 이후에 해고되었다. 이스라엘에 대한 자살 폭탄 공격을 옹호한 혐의로, 그는 9/11 이후에 확대된 검찰권에 의해 2003년 2월 20일에 체포되었다.[34] 직업이 걸려 있는 문제일 때 — 만약 저널리스트나 학자라면 그러한 것처럼 — 학문적 자유나 언론의 자유를 위한 선택은 더 위험해진다.

9/11 이후의 법률, 명령, 결정들이 가지고 있는 오웰적인 측면들은 이런 변화를 둘러싼 기밀주의를 조사해 보면 가장 심층적으로 드러난다. 국외에서 혐의자들의 "정보가 수집되고," 비밀리에 국외 추방 명령이 내려지며, 예고 없이 대학에 대한 단속이 행해지며, 항의자들을 "테러범"이라고 말하는 잘못된 진술이 행해질 때, 시민 자유주의자들civil libertarians이 염려하는 바가 잘 드러나는 것처럼 보인다. 예를 들어, 미국의 최고이민재판소의 법원장은 수백 명의 판사들에게 600개 이상의 "특별 관심special interest" 입국 사례들에 관한 지침을 전달했다. 마이클 크리피Michael J. Creppy[9/11 당시 미국 최고이민재판소의 법원장: 옮긴이]는 "이런 사례들의 경우에는 법정을 비공개로 하여야 한다. 방문자도, 가족도, 기자도 안 된다"라고 기록하였다.[35]

논박할 수 없는 모자이크 이론mosaic theory[정보 수집의 기본 지침을 묘사하는 것으로 의미 없는 낱낱의 정보들이 다른 정보와 합쳐지면 중요한 의미를 가지게 된다는 주장. 전체는 부분의 합보다 크다는 주장으로 9/11 이후에 정보 기관의 활동에 영향력을 미치고 있는 이론: 옮긴이] — 테러 집단에 의해 더 큰 그림 속에 조합되기 전까지 정보들은 무해한 것처럼 보일 수 있다는 — 에 관한 정보를 통제하는 것 또한 논쟁적이다. 그러나 이것은 9/11 이후에 더욱 빈번하게 발생하고 있다. 호세 파딜라Jose Padilla의 유명한 사례에서도 기밀주의를 관찰할 수 있다. 그는 방사능("더러운") 폭탄 제조 정보를 수집하려 했다는 혐의로 시카고에서 체포되어 적국의 전투 요원으로 공표된 미국 시민이다. 그는 군대의 감호 하에 놓이게 되었으며, 그 결과 법원의 손길이 미치는 범위 밖에 존재하게 되었다. 이 경우에는 구금하기 위해 기소할 필요가 없으며, 변호인 접견이 허용되지 않고, 증거를 제시하는 것도 불필요하다.


## 감시를 위해 동원되는 시민들


2002년 9월, 플로리다의 고속도로를 따라 함께 여행하고 있던 일단의 의대 학생들이 경찰의 검문을 받게 되었다. 경찰은 휴게소 식당에서 이들의 대화를 엿들었다는 유니스 스톤Eunice Stone이라는 여인에게서 정보를 제공 받았다. 그녀는 이들이 공격에 대한 논의를 하였으며, 그것이 성공할 것 같다고 말하는 것을 들었다고 주장했다. 그녀는 자신이 테러범들의 계략을 듣고 있다고 확신했다. 캠비즈 버트, 에이먼 게이스, 오머 쿤더리라는 이름을 가진 이 청년들은 수갑에 채워져 17시간 동안 구금당한 후에 석방되었다.[36] 만약 사람들이 9/11과 그 결과에 관한 대화를 모두 신고했다면, 말할 필요도 없이, 지금쯤 경찰은 대다수의 시민들을 체포해야만 했을 것이다. 9/11 이후에는 모든 사람이 잠재적인 혐의자일 뿐만 아니라 잠재적인 스파이이기도 하다.

그러나 이 이야기의 아이러니는 여기서 그치지 않는다. 우선 그 여자가 들었다는 자세한 대화 내용들은 꾸며진 것처럼 보인다. 학생들은 공격과 관련된 사소한 이야기도 한 적이 없다고 주장했다. 공포의 문화 속에서는 플로리다의 한 식당에서 "중동" 출신 남성들을 보는 것만으로도 잠재적인 음모에 관한 생각이 마음속에 의심 없이 생겨날 수 있다. 그런데 사태는 더 악화되었다. 그들은 여행 목적지였던 마이애미의 라킨 커뮤니티 병원에서 인턴으로 일하는 것을 거절당했다. 이들은 처음부터 이것을 목적으로 앨리게이터 앨리[플로리다에 있는 75번 고속도로의 일부 구간을 지칭: 옮긴이]를 따라 내려가는 여행을 했었다. 거의 하루 동안 억류당한 것만으로는 충분하지 않다는 듯이, 이들 세 사람은 아무런 혐의도 없이 완전히 깨끗함에도 불구하고 경력을 쌓기 위한 훈련의 중요한 한 부분을 거절당한 것이다. 숨길 것이 아무것도 없다는 사실이 두려워할 것이 아무것도 없다는 것을 보증하지는 않는다.[37]

심지어 중동 사람의 특징을 소유하지 않은 경우에도 시민

들은 심문에 쉽게 노출될 수 있다. 이런 심문은 자경自警단원
인 이웃, 관리자, 혹은 동료에 의해 촉발된다. 2002년 12월에
수행된 한 조사에 의하면, 700개가 넘는 조사 대상 미국 회사
의 57%가 회사의 고객 데이터베이스에 담긴 개인 정보를 해당
개인들의 허락 없이도 경찰 당국에 기꺼이 넘겨줄 의향이 있
다고 진술했다.[38] 이 수치는 9/11 이후로 상승하고 있다. 다른
말로 표현하면, 비밀 유지와 관련하여 고객과 어떤 계약과 약
속을 했든지 간에, 이 회사들은 고객에게 고지하거나 동의를
받지 않고도 기꺼이 정보를 누설할 의향이 있다는 것이다. 이
처럼 CEO나 회사의 다른 관리자들은, 동맹 협력자처럼 정보
수집 노력에 동참함으로써, 자신들을 테러와의 전쟁의 전투
원이라고 선언한다.

부시 행정부가 TIPS(Terrorism Information and Prevention System) 프로
그램[주민이 다른 주민의 수상한 행동을 보고하도록 도입된 프로그램: 옮긴이]
을 공개함에 따라, 2002년 여름에는 그 같은 스파이들을 충원
하는 데 국가적인 노력이 기울여졌다. 이 프로그램은 처음 시
행 후에 오래 지속되지는 않았으며, 대중의 강력한 비판을 받
으면서 그 규모가 축소되었다. 그런데 이 프로그램은 가정집
에 접근하는 특수한 사람들 — 우편배달부, 설비 근로자 등과
같은 — 을 포함시킬 것을 의도하였다. 그래서 그들이 수상한
사람을 보면 경찰에 신고하도록 하였다. 또 다른 시도로는 공
익 기금으로 190만 달러를 조성하여 네이버후드 워치 활동을
장려하는 것이었다. 이것은 평범한 사람들을 훈련시켜서 이

옷이나 거리에서 테러범의 특성을 가진 사람들을 탐지하도록
하려는 것이었다. 이 아이디어는 미국의 네이버후드 워치 집단
수를 15,000개로 두 배 증가시키는 것이 목적이었다. "공동체의
주민들은 잠재적인 테러 활동의 징후를 인식할 수 있는 정보를
제공받게 될 것이다… 이들 주민들이 테러를 탐지, 예방, 분쇄
하는 데 있어 중요한 요소가 되어 줄 것이다."[39]

물론 이런 프로그램들을 전부 실행하지 않고도, 평범한 시
민들을 "테러와의 전쟁"에 동원하는 작업은 이미 진행 중이었
다. 그리고 9/11 이후에 "내부의 적"을 엄청나게 강조하고, 그
것이 대중 매체에 의해 증폭됨으로써, 미국 내의 많은 사람들
이 "의심스런" 사람들을 어떻게든 신고하여 왔다. 유사한 조
치가 다른 곳에서도 발표되었다. 예를 들어, 2002년 말 인도네
시아 발리에서 몇 명의 호주(와 다른 나라) 관광객들이 테러 공
격으로 인해 살해되자, 호주에서는 내부의 테러범에 의한 테
러 위험을 대중들에게 경고하는 국가적 캠페인이 시작되었
다. 미국에서의 노력처럼, 이것은 평범한 시민들을 향했으며,
시민들에게 수상한 행동의 신고와 무료 핫라인을 이용한 보고
를 권장했다.[40]

왜 특정한 시기에 특정한 노력들이 증가하게 되는지에 대
해 누군가는 정당한 의문을 제기할 수도 있다. 예를 들어, 이
런 "내부 스파이spy within" 계획 중 몇 가지는 정치적 긴박성과
보조를 맞추어서 용의주도하게 조성된 것이라고 주장할 수 있
다. 공포 전략을 사용하는 것은 알려져 있는 일이다. 그리고

"내부의 적"에 대한 경고는 사람들의 불안감을 증가시킬 것이다. 이 불안감은 선거에서의 지지나 전쟁에 대한 지지, 혹은 더 많은 감시 수단을 위한 지지를 강화할 수 있다. 2002년 여름에 이 모두는 중요한 목적이었다.

평범한 시민들을 감시 활동가로 활용하려는 시도가 새로운 것이 아니라는 점은 말할 필요조차 없다. 물론, 네이버후드 워치 계획은 지난 몇 십 년 동안 크게 증가해 왔다. 그러나 지역의 협조자를 통해 경찰력을 강화할 목적으로 설계된 몇 가지 다른 특별 프로그램들도 존재하여 왔다. 사실, 이전의 "전쟁," 즉 "마약과의 전쟁" 동안에도 "팁스TIPs" 계획과 함께 1970년대와 1980년대의 선례가 있었다. 그 당시에 팁스라는 말의 의미는 단지 "마약 밀매꾼을 고발하라Turn in a Pusher"는 것이었다. 특히 이 관행에서, "신고하는 것informing"은 선량한 시민에게 기대되는 의무로서 긍정적 의미를 지니게 되었다.[41] 18-19세기에는 다소 비열한 관행으로 간주되어 언짢게 생각되던 신고하기가 20세기 후반에는 공동체의 치안 활동을 구성하는 일상적인 한 부분이 되었다. 그러나 개리 막스Gary T. Marx[MIT 대학의 사회학 교수로 사회 통제, 공학, 인종 문제, 갈등 등을 주로 다룸: 옮긴이]가 관찰한 것처럼,[42] 신고자들은 전형적으로 자신들이 신고하는 내용을 (의심 없이 믿을 만하게 보이도록) 과장한다. 이는 무고한 사람들의 평판에 심각한 손상을 입힐 수 있음을 의미한다.

더 넓게 보면, 오노라 오닐Onora O'Neill[영국 케임브리지 대학교 교수로 정치 철학과 윤리, 국제 정의 등과 관련된 저술 활동을 주로 함: 옮긴이]이

2002년 영국의 라이스Reith 강좌[BBC의 초대 회장 라이스가 방송의 공익성을 증가시키기 위해서 1948년에 시작한 라디오 강좌로 러셀, 토인비, 갈브레이스 등이 강사로 참여하였다: 옮긴이]에서 언급한 것처럼, 그런 활동들은 "의심의 문화"[43]를 강화하는 데 일조한다. 9/11 이후에 그랬던 것처럼, 공포 체제가 형성될 때 그리고 도처에 "테러범의 위협"이 존재한다고 생각할 때, 모든 사람이 혐의자일 뿐만 아니라 밀고자로 등재된다. 혐의를 받는 집단이 증가하는 것은 비행 자료를 얻기 위해 "고급 탑승객 정보Advance Passenger Information"에 접근하거나, 혹은 이메일과 클릭스트림clickstreams [한 사람이 인터넷에서 보내는 시간 동안 방문한 웹사이트를 기록한 것: 옮긴이]을 알기 위해 인터넷 서비스 제공자 기록에 접근하는 것과 같이 수많은 개인 데이터베이스에 접근을 시도하기 때문만은 아니다. 평범한 시민들이 매일의 일상에서 경찰과 정보기관의 "눈과 귀" 노릇을 하는 데 동의하고, "수상한" 것을 보거나 들으면 지역 경찰서에 신고하는 상황에서 그것이 가능하다.

## 감시 강화하기

9/11과 그 여파의 패러독스와 아이러니가 한동안 지역적-전지구적 경향의 중요한 특징이 될 것이다. 안전을 강화하고 테러범의 공격 위험성을 줄이기 위해서 특별 조치들이 법률과

정책에서 생겨났다. 그날 "모든 것이 변화했다"라고 자주 떠들어대는 관념이 마치 자기 충족적인 예언이 된 것 같다. 그러나 현재 일어나고 있는 변화는 9월 11일에 변화되었다고 생각했던 것이 아니다. 특정 위험들이 실재한다는 자각은 모든 것이 위험하고 불확실하다고 간주하는 환경을 창조하는 데 일조했다. 심지어 안보 공백을 방지하는 과정조차도 공포의 수준을 낮추기보다는 오히려 높이는 효과를 발휘하는 것처럼 보인다.

북반구의 몇몇 나라에서, 이런 조치들은 얼굴을 한 대 후려갈기는 것같이 보인다. 그것들은 냉전처럼 "낡은" 것이라고 간주되던 전략들과 놀랍도록 유사하다. 지구상에서 가장 강력한 나라가 그 길을 선도하고 있으며, 호주와 같이 몇몇 나라들이 재빨리 그 뒤를 따르고 있다. 반면에 대부분의 유럽 국가들은 다소 조심스러운 반응을 보이고 있다. 다른 지역들, 특히 동남아시아, 동아시아, 중동 지역에서는 국가가 뒷받침하는 의심과 기밀의 문화가 더 익숙하고 당연시된다. 일본과 싱가포르 같은 몇몇 나라는 9/11을 동일한 경로로 계속 나아가기 위한 구실로 이용하고 있다.

반-테러리즘을 통해 그들이 성취한 것이 무엇이든지 간에 특별 조치들은, 예를 들어 패트리어트 법안에서 보았듯이, 미국과 그 밖의 지역에서 의심의 문화를 확장시킨 게 확실해 보인다. 역사적 기억은 짧은 것처럼 보인다. 1952년에 영국에서 전시戰時 신분증의 필요성이 계속 제기되었을 때, 그것의 문제점을 가장 설득력 있게 주장했던 판사는 그런 신분증이 시민들을 혐의자로 변화시키며, 부주의한 사람들을 법률 위반자로 만든다고 말했다. 그런데 이런 일이 바로 지금, 훨씬 대규모로 일어나고 있다. 그리고 다음 장에서 살펴보겠지만, 20세기 중반에는 상상할 수 없었던 기술들로 인해 더 강화되고 있다.

기밀주의는 난점들을 심화시킨다. 9/11 이후, 기밀의 문화가 널리 확산되었다. 시민권의 축소가 의미하는 바는 누가 혐의를 받거나 구금되어 있는지, 어디에 구금되어 있는지, 그 까닭은 무엇인지에 대해서 이전보다 알기 어렵다는 것이다. 그리고 다음 장에서 살펴볼 것처럼, 감시를 위해 새로운 기술을 사용하는 것은 현재 일어나고 있는 사태에 대한 대중의 지식을 더 감소시키는 경향이 있다. 9/11 이후에는 의사소통의 개방성과 투명성을 확보하기가 어렵다. 용의주도하게 제작된 거짓 정보들이 유통되며, 정확성을 가진 폭로는 최소화된다. 사람들에게 알려지는 내용도 기술적 소음technological noise 때문에 불분명해질 수 있다. 사회적 신뢰는 9/11 이후에 더욱 필요해졌지만, 낮은 수준의 개방적 의사소통으로 인해 실제로는 감소하고 있다.

내부에 존재하는 진짜 적들뿐만 아니라 반대 집단이나 이의 제기 집단까지 체포하는 식으로 테러리즘을 넓게 정의하면, 의심의 문화는 더욱 확산될 것이다. 그것은 감시를 강화시키는 데 기여하며, 그 결과 누구를 신뢰해야 할지 아무도 확신할 수 없게 된다. 실제로 마음속으로 자기 나라에 큰 관심을 가지고 있는 사람들이 진지하게 추구하는 것들 — 환경을 보존하거나, 가난하고, 집 없고, 굶주린 사람들을 위해 정의를 추구하거나, 혹은 부유한 사람의 권력을 제한하는 것 등 — 조차도 공식적으로 의심을 받게 된다. 그러나 신뢰는, 존경과 관용과 더불어, 사회적 직물을 함께 직조하는 그런 기본적 관계들의 중심에 있다.

안보 의식은 이웃과 직장 동료를 밀고자로 동원하는 것을 통해 창조될 것 같지는 않다. 다시 말하지만, 이들은 우리가 날마다 삶을 의존하는 바로 그 사람들이다. 만약 사회적 삶을 즐겁고 충만하게 만들려고 한다면 — 명백히 가능한 것은 물론이고 — 우리는 이 사람들을 신뢰해야 한다. 이 말은 추가적인 폭력과 테러 활동을 모의할 가능성이 있는 심각한 혐의자들을 색출해야 할 당장의 필요를 무시하자는 것이 아니다. 사회적 직물이 위험할 정도로 가늘어지지 않게 하려면, 상호 신뢰와 배려의 수단들이 더 이상 침식되지 않고 강화되어야 한다는 점을 주장하려는 것이다.

# 3. 자동화되는 감시

이런 점에서 테러에 대항하여 안전을 보장하고 우리 사회 전체를 감시 하에 놓이게 하는 강력한 사회공학적 해결책들을 마련하는 일에… 대부분의 관심이 집중되었다.

랜던 위너[1]

9월 11일 이후에 도입된 보안 조치들에는 다수의 감시 장치와 체계가, 현저하게, 포함되어 있다. 이것들이 도입된 목적은 안전을 증진시키고 공포를 경감시키기 위한 것이다. 그것들은 일차적으로 위험을 예견하고, 미리 차단하며, 적합한 자격을 가진 자들만이 특정 국가 혹은 장소에 접근할 수 있도록 제한하는 것을 의미한다. 다른 말로 표현하면, 그것들은 오늘날 액체 사회liquid societiy를 관통해 흐르는 유체들fluids을 걸러내려고 한다.[2] 일단, 국가의 옛 주권이 규율의 현대적 형식들을 통해 재형성되었다. 그러나 이제는 또 하나의 전환이 명백하게 일어나고 있는데, 그것은 이 책에서 감시로 간주되는, 정보적이고 중재적인 권력을 향한 전환이다. 만약 포착하기 힘든 적이 거래 기록이나 의사소통의 단서들만을 남긴다면, 그때는 자동화된 감시라는 한 가지 수단을 이용하여 이를 탐지할 수 있다.

9/11 이후에 도입된 감시 조치들은 새로운 것이 아니다. 그 것들은 행적에 관한 기록들을 저장하는 장치나 체계이다. 대 체로 그것들은 효과를 보장한다고 한동안 광고되거나 어떤 다른 상황에서 그 효용이 증명된 기술들을 낯선 상황으로 확대하고, 증대하고, 배치한다. 예를 들어, 생체 인식 수단들은 은행 기기의 망막 스캔에서부터 경찰 데이터베이스에 존재하는 디지털 지문 기록에 이르기까지 여러 해 동안 여러 가지 맥락에서 시험되어 왔다. 현재 이것들은 보안을 위해 공항과 국경에 배치되고 있다. 이 장의 첫 섹션에서 필자는 불황을 겪고 있는 기업들이 "국토 안보"용 기술을 제공할 기회를 어떻게 획득하는지 보여 주고자 한다. 9/11 이후, 그런 감시 체계에 대해서 흥미를 가지고 있던 기업과 정부 부서들은 그것을 설치할 수 있는 구실 ― 그리고 대중의 지지 ― 을 얻게 되었다.

기술적으로 볼 때, 이런 감시 체계는 공통적으로 검색가능한 데이터베이스에 의존한다. 이것은 위험성을 드러낼지 모르는 잠재적인 비정상 사례들을 격리시키기 위해 다양한 범주들을 사용하여 빠른 속도로 기록들을 검색하고 분류할 수 있다. 예를 들어, 이것은 사람이 모니터하는 일상적인 "실시간" CCTV의 경우에는 적용되지 않는다. 그러나 CCTV와 결합된 안면 인식 장치를 도입하자는 개선 제안에는 공통적으로 적용된다. 이것은 특정한 행동, 신호, 말, 혹은 이미지가 어떤 범주에 해당하는지에 관해 컴퓨터가 "의사 결정"을 할 수 있도록 감시 체계가 "알고리즘화"되어 있거나 수학적으로 코드화되어 있는 것을 의미한다. 따라서 그것의 핵심적인 특징은 자동화되어 있고, 가능한 한 인간의 조작을 필요로 하지 않는다는 점이다.[3]

한편으로, 이 장은 여러 가지 기본적인 질문들을 제기한다. 9/11에 대한 대응으로 설치, 강화되고 있는 감시 체계는 정확히 무엇인가? 안전을 위한 해법으로서 어떤 장치가 (누구에 의해서) 추진되고 있는가? 21세기에 들어와서 이미 존재하고 있던 감시의 발달과 관련하여 이것들이 의미하는 바는 무엇인가? 더 큰, 더 장기적인 구도 속에서 이것이 의미하는 바는 무엇인가? 그리고 감시 국가의 새로운 전 지구적 연합이 존재하는 것 같은 가운데 이런 체계를 갖추는 것은 어떤 결과들을 초래할 것 같은가?

이것뿐만 아니라, 이 장은 몇 가지 비판적 쟁점에도 초점을 맞춘다. 감시의 자동화가 모든 문제를 일거에 해결하지는 못할 것이다. 실제로 많은 문제들이 감시를 자동화하는 것 자체에서 발생한다. 명시적 정당성에 관한 한, 불행하게도 많은 시스템은 당혹스러운 한계와 결점들을 보유하고 있다. 또한 감시를 자동화하는 것에는 주목할 가치가 있는 몇 가지 의도하지 않은 결과들도 존재한다.

첫째, 전략에 관한 질문이다. 테러리즘은 오늘날 적어도 북반구에서는 지배적인 양식으로 등장하고 있는 네트워크 스타일의 조직을 성공적으로 전유한다.[4] 그러나 새로운 감시는 여기에 필적하는가? 비대칭적이며, 기민하고, 네트워크화된 권력이 상명하복식의 통합된 감시에 의해 제어될 것인지는 불분명하다.

둘째, 기술적인 질문이다. 단순한 수준에서, 우리는 고안되거나, 개선되거나, 혹은 설치된 시스템들 중 몇 가지에 대해서는, 적어도 그것을 옹호하는 사람들이 주장하는 것처럼, 그것이 실제로 작동할 것인지에 대해 기술적으로 확신할 수 없다. 많은 시스템들이 이미 9/11 이전에 작동하고 있었다. 그러나 그것들은 9/11 공격을 막아내는 데 아무런 역할도 하지 못했다.

셋째, 의도하지 않은 결과들이다. 새로운 방법들을 활용함으로써 우리는 광범위한 사회적인 "부수적 피해"로 인해 고통받게 될 것이다. 자동화된 감시는 본질적으로 사회적 분류의 한 가지 수단이다. 그것은 누가 혐의자인지를 미리 판단하려고 한다. 자동화된 감시가 이런 목적을 쉽게 달성할 수는 없지만, 이 사실이 아무 결과도 야기하지 않는다는 것을 의미하지는 않는다. 자동화된 감시는 단지 더 많은 사람들을 의심의 시선 아래로 위치시킨다. 감시망[5]은 확대되고 있으며, 평범한 사람들은 매일의 일상에서 더 많은 모니터링에 노출될 것이다.

넷째, 가보지 않은 길에 관한 것이다. 첨단 기술에 의존하는 감시의 해법들과 비교하여, 기술을 사용하지 않거나 낮은 수준의 기술low-technology에 의존하는 방법들에 대해서는 거의 논의가 이루어지지 않았다. 한편으로, 여기에는 스파이를 활용하는 오래된 형태의 정보 수집 방식이 포함될 지도 모른다. 다른 한편으로, 21세기 테러리즘의 심층적 원인들을 이해하고 논의하려는 시도에 투입되는 자원들은 거의 없는 것처럼 보인다.

현재 그 속도가 빨라지고 있기는 하지만, 감시의 자동화는 선진 산업 사회에서 이미 강력하게 존재하고 있던 경향들이 지속되는 것을 의미한다. "감시 사회"는 "지식 기반" 혹은 "정보 사회"에서 개인과 전체 주민에 대한 정보 처리 과정의 양상을 잘 묘사한다. 그것은 분산 생산distributed production과 원거리 작업이라는 필연적인 동전의 이면裏面이다. 효율성과 속도의 증가를 위해서 모든 상호작용과 거래는 모니터되고 있다.[6] 그런데 한 가지 경향이 두드러지게 나타나고 있다. 국가의 감시와 상업적 감시가 전례 없이 수렴되는 것이 그것인데, 이 문제에 대해서는 4장에서 주요 주제로 다룰 것이다.

광의의 관점에서 보았을 때, 이런 경향들은 또한 9/11 이후에도 "기술"이 여전히 구원자이자 첫 번째 피난처로서 간주된다는 점을 보여 준다. 기술적 해결책은 후기 근대 사회에서 위기에 대한 일반적인 대응책이다. 이것이 새로운 현상은 아니다. 그러나 기술의 추구는 안전 보장과 맞물려, 특히 제2차 세계대전 이후에 속도를 내고 있다. 실제로, 다르파DARPA 정책은 1960년대부터 대규모 첨단 컴퓨터 개발을 촉진하였다.[7] 상호 이해를 증진하고 이슬람주의를 초래한 중동 국가들에 대한 서구의 위협을 감소시키려는 노력들은 말할 것도 없고, 더 노동 집약적이고 인간 지향적인 다른 감시 방법들(역설적이게도 이것들이 사실상 성공 가능성은 더 높다)을 고려하기 이전에 기술적 해결책들부터 추구된다.

## 감시 판매하기

보안과 감시 장치들은 지난 수십 년 동안 점점 더 중요한 거래 품목으로 등장했다. 그리고 감시를 판매하는 것은 오늘날 매우 중요하다.[8] 사실, 9/11 이전에는 판매가 쇠퇴하고 있었다. 그러나 9/11 공격의 여파는 새로운 희망을 제공했다. 9/11 이후에 즉각 첨단 기술 분야에서 감시에 관한 비즈니스 활동이 크게 증가하였다. 특히 미국에서 그러하였다. 공격이 발생한 지 몇 주 만에 휴렛-팩커드, AOL-타임-워너, AT&T와 같은 회사들의 고위 기술 책임자들이 행정부 관리들을 만나기 위해서 워싱턴으로 날아갔다. 실리콘밸리를 포함하여, 미국의 첨단 기술이 어떻게 "테러와의 전쟁"을 도와줄 수 있을까?[9]

실리콘밸리의 기업들은 심지어 정부를 대상으로 판매를 하는 데 익숙하지 않았음에도 불구하고, 정부가 관심을 보이는 것을 환영하였다. 물론 그런 변화가 하룻밤 사이에 일어난 것은 아니다. 안보 문제에 대한 상업적 관심이 9/11 발생 수개월

이내에 극적으로 증가하기는 하였지만,[10] 실질적인 도약이 일어나기까지는 얼마간의 시간이 더 소요되었다. 변화가 지체된 것은 아마도 몇 가지 요소들 때문이다. 즉, 민간 영역의 더 빠른 부상, 미국 서부와 동부 해안 사이의 거리, 그리고 아마도 가장 중요한 것은 공적 영역에서 빠른 의사 결정을 방해하는 관료주의적 장애들 때문이다. 기업들 또한 상업적 활동으로부터 "국내 안보" 활동으로의 전환을 감독하는 내부 조직을 만들기 위해 즉각적으로 결정하는 것을 망설였다.[11] 비록 국가연구위원회National Research Council[12]를 통해서 비영리적인 제안들이 이루어지기는 했지만, 이익을 위해 보안과 감시 장치를 판매하는 기업들에 주로 초점이 맞추어졌다.

9/11 이전에는 적어도 정보 기술의 판매가 한동안 정체되었기 때문에, 정부 조달 물품을 공급하기 위한 기업들의 교묘한 노력은 언론의 기업란을 통해서 명확히 확인할 수 있다. 감시 기술에 대한 관심은 경제 불황을 겪고 있는 기업들에게는 복음이었다. 그러나 단지 한두 회사만이 — 인비전 테크놀로지 사와 록히드-마틴 사와 같은 — 실제로 9/11 이후에 주가가 약간 상승했다.[13] 이것은 새로운 공항 보안 기관인 교통안전청Transportation Security Administration의 기술 인프라를 구축하기 위한, 3년간 총액 300억 달러 규모의 계약이 유니시스Unisys 사에게 돌아갔는 데도 그랬다.[14] 이 계약은 필자가 이 글을 쓸 당시 단일 조달 건으로는 가장 규모가 큰 것이었다. 그러나 다른 회사들은 기다릴 여유가 있었다.

활용가능한 기금이 만들어졌다. 부시 행정부가 2003 연방 회계 연도에 국내 안보를 위해 380억 달러를 새롭게 배정하자, 기업들은 자기 지분을 확보하기 위해서 재빠르게 반응하였다. 예를 들어, CIA는 그 벤처 지부인 "인큐텔In-Q-Tel"을 통해서 많은 기업 프로젝트에 자금을 제공하고 있다. 그들은 ― 제임스 본드 "Q" 마크에도 불구하고 ― 평범하게 들리는 인터넷 검색 서비스, 데이터 구성 소프트웨어, 보안과 프라이버시 기술, 가상의 3D 생산품들을 취급한다.[15] 다이나고 사Dynago Inc.는 단어의 패턴을 드러내기 위해 웹페이지들을 철저히 조사하며, 이를 통해 기업들을 위한 경쟁 정보와 시장 정보를 생산한다. FBI는 테러 용의자들에 의해 생산된 자료들을 조사하기 위해서 이런 기술들을 사용할 수 있다. 코냐 테크놀로지Khojna Technologies는 감독 기관에 제공하기 위해 주식회사의 자료들을 검색한다. 이것은 테러리즘에 자금을 제공할 가능성이 있는 사람들의 금융 기록을 조사하는 데 전용될 수 있다. 이동 패턴 인식과 관련된 일 ― 예를 들면, 뚜껑이 제대로 끼워지지 않은 조립 라인의 탄산수 병을 골라낸다 ― 을 하는 사인테크 사 Signtech Inc.는 "인텔리비전IntelliVision"이라는 자회사를 신설했다. 유사한 소프트웨어를 이용하여 광장에다 가방을 놓고 가는 여행객을 찾아낼 수 있다.[16] 목록은 여기에서 끝나지 않는다.

일부 감시 기술은 이미 시장에서 번창하고 있었다. 다른 것들은 상업적인 목적에서 사용되다가 보안용으로 개조되었다. 어떤 경우든지, 9/11은 현재의 불황을 탈출하기 위해 활용해야 할 경제적 기회로 간주되었다. 인큐텔 사의 CEO가 된 한 기업인은 다음과 같이 말했다. "이전에 당신이 실제로 말할 수 있었던 전부는 우리가 많은 돈을 벌었다는 것이다." 이제, "당신은 우리가 공공의 이익을 위해서 실제로 무엇인가를 하고 있다고 말할 수 있다."[17] 그러나 어떤 이타적 근거를 말하든지 간에, 기술 대對 테러리즘의 경향 속에는 경제적 요인이 깊이 깔려 있다. 기술적 감시의 빠른 성장을 설명하기 위해서는 경제적 요인뿐 아니라 다른 것들도 함께 고려해야 하지만, 경제적 요인의 중요성을 가볍게 보는 것은 잘못이다.

## 감시 기술

9/11 이후에 기술적 감시를 개선하기 위해 네 가지 주요 수단들이 제안되고 있는데, 그것들은 다음과 같다.

- 홍채 스캐너, 디지털 이미지, 혹은 지문과 같이 신체로부터 추출한 자료를 사용하는 생체 인식.
- 프로그램화 가능한 칩들("스마트카드")이 내장된 신분 증명 (ID) 카드.
- 안면 인식 소프트웨어에 의해서 성능이 자주 개선되는 CCTV 혹은 비디오 감시.

• 도청과 웹기반 감시를 포함하는 다른 메시지 감청 방법들과 같은 통신 수단.

몇몇 장소에는 이런 수단들 중 몇 가지가 이미 설치되어 있다. 반면에 어떤 것들은 법률의 변화가 있을 때까지 기다려야만 했고, 이제야 설치되고 있다. 이것들은 중첩되는, 특수한 기술이다. 다음 장에서는 시스템의 통합에 대해서 살펴볼 것이다.

생체 인식은 사람의 신체에는 정말로 유일한 식별자identifiers가 존재한다는 가정 하에 신분 증명에 활용된다. 이것은 스마트카드[컴퓨터 칩을 내장하고 있는 플라스틱 카드: 옮긴이]에 사용될 수도 있고, CCTV의 안면 인식 시스템에도 활용된다. 마찬가지로, 스마트카드도 카드 소유자의 신원과 고유 카드 사이에 정확한 일치 여부를 확인하여, 권한이 없는 사람이 그것을 사용하거나 그것에 접근하는 것을 차단하고자 한다. CCTV 시스템은 (예를 들어, 공항에서) 이동 중에 있는 사람이 위험한 행동을 하는지를 모니터하기 위해 "실시간으로" 사용될 수 있다. 이것은 또한 안면 이미지나 망막 스캐너 같은 다른 생체 인식 기술의 데이터베이스를 활용하여 성능을 개선할 수도 있다. 통신 감시는 용의자 개인과 집단 간에 전달되는 잠재적으로 위험한 메시지를 검색하려고 한다.

통신 감시는 "실시간" CCTV처럼 주로 행동을 모니터링하는 것과 관련이 있는 반면에, 안면 인식을 포함한 다른 것들은 모두 개인의 신원을 확인하는 것과 더 관련이 있다. 그러나 이 두 가지는 연결되어 있다. 국제 정보를 수집하는 이첼론Echelon 시스템[미국과 영국이 중심이 되어서 운영하는 국제적 통신 정보 수집 네트워크: 옮긴이]은 위험해 보이는 메시지와 그 송신자를 확인하기 위해서 모니터한다.[18] 9/11 이후에 모니터링 기술이 경보를 하지 못한 것 같다는 점에 대해서 사람들은 놀라움을 표현하였다 (경고가 있기는 했으나, 이에 대해서 공조된 형태로 주의를 기울이지 못했다는 점이 최근에 드러나고 있다).[19] 뒤에서 살펴보겠지만, 더 많은 신원 확인 기술을 사용하려는 경향이 있으며, 이것은 중요한 결과들을 야기하고 있다. 통신 감시의 문제는 5장에서 더 자세히 논의할 것이다.

이런 감시 기술들 각각, 혹은 기술들의 결합체는 개인 정보의 수집과 얼마간 관계가 있다. 통합 정보 인식(TIA) — 의심스런 행동 패턴을 탐지하기 위해서 고안된 방대한 전자망 — 으로 알려진 대규모 시스템은 여기서 논의된 감시의 개선과 관계가 있다. 그런데 그것은 그 자체로도 얼마간 분석할 만한 가치가 있다. 4장에서 감시의 수렴과 통합이라는 맥락에서 이에 대한 논의를 할 것이다. 9/11 이후에 많은 종류의 시스템이 이런 기술들과 접합되어 설치되거나 성능이 개선되고 있다는 것도 주목해야 한다. 기업 네트워크에 대한 원격 접근을 확보하는 것, 방화벽이나 침입 탐지 시스템을 구축하는 것, 법 집행 기관과 경찰 및 소방 부서를 연결하는 메시지 시스템과 무선 통신 시스템을 설치하는 것 등이 모두 이런 예에 속한다. 그러나 우리의 주된 관심은 감시에 관한 것이므로, 여기에서 가장 주목하는 것은 감시 기술들이다. 아래에서 개별 시스템 혹은 시스템 결합체들을 차례로 살펴볼 것이다.

## 생체 인식

생체 인식biometrics 분야에서 이루어진 최근의 발전으로 인해 신체적 속성들 — 만약 원한다면, 신체의 각 부분 — 이 신분 증명 시스템의 인기 있는 후보가 되었다. 신분과 특권에 대한 증명 요구를 위해 몇 가지 수단들이 시도되고 있는데, 지문, 홍채, 망막, 손 모양, 정맥의 패턴, 목소리, 얼굴과 같은 독특한 신체적 속성들이 좋은 표식이다. 물론 이것들은 온전히 영구적인 표식은 결코 아니다. 따라서 사람들은 단지 일치할 "개연성이 높다"고 계속 주장할 수 있다. 이런 시스템은 다른 것들과 결합하여 사용될 때 더 신뢰할 수 있다. 만약 누군가가 은행에서 이름과 생체 인식 식별자를 함께 제시하면서 어떤 주장을 한다면, 오류가 발생할 가능성은 낮을 것이다. 그러나 그 시스템만으로 개인을 식별해야 하는 경우에는 오류가 일어날 가능성이 훨씬 높다.

그 시스템은 적절한 스캐너를 사용하여 하나의 이미지를 얻어야만 한다. 그래야 후속 처리 과정에 그것을 배치할 수 있다. 그런 다음, 관련 없는 정보를 제거함으로써 그 이미지를 깨끗하게 만들어야 한다. 그 후에 남는 특징점은 데이터베이스에 저장된 속성들과 최종 비교를 하기 위해 형판型板으로 전환된다. "특징점"은 이미지의 식별 가능한 고유한 특징들이다. 지문의 나선부 혹은 스캔한 얼굴의 점들이 여기에 포함된다. 그리고 데이터베이스에서 이것들과 일치하는 것을 찾게 된다. 물론, 이런 맥락에서 DNA도 신뢰할 수 있다. 그러나 그것은 외과外科적이며 특별한 전문가를 필요로 하기 때문에, 가까운 장래에는 법의학적 목적 이상의 용도로 사용될 것 같지는 않다. 그 외 다른 것들은 지난 몇 년 동안 대규모 시장 판로를 모색해 왔다.

그런데 생체 인식은 다른 것들보다는 훨씬 일반적인 용어이며, ID 카드나 CCTV 시스템에 실제로 포함될 수 있다. 생체 인식은 특정한 신체적 특성에 접근하는 것에 의존하며, 또한 증명 과정을 자동화할 수 있는 알고리즘에 의존한다. 그 한 예가 2001년 10월에 암스테르담 스키폴 공항에 설치된 홍채 스캐너이다.[20] 이 "프리비움Privium" 시스템의 목적은 출입국 관리소와 세관에서 홍채 정보가 수록된 스마트카드 ─ 물론, 이것은 자발적인 시스템이다 ─ 를 소지한 승객들을 빨리 검색하기 위한 것이다. 이 시스템은 데이터베이스를 사용하지 않으며, 스캐너는 단지 카드에 기록된 것과 일치하는지 여부를 확인하기 위해서 눈을 검사한다. 2003년에 네덜란드 정부는 여권 소지자들의 홍채 코드를 여권에 입력하는 것을 계획했다.[21]

9/11 이전에 캐나다에서 홍채 스캔은 주로 은행 기기 검사와 관련되어 있었다.[22]

또 다른 예는 호주의 시드니 공항에서 현재 실험 단계에 있는 "스마트게이트Smartgate"이다. 이것은 통상 세관 관리가 행하던 얼굴과 신분증 대조 작업을 자동화된 작업으로 대체한다. 신분 확인을 위해 승객들은 10초 정도 카메라 앞에서 얼굴을 관찰당한 후에 자신들의 신분증을 스캐너 위에 올려놓는다. 이 기계는 머리 스타일과 안경 같은 것들의 변화 및 얼굴 표정뿐 아니라 나이, 인종도 고려한다.[23]

다른 시스템들은 보안을 증진하기 위해서 지문 스캐너를 이용하거나, 캐나다의 경우처럼, 이용할 계획을 가지고 있다. 캐나다의 공항, 선착장, 국경 검문소들은 지문 자료가 있는 테러범들을 확인하기 위해, FBI와 RCMP(Royal Canadian Mounted Police) [캐나다 연방 경찰: 옮긴이]의 데이터베이스와 연결되는 장치를 구비할 예정이다.[24] 국제 항공 당국들이 상대적으로 신뢰도가 높은, 눈에 기반한 스캐너를 환영하는 동안에, 일본의 연구자 츠토무 마츠모토Tsutomu Matsumoto는 최근 젤라틴으로 만든 그의 가짜 손가락으로 몇 가지 지문 스캐너를 테스트하여 그것들을 무력화시켰다. 그는 또한 거울에서 숨은 지문들을 찾아낸 다음, 그의 포토샵을 이용해 선명도를 높여서 더 많은 "손가락"을 만들어 내기도 했다.[25]

# 신분 증명(ID) 카드

9/11 공격 후 곧바로, 거의 꼴불견인 속도로, 실리콘밸리의 오라클Oracle 사 — 미국에서 가장 큰 데이터베이스 소프트웨어 회사 — 의 사장 래리 엘리슨Larry Ellison은 미국 정부에 전국적인 신분 증명(ID) 시스템을 위한 스마트카드 소프트웨어를 무료로 제공하겠다고 제안했다.[26] 만약 그의 제안이 받아들여졌다면 상업적으로 얼마나 큰 성공이었을까! 물론 그 당시에 오라클의 데이터베이스에 한 번 접근하는 데 얼마의 가격을 지불해야 하는지, 혹은 전국적으로 스마트카드 식별자를 새롭게 발매하는 가격이 얼마인지에 대한 언급은 없었다. 기업에서는 그런 카드가 점점 더 대중화되고 있다. 많은 사람들은 그런 카드가 테러와의 전쟁에서 신분 증명 시스템을 개선하는 명백한 수단이라고 간주한다. 그리고 그런 카드를 더욱 신뢰할 만한 버전으로 만들기 위해서 생체 인식에 의존한다.

다양한 종류의 생체 인식 식별자들이 신뢰할 만한 신분 증명(ID) 카드에 사용될 수 있다. 예를 들어, 페루 정부는 주민들의 안면 인식 칩이 내장되어 있는 사진 ID 카드를 발행한다.[27] 미국에서는 DNA 패턴을 ID 카드로 사용하자고 제안되고 있다.[28] 그리고 학자들의 견해에 따르면, 곧 신분 증명 임플란트가 판매될 것 같다.[29] 임플란트는 신체에 심어야 하는 특성으로 인해, 극도로 권위주의적인 통제 상황에서만 시행될 수 있으리라고 가정하는 것이 합당하다. 그러나 9/11 이후에 "스마트" 신분 카드가 보안을 증진하는 핵심 수단으로서 지속적으로 권유되고 있는 것은 분명하다. 그것은 사람들이 그들이 말하는 바로 그 존재이며, 그들이 있는 곳에 있을 권리나 이유가 있음을 확인하는 한 가지 방법을 표상한다.

지난 수십 년 동안 다른 "위기들"도 새로운 ID 카드 시스템을 도입해야 한다는 유사한 요구들을 불러일으켰다. 20세기에 발생한 세계대전들은 신분 증명 자료를 광범위하고 일상적으로 사용하게 만든 중요한 동인이 되었다. 몇몇 나라는 전쟁이 끝난 후에도 전시에 사용하던 것을 계속 사용하였으며, 다른 나라들, 예를 들어 영국에서는 ID 카드 시스템이 "전쟁 국가 warfare state"의 퇴조에 따라 해체되었지만, 그것은 단지 복지 국가welfare state에 수반되는 신분 증명 자료들로 대체되었을 뿐이다.[30] ID 카드에 대한 요구는 1990년대 중반에 영국에서 IRA[아일랜드 공화국군Irish Republican Army으로 아일랜드의 독립을 추구하는 반영 지하 조직: 옮긴이]의 최악의 공격이 계속되는 동안 반복되었다. 그리고 ETA(바스크 분리주의자)의 공격에 대한 대응으로, 바로 뒤이어 스페인에서도 그러한 요구가 반복되었다.

9/11 이후에 제안된 계획들 중 몇 가지는, 제안된 원래 형태와 반드시 똑같지는 않지만, 실행될 가능성이 매우 높다. 예를 들어, 래리 엘리슨의 제안이 진지한 것이었다거나 오라클 사가 이를 뒷받침할 능력이 있었다는 점은 의심할 여지가 거의 없다. 적어도 더 단순하고 덜 포괄적인 체계로부터 "다음 단

계"로의 기술적 이행을 의미했기 때문에, 신분 증명을 목적으로 하여 "스마트"카드를 대규모로 사용하자는 아이디어는 상업적이고 행정적인 계획들 속에서 여러 해 동안 제안되어 왔다. 1990년대에 (몬덱스Mondex[31]와 같은) 다목적의 상업적 스마트 카드들이 시험되었다. 그리고 말레이시아, 태국, 홍콩과 같은 몇몇 나라들은 이미 유사한 카드를 국가 신분증으로 사용하기 시작했다. 그러나 미국, 영국, 캐나다와 같은 나라들은 그 시행을 유보하여 왔다. 혹은 2001년 9월 11일 이전까지는 최소한 그렇게 하였다.

국가 안보에 대한 테러리즘의 명백한 위협은 전자 ID 카드를 국가적 의제로 다시 부각시키는 데 일조했다. 9/11 공격의 여파로 인해 몇 가지 제안들이 있었다. 그리고 이것들은 의심할 바 없이 여론의 동향에 의해 시험을 받았다. 래리 엘리슨의 제안은 받아들여지지 않았지만, 미국은 국가 신분증 역할을 하는 운전면허증(그리고 그것의 대용물들)을 개선하여 사용하기 위한 하나의 과정에 착수했다. 9월 11일에 19명의 비행기 탈취범 중 몇 명이 가짜 신분증을 소지하고 있었다는 사실에 의해 이런 계획들이 부분적으로 정당화되기는 하였지만, 미국의 대중들이 보편적 식별자에 동의할 것인지는 분명하지 않다. 여론 조사 결과를 보면, 그와 같은 계획에 대한 대중들의 동의가 약화되고 있다. 특히 운전면허를 관리하는 기관이 그런 일을 담당할 능력이 있는지에 대해 의심하고 있다.

독일이나 영국 같은 나라들도 9/11의 영향을 받아 보안을 강화하기 위한 새로운 국가 ID 시스템을 모색했다. 영국의 "성명 카드entitlement card"는 생체 인식 식별자를 내장한 스마트카드 형태로 단계적으로 도입되고 있다. 이것은 이미 도입된 "지원자 등록 카드Applicant Registration Cards"에 기반하고 있는데, 망명 신청자들에 대처할 수 있도록 설계되었다. 비록 성명 카드 자체가 반테러 대책이라는 점은 공식적으로 부인되고 있지만, 적어도 간접적으로 그런 목적에 사용될 가능성은 높다. 독일의 경우에는 1987년에 정치적 격론 끝에 기계로 판독 가능한 카드를 도입하였는데, 이것은 홀로그램 기술을 이용하여 성능을 향상시킬 것이다. 반면에 말레이시아나 스페인과 같은 나라들은 자기 나라에서 이미 실행하고 있는 그런 시스템이 테러의 위협을 줄이는 효과를 가져올 것이라고 주장한다. 각국은 또한 잠재적 실패, 남용, 또는 의도하지 않은 다른 결과들에 대한 모델, 지침, 주의 사항을 얻기 위해서 서로를 참조하고 있다.[32]

동남아시아의 경우, 말레이시아와 홍콩이 국가적 스마트카드 신분증을 도입하고 있다. 이것은 태국이 국가 등록 시스템National Registration System 내에 선마이크로시스템Sun Microsystems의 ID 백본backbone을 도입한 후에 일어난 일이다. 현재 말레이시아의 "마이카드Mykad"는 선택적이며, 운전면허와 여권 정보를 포함하고 있다. 유럽에서는 스페인이 국가적 스마트카드 신분증을 도입 중에 있다. 여기에는 스페인이 유럽의 첨단 기술 개발을 선도한다는 것을 보여 주려는 의도도 부분적으로 존재한다. 이들 각각의 경우는 9/11이 발생하기 이전에 변화가 순조롭게 진행되고 있었다. 그렇지만 이런 시도들에 대해 반대가 없었던 것은 아니다. 예들 들어, 2002년 처음 몇 달 동안 홍콩에서는 주로 불법 중국 이민자들을 줄이기 위해서 고안된 스마트카드의 새로운 효용성에 대해서 상당한 논쟁이 제기되었다.

프랑스, 일본, 캐나다와 같은 나라에서는 새로운 ID 시스템 — 여기에는 스마트카드 기술의 사용도 포함된다 — 의 도입 가능성에 대해 많은 관심을 표명해 왔다. 만약 채택된다면, 그것은 기존의 시스템들을 기반으로 하여 설치될 것이다. 예를 들어, 캐나다 퀘벡에서는 2001년 이후부터 텔레헬스Telehealth 스마트카드 프로젝트에 관한 공개 청문회가 열리고 있다. 만약 이 프로젝트가 계획대로 실행된다면, 몇 가지 특징을 갖게 될 것이다. 이 카드는 서비스의 허용가능성을 확인하며, 환자가 이용한 서비스에 대한 명세서를 만들며, 보험 서비스에 대한 자료를 생산하고, 지역 환자 인덱스에 접근하는 등의 기능을 갖는다. 이런 시스템은 스마트카드의 이용 및 수용 가능성에 대한 유용한 교훈을 제공해 줄 것이다. 그리고 연방정부 프로그램에서는 현재 새로운 이민자들에게 생체 인식 수단이 내장된 "영주권자" 사진 ID 카드를 발급해 주고 있다. 이것은 2001년 9월에 발생한 공격으로 인해 촉발된 움직임이다.

그러나 새로운 ID 카드는 몇 가지 난점을 가지고 있다. 우선, 그것은 통상적으로 그것이 기반하고 있는 다른 자료들의 신뢰성만큼만 신뢰할 수 있다. 그 자료는 종종 그리고 궁극적으로 출생증명서이며, 마음만 먹으면 위조하기 쉽기로 악명 높은 문서이다.[33] 캐나다에서는 9/11에 대한 하나의 대응책으로서, 전자적 비교 검토를 허용함으로써 1984년 이전에 발행된 모든 출생증명서를 개선하는 안이 현재 제안되고 있다.[34] 둘째로, 중앙집중적인 데이터베이스가 사용된다면, 공격에 매우 취약할 것이다. 셋째, 이런 문제들이 극복된다고 가정하더라도 여전히 어려움이 존재한다. 간단히 말하면, 자살 폭탄은 두 번 터지지 않는다. ID 카드가 하나의 답이 되는 그런 종류의 테러범들이 용의자 명단에 자신들의 이름을 올려놓을 것 같지는 않다.

또 다른 수준에서, 신세대 스마트 ID 카드는, 초기 시스템에서보다 훨씬 더 현저하게, 다른 집단 구성원들을 분류하고 식별하는 작업을 수행한다는 점을 지적하지 않을 수 없다. 그것은 불법 이민자를 검색하거나 부적절한 문서 자료를 소지하고 이동 중인 사람들을 검색하려는 의도를 가지고 있으며, 이것은 어떤 관찰자에게나 명백하다. 그러나 그 같은 식별자를 사용할 때 쉽게 수반될 수 있는 부정적인 차별적 관행들은 명확히 드러나지 않을 수 있다. 20세기의 역사는 그 같은 유감스러운 관행들로 가득 차 있다. 히틀러 치하의 독일, 아파르트헤이트 시대의 남아프리카공화국, 인종 학살 시기의 르완다, 그리고 현재의 이스라엘이 명백한 사례들이다.[35] 그러나 다른 사람들은 미국과 캐나다 같은 나라를 포함할 것이다. 이들 나라들은 제2차 세계대전 기간에 (신분 증명을 위한 센서스를 이용하여) 일본 혈통을 지닌 사람들을 학대하였다. 심지어 지금도, 9/11 이후에, 미국의 일부 아랍인과 무슬림들을 추려내어 매우 부정적인 대우를 하고 있는데, 여기에는 기소나 재판 없이 장기간 구금하는 것이 포함된다.[36]

## CCTV와 안면 인식

"감시"라는 단어가 대화에 등장할 때 사람들의 마음속에 떠오르는 것은 주로 감시 카메라 혹은 CCTV이다. 비디오 감시는 절시증竊視症의 원인도 되고 결과도 되는 것 같다. 그리고 공포와 매력을 모두 생산하는 매우 21세기적인 현상으로 보인다. 그러나 감시의 수단으로서 그것이 지니는 대중성은 사회 통제에 대한 몇 가지 20세기적 경향에 뿌리를 두고 있다. 그리고 범죄 예방의 목적을 달성하는 데 있어 그것이 지니는 효력은 자주 과장된다. "21세기"적인 특징은 사람이 수동으로 작동하는 것에서 움직임과 안면 인식을 포착하는 자동화된 시스템으로의 전환을 통해 CCTV를 "지능화하려는intelligent" 노력에서 관찰된다.

신세대 CCTV 시스템에는 생체 인식이 포함되어 있다. 그리고 여기에는 안면 인식이 포함된다. 토론토의 피어선 국제공

항을 포함하여 몇몇 공항에는 용의자 검색과 연계하여 제한적
인 시스템이 이미 활용되고 있었다. 2001년 9월, 아일랜드의
케플라빅 공항은 모든 여행자의 얼굴을 촬영할 것이라고 발표
했다. 2001년 10월 한 달 동안에 미국의 공항들은 안면 인식 기
술을 이용한 장치들을 설치할 것이라는 뉴스로 재빨리 반응하
였다. 오클랜드 국제공항은 혐의가 있어 억류된 승객들(경찰
당국이 그들이 누구인지를 결정한다)을 검색하는 시스템을 미국에
서 최초로 사용할 것이라고 주장했다. 그러나 보스턴 로건 공
항은 훨씬 더 포괄적인 시스템을 발표했다.[37] 이 시스템은 은
폐된 검색 지점에서 모든 승객, 공항 고용인, 비행 승무원들의
얼굴 특성을 테러 혐의자들의 그것과 비교하기 위해 비전닉스
Visionics 사의 "페이스잇FaceIt" 기술을 사용한다.[38]

이 분야에서, 공항 보안은 도시의 CCTV 시스템과 가장 밀접
하게 연결되어 있다. 2001년 1월에 탬파 플로리다에서 평범한
슈퍼볼 팬들이 비사지Viisage 사의 장비에 의해 스캔을 당했다
(그리고 스캔을 당한 10만 명 중에서 약 19명의 경미한 범죄자들이 발견
되었다). 동일한 장비가 영국의 런던 동쪽 뉴햄 구역의 공공 도
로에 설치된 300대의 카메라에서 얼마간 사용된 적이 있는데,
이것은 주로 1990년대에 IRA의 위협에 대항하기 위한 것이었
다. 그러나 영국에서 거리에 카메라 시스템이 설치되는 데 가
장 큰 영향을 미친 것은 1993년에 발생한 제임스 벌저James
Bulger 사건으로, 어린 청소년들이 유아를 살해하는 모습이 카
메라에 잡혔던 것이다.[39] 영국은 공공장소에서 CCTV를 활용하

는 데 있어서 세계를 손쉽게 선도하고 있지만, 안면 인식 장치들은 현재 매우 제한된 장소에만 설치되어 있다. (옹호자들의 주장에도 불구하고) 안면 인식 시스템이 공공장소의 거리 범죄 사건들에도 유용하게 작동하는지는 불분명하다. 그리고 공공장소에서 제한적인 성과를 거두었다고 해도, 그것이 국제 테러 사건들에도 재-적용될 수 있을지는 더욱 불분명하다.[40]

9/11 이전에 안면-인식 CCTV 시스템을 개발하고 설치하라는 압력이 증가하고 있었다.[41] 예를 들어, 다수의 대기업과 랜드 연구소Rand Organization와 같은 싱크탱크 집단뿐만 아니라 미국 국방부도 압력을 행사하였다. 미국 국방부 고등연구기획국(DARPA)은 반-테러리즘을 염두에 두었으나, 사기업들은 은행, 자동차 관리인, 그리고 그 밖의 사람들을 대상으로 고객을 찾으려고 하였다. 밴쿠버에 기반을 둔 이마기스Imagis 사는 9/11을 전후로 생산품들을 맹렬하게 판촉했다. 이 회사는 카지노에도, RCMP(피어선 공항 시스템)에도, FBI에도 판매했다. 이 기업은 자사의 소프트웨어를 프랑스에서는 그룹 불Groupe Bull을 통해서, 일본에서는 후지쯔Fujitsu와 NTT를 통해서 마케팅하였다. 페루의 ID 시스템도 이마기스 사의 기술에 기반하고 있다.[42]

기업들은 안면 인식 CCTV를 가지고 많은 약속을 했지만, 다른 생체 인식 기술과 마찬가지로, 현실에서 그것은 제한적으로만 사용되었고 신뢰성도 제한적이었다. 몇몇 공항에서는 정비 기사나 수하물 운반인과 같은 공항 고용인들을 스캔하는 데 사용되었다. 고용인의 신원 데이터베이스가 확보되어 있을 때는 두 가지 검색(생체 인식과 신원 확인)이 만족스럽게 함께 작동할 수 있다. 그러나 군중 속에서 테러범을 포착해 내는 것은 전혀 다른 문제이다. 여기서는 "이 생체 인식의 결과물이 군중 속의 누군가와 일치하는가?"[43]를 묻는 것이다. 그러나 테러범들은 카메라 앞에서 포즈를 취하지 않는다(그리고 회피 기술과 위장술을 이용할 가능성이 높다). 그리고 심지어 어느 정도 양질의 영상을 가지고 있는 경우라고 할지라도, 소위 기저율 오류에 의하면, 잘못된 경보가 발동할 위험성은 실제로 매우 높다(한 사람의 테러범에 대해서 9,999번 ― 이것은 매번 최고 수준의 경계를 의미한다).

또한 사람들은 안면 인식 시스템이 명시적 설치 목적에는 도움이 되지 않는 반면에, 사소한 범죄자들만 색출하는 데 활용될 것이라고 주장한다. 이 사람들은 데이터베이스 내에 이미지가 미리 저장되어 있을 것이며, 따라서 카메라에 의해 "인식될" 가능성이 더 높다. 안면 인식에 반대하는 다른 주장들도 있다. 개인 추적과 같은 남용 가능성이 크다는 것이다. 그리고 이 정보들은 E-911 형태(위치 확인 긴급 전화 호출)의 추적 시스템과 같은 다른 시스템들과 쉽게 결합된다. 필립 애그리 Philip Agre가 명명한 것처럼, "조급한 정보 공개premature disclosure" 가 있을 수 있다. 그것은 발신자 표시 전화가 제공하는 것과 유사하나, 거리를 통행하는 사람의 안면 이미지에 기초한 것이다. 충분한 정보를 제공하고 의미 있는 동의를 받는 것은 거의 불가능하다. 그리고 시스템이 설치된 장소에서는 시민의 자유가 유린될 가능성이 매우 높다. 특히 그런 것에 항의하는 전통이 약한 곳에서는 더욱 그러하다.[44]

## 9/11 이후의 기술적 감시

9/11에 대한 기술적 감시 대응이 급증하였다. 무대 뒤에서 자사의 생산품을 시장에 내놓을 기회를 기다리고 있던 첨단 기술 기업들은 9/11이 그들이 필요로 하던 바로 그런 무대를 제공하였다고 보았다. 해결책을 찾고자 하는 조급함과 기술적 주장을 평가할 독립적 연구가 명백히 부족한 것을 고려할 때, 대중 매체에서 논평을 하는 거의 대부분의 "전문가들"이 기업 대표라는 것은 놀라운 일이 아니다. 예를 들어, 보안 회사 크롤Kroll의 사장인 마이클 체르카스키Michael G Cherkasky는 "모든 미국인에게 '스마트카드'를 제공할 수 있다. 그러면 우리는 사람들이 공항이나 다른 곳에 갈 때, 그들이 누구인지를 정확히 파악할 수 있다"라고 제안했다.[45] 엘리슨의 제안도 그 배경에는 유사한 논리를 지니고 있었다.

앞서 살펴본 것처럼, 9/11에 대한 많은 기술적 감시 관련 대응들이 나타났다. 예를 들어, 홍채 스캐너가 암스테르담의 스키폴 국제공항을 비롯해 유럽과 북아메리카의 여러 공항에 설치되었다. 공공장소에는 CCTV 카메라가 급격히 늘어났으며, 런던 동쪽 뉴햄에 있는 맨드레이크Mandrake 시스템처럼, 가능하다면 안면 인식 능력이 보강되었다. (5장에서 논의될) 광범위한 통신 감청 형태뿐 아니라 유전적 정보에 기초한 시스템도 제안되었다. "세상을 더 안전한 장소"로 만들기 위한 수단으로 이런 개별 시스템들이 제안되었다. 그러나 이 책에서 검토한 증거들은 그런 낙관적 희망을 반드시 지지하지는 않는다. 그것들이 설치 목적에 부합하는 정확도를 담보하면서 작동하는 것을 관찰하기는 쉽지 않다. 따라서 그것들은 의도한 목적을 달성하지 못할 가능성이 있다.

둘째, 신기술들에 관한 주장은 의심스러울 뿐 아니라 부정적인 사회적 결과를 초래할 가능성도 상당히 가지고 있다.[46] 그렇지만, 이것들이 광범위하게 개발되는 데 대해 충분한 정보를 제공하는 논평은 통탄할 정도로 부족하다. 가장 앞선 시스템들이 제안되고 진행되는 미국에서 특히 그러하다. 신기술들은 프라이버시 침해, 이동의 자유에 대한 불필요한 제한, 그리고 그것들이 설치된 국가 내에서 사회적 분리와 배제의 형식들의 강화를 포함하는, 의도하지 않은 결과들을 초래할 가능성이 있다.

셋째, 더 큰 차원에서 감시 관행의 기술적 측면을 보면, 더 나은 기술을 추구하는 것 자체가 가장 중요한 목적으로 나타나고 있다는 점이다. 9/11 "테러"가 상대적으로 오래된 기술 ─ 약 30년 정도 된 제트 비행기와 날카로운 칼 등 ─ 에 의존

하여 발생했음에도 불구하고, 사람들은 첨단 기술의 해결책
이 필요하다고 가정한다. 현재 모색되고 있는 기술들 — 홍채
스캐너, 안면 인식, 스마트카드, 생체 인식, DNA — 은 대개
잠재적인 범죄자를 미리 격리시킴으로써 "테러" 활동을 예견,
예방, 방지하는 것을 목적으로 검색가능한 데이터베이스에
크게 의존한다.

넷째, 9/11이 야기한 중요한 결과는 국가 기구와 어셈블리
지가 서로 긴밀하게 조응하게 되었다는 점이다.[47] 우리가 목도
한 것처럼, 경찰이나 정보기관은 필요하다고 판단할 때 소비
자 감시의 리좀적 작동에 침입할 수 있다. 이 주제는 4장에서
자세히 다룰 것이므로 여기서는 상술하지 않겠다.

다섯째, 자동화된 알고리즘적 감시가 증가함으로써 나타나
는 결과는 사회적 분류의 과정, 즉 다양한 목적을 위한 범주화
의 과정을 심화시킨다. 그것은 포함과 배제, 승인과 거부, 가
치 있음과 없음을 나누는 하나의 수단이다. "디지털 차별digital
discrimination"이라고 명명할 수 있는 것이 위험성 평가risk assess-
ment의 과정에서 개인 자료 — 요약된 정보 — 의 흐름이 바뀌
고 전달되는 방식들로 인해 구성된다. 이를 통해 누군가는 특
혜를 누리고 누군가는 불이익을 당하며, 누군가는 합법적으
로 거주하도록 허락받고 누군가는 제외된다. 이것이 점점 더
범죄 발생에 앞서 행해진다는 것에 또한 주목하라. 자동화된
감시는 종종 선제적pre-emptive이다. 이는 공격을 당하기 전에
살인자를 중간 차단하는, 스필버그 감독의 2002년 영화 〈마이

너리티 리포트*Minority Report*〉 속의 "범죄예방국"을 연상시킨
다.[48]

기술적 감시의 장기적 결과는 아직 불확실하다. 그러나 한
가지는 분명하다. 프라이버시 법률과 정보 보호가 매우 중요
하기는 하나, 그것들만으로는 오늘날 새롭게 확장되고 있는
감시 권력을 제한할 수단으로는 불충분하다는 점이다. 실제
로 프라이버시와 정보 보호 법률은 어떤 정보의 사용을 제한
하기 위해 도입된 것이며, 정보 수집 그 자체를 제한하지는 않
는다. 안전을 증진하기 위해서 도입되었다는 점에서, 9/11 이
후의 조치들에는 의미 있는 "배려" 동기가 존재한다.[49] 그러나
일반적인 감시가 전체 인구를 대상으로 대규모로 확산되는 강
화된 "통제"가 선호되면서, 균형이 급격하게 붕괴되고 있는
듯이 보인다. 이것은 불가피한 것이 아니며, 변경할 수 없는
것도 아니다. 그러나 만약 우리가 견제하지 않는다면, 이것은
인권에 심각한 위협을 초래할 수 있는 하나의 경향이다. 실제
로 프라이버시의 언어는 리좀적, 알고리즘적, 어셈블리지-형
태의 감시가 등장하는 상황에서 그 중요성이 감소하고 있다.[50]
그러나 이것이 프라이버시 관심사 배후에 존재하는 몇몇 개념
들이 무의미하다거나, 항의를 조직화하는 새로운 어휘들이
필요 이상으로 많음을 의미하지는 않는다. 반대로, 그것이 없
으면, 9/11 이후에 명백해지고 있는 매우 퇴행적인 일부 경향
들이 강화될 뿐이다.

## 결과 및 비판

2001년 9월 11일의 끔찍한 사건을 반복하지 않기 위하여 신중한 조치를 취해야 할 필요성이 있다는 생각에 대해서는 아무런 논란도 존재하지 않는다. 그러나 그런 조치 속에 무엇이 포함되어야 하는지를 묻는 것은 좋은 질문이다. 북반구에서 변화의 가능성을 탐색하기보다 방어 수단을 강화하기만 원하는 사람들이 제기하는 의제들에 대해 동의하기는 쉽다. 석유 의존적인 "서구적 삶의 방식"에 대한 위협을, 여러 가지 다른 원인들 중에서도, 아랍 국가들에게 전가할 수 있는 여지는 많다.

그런데 이 장의 맥락에서 볼 때, 단순한 기술적 해결책들은 그 자체로 위협을 해결하는 데 불충분할 뿐만 아니라, 민주적 정체政體에도 위협이 된다는 것을 강조하지 않을 수 없다. 이후의 논의에서 열거할 세 가지 중요한 경향들 때문에 기술적 해결책들은 위험하다.

- 국가 권력의 효과적인 재집중화.
- 알고리즘적 감시를 활용하여 — 의심스럽게 범주화된 — 상이한 계급의 사람들을 구별할 수 있는 능력의 증가.
- "안보의 대가代價"로서 그것을 수용하려는 사람들의 의사와 병행하여, 이런 체계들이 지니는 책무성의 상대적 부족.

다음 장에서 살펴보겠지만, 감시 체계의 수렴과 통합은 이런 문제를 더욱 복잡하고 복합적으로 만든다.

안보와 관련하여 최종적으로 지적할 문제는, 여기서 살펴보고 있는 기술들이 의도하는 결과를 가져다주지 못할 가능성이 높다는 점이다. 이들의 다양한 배치와 제안을 연구하다 보면, 깊은 무력감을 느끼게 된다. 한편으로, 통합되고 위계적인 시스템들은 네트워크화되고, 기민하며, 비대칭적인 힘을 가진 현대의 테러리즘에 대한 적절한 대응 수단이 되지 못한다. 다른 한편으로, 생체 인식, ID 카드, CCTV와 연계된 안면-인식, 통신 모니터링과 같은 특수한 장치들에서 확인할 수 있는 것은 그것들이 반-테러리즘 캠페인을 위한 도구들로서 결함이 있다는 것이다. 자동화되고 알고리즘적인 시스템들은 대개의 경우 미리 파악하지 못한 잠재적인 테러범들의 행동 혹은 메시지를 확인하거나 감시하는 과업을 잘 수행하지 못한다. 더욱이, 감시가 정보 기술에 의존하는 정도에 따라, 감시망에서 벗어나기를 원하는 사람들은 더 쉽게 빠져 나가게 될 것이다. 왜냐하면 인간이 기술보다 더 유연하고 상상력이 있기 때문이다. 시간과 독창력 면에서 볼 때, 어떤 기술도 인간보다 나을 수는 없다.

감시를 통해 안보를 강화하는 것은 의도하지 않은 많은 결과들을 야기한다. 사실상 "죄 없는"(그리고 그것을 증명하기 위한 하나의 데이터 이미지를 소유하고 있는) 모든 사람들을 대상으로 이미 더 밀착된 모니터링이 행해지고 있다. 우리가 승인하든

승인하지 않든 상관없이, 통제의 문화는 삶의 더 많은 영역들을 식민화할 것이다. 이것은 마이크 데이비스Mike Davis[미국의 사회 비평가, 도시 이론가, 생태학자, 정치적 행동가: 옮긴이]가 "공포의 지구화"라고 부른 것 때문이며,[51] 이것이 정치인들로 하여금 미숙한 정책에 매달리도록 재촉한다. 여기에 더하여, 특정한 종류의 시스템을 채택하라는 압력과 결합된, 수긍할 수 있는 안보에 대한 욕구와 그로 인한 결과들은 대부분 예측가능하다. 평범한 시민, 노동자, 소비자 — 즉, 도대체 테러에 대한 열망이라고는 전혀 없는 사람들 — 는 그들이 속한 범주들로 인해 삶의 기회가 더 제한당한다는 것을 발견한다. 일부 사람들에게는 이런 범주들이 특히 편파적이다. 신용 등급 때문에 그들은 소비자로서의 선택을 제한받는다. 혹은 더 나쁜 예로, 피부색이나 종교적 배경 때문에 그들은 이등 시민 신분으로 분류된다. 이제 두려워해야 할 범주가 또 하나 추가되는데, 테러범이라는 범주이다. 이것은 첨단 기술의 가면을 쓴 낡은 이야기이다.

첨단 기술 모니터링과 신분 증명 방법에 대한 대안들은 거의 주목받지 못하는 것 같다. 새로운 생체 인식이나 검색 장치를 사용하는 감시 체계의 확장과 비교해 볼 때, 노동 집약적인 정보 수집 활동, 공항에서의 신체 검색, 여행자 확인을 위한 보안 요원의 활용 등과 같은 수단들은 모두 명백히 낮은 우선순위를 갖는다. 그러나 유럽과 여타 지역에서 테러 용의자 집단을 발견하고 체포한 기록들을 조사해 보면, 첨단 기술은 그

수단으로서 전혀 혹은 거의 관련이 없었음을 알 수 있다. 효과
가 있었던 것처럼 보이는 목록에는 개연성 있는 집단을 대상
으로 한 침투, 신뢰할 만한 정보원들의 활용, 스파이와 사복
요원들의 평범한 대화 등이 있다. 26세의 요르단인 샤디 압둘
라Shadi Abdullah의 경우가 여기에 딱 들어맞는 사례이다. 2002년
4월, 독일 크레펠트에서 체포되었을 때, 그는 유럽과 그 외 여
러 나라의 알카에다 활동에 대한 풍부한 정보를 정보 당국에
제공했다.[52]

왜 특정 국가, 특정 종교 신봉자, 혹은 특정 정치 집단이 서
방 세계를 파괴하기 위해서 자신의 생명을 희생할 정도로 심
각하게 서방 세계에 대해 불안과 불신을 지니고 있는지를 진
지하게 이해하려는 프로그램을 실제로 시작하는 것은 용인되
는 행동의 범위를 훨씬 넘어서는 것 같다. 이는 사람들의 노력
을 많이 필요로 하는 일일 뿐만 아니라, 시간이 소요되는 완만
한 학습 과정과 환영받지 못할 것이 명백한 유형의 문화적 접
촉을 수반할 것이다.[53]

최초의 비행기 납치 사건이 항공기와 공항 시설에 대한 기
술적 개선을 촉발한 이후 30년 이상 그래 왔던 것처럼, 기술적
해결책에 의존하는 것이 훨씬 나은 대책인 것처럼 보인다. 새
로운 감시 장비들을 구입케 하는 엄청난 상업적 압력이 존재
한다. 9/11 이래로 회사의 주가가 몇 배나 오른 몇몇 사람들에
게 있어서, 현 상황은 전례 없는 비즈니스의 기회로 간주된다.
특히 미국의 보안 회사들은 반-테러 활동의 정치적 분위기 속

에서 이익을 챙기고자 하는 바람을 가지고 세계 도처에서 그들의 상품을 공격적으로 판매하고 있다. 래리 엘리슨과 같은 CEO들은 오라클 사와 미국의 이익은 사실상 동일하며, 그것은 통합된 ID 시스템에 있다고 여전히 주장하고 있다.[54]

다른 건설적인 제안들이 부재한 가운데, 자동화된 해결책들은 계속해서 매력적으로 보일 것이 틀림없다. 심지어 그것들의 약점이 발표되고 있는 상황에서도 첨단 기술에 대한 신앙이 지속되는 것은 새로운 현상이 아니다. 예를 들어, 약물검사 기법의 맥락에서, 일레인 드래퍼Elaine Draper[미국의 여성 사회학자로 법과 사회, 보건과 보건 정책, 환경과 작업장의 위험 등에 대한 연구를 수행하였다: 옮긴이]는 "레밍 효과lemming effect"에 대해서 언급하였다. 즉, "한 회사가 약물 검사를 채택하면, 검사가 과학적으로 옹호할 수 있는 지에 대한 강력한 증거가 없는 경우에도, 다른 회사들은 재빨리 그 방법을 따른다"는 것이다.[55] 확실히 여기에는 자신의 생산품, 혹은 심지어 타자의 생산품에 대한 단순한 확신 이상이 존재한다. 그 기저에 있는 동기는 데이비드 노블David Nobel[기술에 대한 비판적 역사학자로 자동화에 대한 사회사 연구로 잘 알려져 있다: 옮긴이]이 "기술에 대한 신앙"이라고 부른 것이다.[56] 이것은 서구 사회에 일반화되어 있는, 일련의 암묵적 서약이며, 계속해서 기술을 추구하도록 우리를 묶어 두는 반면에, 그 한계에 대해서는 눈을 감도록 한다. 다른 종교적 관념들처럼, 이것은 시간이 지나면서 강조점이 달라지는 경향이 있다. 오늘날의 전자적 현현顯現은 "편재성, 즉각성, 그리고 즉시성"을 불러일으킨다고 폴 비릴리오Paul Virilio[프랑스 태생의 문화 이론가이자 도시학자로 공학에 관한 연구들로 명성을 얻었다: 옮긴이]는 말한다. 틀림없이 이런 특성들은 새로운 감시 기술들을 통해 추구되는 것들이다.[57]

정치적(그리고 공적) 공포는 이전의 도덕적 공황을, 그러나 이전보다 더 큰 규모로 생각나게 하는 비상 체제를 지속적으로 생산한다.[58] 안전과 안보는 욕구할 만한 좋은 것들이다. 그러나 그 수단들은 매우 의심스러우며, 다른 원천들에서 유래한다. 그렇다면 왜 기술에 집착하는가?[59] 필자는 이것이 (후기) 근대성의 심층에 존재하는 경향 중 하나와 명료하게 연결되어 있다고 본다. 그것은 기술의 힘을 통해 진보를 유지하고 확보하려는 뿌리 깊은 신념이다. 자크 엘륄의 *기술*la technique의 개념, 즉 계속 증대되는 수단을 통해서 기술적 진보가 이루어진다는 끈질긴 문화적 믿음은 오늘날 강한 영향력을 발휘하고 있다.[60] 이것은 주의 깊게 다듬어진 기술이 인류의 개선에 기여할 수 있다는, 가치 있는 믿음으로부터의 탈선을 의미한다.

전술前述한 어떤 것도 기술적 적용이 테러와의 전쟁에서 단순히 부적절한 무기라는 관념을 지지하지는 않는다. 대신에, 제안된 시스템들에 대한 몇 가지 질문은 제기된 적이 없거나, 제기되었다 하더라도 사람들이 주의를 기울이지 않았다는 점을 언급하고자 한다. 문제는 이런 몇 가지 질문이 매우 중요하다는 것이다. 기술적 해결책들은 오늘날의 테러리즘이 지닌 네트워킹 전략에 대해서 언급하는가? 그 시스템들은 약속한 바를 생산해 낼 수 있는가? 다른 시스템들의 작동을 통해서 이미 확인 가능한 것을 포함하여, 그 시스템들의 의도하지 않은 결과는 무엇인가? 그러나 기술이 주장하는 모든 것을 수행할 수 없다고 가정한다고 해서 격려를 많이 얻을 수 있는 것도 아니다. 이것이 사실이기는 하지만, 기술의 부적절함이 시민의 권리와 사회적 신뢰를 적극적으로 보호하지는 못한다.

실제로, 사람들은 기술을 통해 많은 것을 할 수 있다고 주장한다. 성취할 수 없는 너무나 많은 것을. 건설 중인 대규모 시스템들은 형편없는 실패로 끝날 가능성이 높을(브루스 쉬나이어Bruce Schneier는 "좋은good" 실패는 공격을 늦추고 지연시키는 것이라고 언급했다)[61] 뿐만 아니라, 단지 기술적 관점에서만 안보와 감시에 대해 논하는 것은 최소한의 것만을 언급하는 근시안적이기도 하다. 이 점에 관해서 여기서 논하기는 적절하지 않지만, 그러나 감시 기술을 이용하여 안보를 확보하려는 시도는 특정한 형태의 주장을 고집하는 경향이 있다. 그리고 이것은 똑같이 협소한 기술적 입장에 입각한 반대–주장에 직면한다. 비록 기술적 주장이 중요하기는 하지만, 여기에만 초점을 맞추면 위험한 곤경에 처하게 된다. 자동화되는 감시로 인해 사람들은 감시 과정에 점점 덜 개입하는 것처럼 보이는데, 이것은 사실이다. 필자가 언급하였듯이, 이는 위험스런 경향이다. 사람들은 안보와 관련된 각각의 시도의 매 단계마다 관여해야 한다. 또한 더 광범위한 맥락의 의사소통도 필요하다. 그런 광의의 맥락에서는, (기술적) 독백보다는 대화가 사회적 신뢰를 불러일으키는 수단으로서, 그리고 테러리즘의 결과뿐 아니라 원인을 언급하는 수단으로서 추구된다.

기술에 대해서 단순히 비난만 해서는 좋을 게 없다. 현대 세계에서 우리는 첨단 기술에 지나치게 의존하는 상황을 창조해 왔으며, 지금 이것을 역전시키기는 대단히 어렵다. 그러나 몇몇 과정을 변화시킬 수는 있으며, 새로운 기술적 시민technological citizen이 이를 변화시켜야만 할 것이다. 여기서 기술적 시민은 기술자나 소프트웨어 설계자 ─ 비록 없어서는 안 되겠지만 ─ 를 의미하지는 않는다. 오히려 필자가 의미하는 그것은 지역적 수준 ─ 불가피하게 지구 전체에 영향을 미치는 ─ 에서 기술적 결정에 대해 책임을 지는 평범한 시민들을 말한다. 우리가 근본적으로 기술에 의존함으로써, 현대 사회는 외부의 공격뿐 아니라 내부의 붕괴에 대해서도 매우 취약하다. 만약 필자가 지금까지 언급한 것이 사실이라면, 공격에 대하여 단순히 기술적 해결책만 모색하는 것은 자유 자체를 매우 취약하게 만들 것이다. 또 다른 길이 존재해야만 한다. 기술은 우리를 구원해 주지 못할 것이다. 심지어 자동화된 감시조차도.

# 4. 통합되는 감시

테러리즘과 싸우기 위한 열쇠는 정보이다. 해결을 위한 요소들에는 우리가 지금 행하는 것보다 훨씬 더 광범위한 정보들을 수집하는 것이 포함된다.

DARPA[1]

9/11 이후에 다소 인상적인 TV 영상들이 퍼져 나갔다. 9/11을 공모한 사람들의 지도자라는 의혹을 받고 있는 모하메드 아타 Mohammed Atta에 관한 것으로, 공격에 이르기까지의 행적들을 묘사했다. 흐릿한 CCTV 영상 화면을 통해 그가 호텔을 출입하고, 주요소에서 기름을 넣고, 편의점에서 물건을 고르는 모습 등을 볼 수 있었다. 영상뿐만 아니었다. 그의 거래 정보를 검색해서 온라인 비행기 티켓 구입 기록, 전화 이용 기록, 이메일 사용 기록 등을 보여 주었다. 그 각각의 세부 정보는 항공 회사, 통신 회사, 서비스 공급자들이 보유하고 있었다. 9/11 사건 발생 후에 그의 이전 행적은 쉽게 추적할 수 있었고, 그와 그의 동료들의 활동에 관한 꽤 상세한 영상이 만들어졌다.

이 항목들이 처음부터 경찰 기록이나 정보기관의 보고서에 포함되어 있었던 것은 아니다. 평범한(혹은 특이한) 소비자가 남겨놓은 전자적 족적, 즉 거래의 흔적에 불과하였다. 그것들은 신용카드, 은행 기기, 그리고 인터넷의 세계 속에 존재하는 일상사의 평범하고, 당연시되는 양상들이다. 놀라운 것은 이와 관련하여 당국이 복잡한 퍼즐을 맞추기 위해서 소비자 정보의 파편들을 얼마나 신속하게 조합할 수 있는가 하는 점이다. 이 조각들을 결합하였을 때, 부분적인 초상화가 만들어졌다. 비록 경찰과 정보기관이 일상 활동의 그런 사소한 조각과 단편들에 항상 의존해 왔지만, 오늘날 결정적인 요소는 그런 정보들이 너무 쉽게 즉각적으로 활용가능하다는 점이다.

펜타곤에서 시작된 미국의 "통합 정보 인식" 시도의 배경에는 잡다한 개인 정보의 이러한 즉각적인 활용가능성이 존재한다. 비록 필자가 이 글을 쓸 당시까지는 정치적인 저항을 받았으며,[2] 앞으로 온전한 형태로 완성되지 못할 수도 있지만, 군 정보기관(이 시도는 DARPA에서 유래했으며, 존 포인덱스터John Poindexter[현재는 퇴역한 미 해군 장성으로 TIA 계획에서 중요한 역할을 수행하였음: 옮긴이]의 수중에 있다)에 있는 사람들에게 그것의 매력은 명백하다. 그것은 "내부의 적"을 뿌리 뽑을 수 있는 방대한 자원들을 제공한다. 그것은 데이터 마이닝 프로그램으로, 소비자 영역에 존재하는 유사한 것들에 기반하고 있으며, 테러범들을 확인하고 그들의 활동을 예견하기 위해 설계되었다. 그러나 추출되는 정보들은 전자 샤프트shaft를 통해서 일상생활에서 이루어지는 거래의 친숙한 기록들 — 신용, 여행, 전화, 인터넷, 이메일과 관련된 — 로부터 걸러진다. 적어도 다른 두 가지 주요 포스트-9/11 기획도 유사한 특징들을 보이고 있다. 이것은 CAPPS II(항공기 탑승객 검열 시스템으로, 다음 장에서 다룬다)와 (앞 장에서 언급한) 통합된 운전면허 신분 증명 시스템이다.

매우 다른 종류의 감시 사이의 수렴과 통합 — 경찰, 정보기관, 그리고 소비자 — 은 그 자체로서 연구할 가치가 있다. 역설적이게도, 이런 수렴 현상이 검색가능한 데이터베이스의 출현과 광범위한 적용에 크게 의존하기는 하지만, 결코 기술적인 차원에 한정될 수는 없다. 그 같은 컴퓨터 시스템은 매우 강압적인 다양한 치안 유지 활동과 또한 훨씬 상업적인 대기업의 마케팅 전략 양자 모두의 감시를 가능하게 하는 데 활용된다. 그러나 그 시스템들 자체는 경제적, 정치적, 문화적 권력들에 의해 사회적으로 구성되는데, 그러한 권력들은 또한 그 시스템에 기회를 제공하고 그것을 활용할 방법도 결정한다. 하나의 시스템을 다른 시스템과 혼동해서는 안 되지만, 그러나 이들 시스템은 얼마간 의미 있는 특징들을 공유하고 있다. 마케팅의 사회적 논리는 몇 가지 중요한 측면에서 경찰 활동의 사회적 논리와 다르다. 그러나 양자 모두는 네트워크화된 컴퓨터 및 저장된, 검색가능한 기록들에 의존한다. 그리고 양자는 서로를 강화하는 방식으로 거버넌스와 사회 질서의 현재적 형태를 유지하는 데 기여한다.

이 장은 이전에는 분리되어 있던 감시 체계의 수렴에 대해

서 조사한다. 이것은 수렴 현상의 사회적 원인과 결과를 탐구
해야 한다는 것을 의미한다. 심지어 자동화된 첨단 기술 체계
가 문제가 되는 경우에도, 감시는 순수하게 기술적인 관점에
서만 설명될 수 없다. 그리고 3장에서 논의한 기술의 범위에
만 초점을 맞추어서는 그것을 적절히 이해할 수 없다. 점점 더
완벽해지는 연결망 속에서 이것들이 어떻게 함께 연결되는지
도 매우 중요하다.

9/11 공격으로 인해 사람들은 이미 등장하고 있던 거버넌스
의 몇 가지 중요한 특징들에 주목하게 되었다. 그런 특징들은
9/11 공격 이전에도 존재하고 있었으며, 오늘날 자동화된 감시
가 의존하고 있는 원거리에서 검색가능한 데이터베이스의 출
현 이전에도 존재하고 있었다. 그런 거버넌스의 형식은 위험
관리에 기반하고 있다. 그리고 특정한 종류의 사회적 규율에
서 벗어나 더 확장된 원거리 통제control-at-a-distance로 나아가는
변화에 기반하고 있다. 그것은 시장의 탈규제, 세계화의 강
화, 정보 통신 기술에 대한 강조와 함께 20세기의 마지막 3분
기에 일어난 경제적 재구조화와 밀접하게 관련되어 있다. 자
동화되고 수렴되는 감시를 위한 수단을 낳는 것은 바로 정보
통신 기술에 대한 강조이다. 그러나 이 꼬리가 자동화되고 수
렴되는 감시라는 개의 몸통을 흔들지는 못한다.

# 통합 정보 인식

새로 설립된 국토안보부는 2002년에 펜타곤의 아이디어인 통합 정보 인식 사무소[국가 안보에 대한 비대칭적 위협에 대항하기 위해 정보 기술을 활용하는 여러 프로젝트들을 통합하기 위해서 DARPA에 의해 2002년 1월에 설립되었고, 현재는 Information Awareness Office로 부른다: 옮긴이]의 개발 자금을 지원하였다. 초기 비용은 6,290만 달러였다. 2001년부터 2003년 사이에 이 프로그램에 2억 4,500만 달러가 투입될 것이다.[3] 만약 최종 승인을 받게 된다면, 이 프로그램의 임무는 "외국의 테러범들을 탐색하고, 분류하고, 확인하는 것이며, 그들의 계획을 해독하고, 미국이 테러 활동을 성공적으로 예견하고 격퇴하는 데 있어 시의적절한 활동을 취할 수 있도록 하는 것이다."[4] 이것은 "자료를 추출하고, 결합하고, 정련할 수 있는 새로운 알고리즘을 고안하는" 매우 큰 규모의 대항-테러리즘 데이터베이스의 구축을 포함한다. 그 자료들은 대부분 데이터베이스 판매자들이 특별한 "관계"를 맺기 위해 선택한 고객들을 프로파일하기 위해서 여러 해 동안 수집해 온 그런 종류의 것이다. 그러나 이 경우는 정부가 다른 목적에 활용하기 위해 동일한 활동을 시도한 최초의 예이다.

이것은 "통합 감시integrating surveillance"라는 아이디어를 완벽하게 예시한다. 냉전이 최고조에 달했을 때를 제외하면, 정보 기관은 일반적으로 외부의 적을 다루는 것으로 간주되었다.

반면에 경찰 활동은 일반적으로 자국민들과 관계있는 것으로 가정되었다. 그러나 외국의 스파이들과 불순분자에게 적용되던 자료 수집 기법들이 이제 국내에서도 활용되고 있다. 마찬가지로, 경찰이 혐의자로 완전히 인정한 경우가 아니라면, 평범한 소비자들의 기록이 판매자가 아닌 그 누군가의 관심사가 되리라고는 이전에는 생각지도 못했던 것이다. 오늘날 TIA 프로그램은 그런 낡은 경계를 벗어나도록 설계되고 있다. 그리고 그것은 주소와 전화번호뿐만 아니라 은행 기기를 통한 거래, 신용카드 영수증, 웹 쿠키, 학교의 성적 증명서, 의료 기록, 잡지와 신문 구독 기록, 항공기 탑승객 명단, 부동산 증서와 같은 매일의 사소한 일상들을 자세히 탐색하도록 설계되어 있다.

이런 종류의 데이터 마이닝은 일반적으로 마케팅 활동에서 발생한다. 고객 관계 관리(CRM)는 고객을 개인적으로 알거나, 만약 가능하다면, 개인적인 친분을 맺을 때 판매를 가장 잘할 수 있다는 오래된 생각을 전자적으로 업데이트한 것이다. 그것은 과거의 거래, 보증서에서 발견되는 선호에 대한 진술, 그리고 온라인으로 구매하는 고객의 경우에는 서핑 정보와 웹 서버 기록에서 획득한 구매 기록들을 분석한다. 그런 다음 CRM은 이 자료들을 분석하는데, 프로파일에 기반한 집단으로 분류하기 위하여 웨어하우징[정보 소프트웨어를 활용하여 기업 동향과 패턴을 알아내기 위해서 축적된 기업 정보를 처리하는 기법을 말한다: 옮긴이], 마이닝, 그리고 다른 복잡한 소프트웨어 운용 기법들을 활용

하여 사람들을 프로파일한다. 물론, 그렇게 하는 과정에서 그
것은 개인적인 어떤 관계들을 원격으로 제거한다. 그러나 그
것은 판매자에게 고객들을 구분하여 회사에 가장 가치 있는
특별 우대 대상을 가려내는 수단을 제공한다.

(얼마나 광범위하게 정의하든지 간에) 테러범을 찾아내기 위해
서 이런 기법들이 어떻게 활용되는지를 아는 데는 상상력이
거의 필요하지 않다. 예를 들어, 웹 기반 정부 정보에 접근하
려고 시도하는 사람들에 대한 데이터 마이닝 프로파일 만들기
가 있다. 소비자 영역에서는 자신들의 개인 정보가 어떻게 활
용되고 있는지를 실제로 알고 있는 사람은 거의 없는 것이 분
명하다. 직접 대면하는 고객이 받을 수 있는 그런 종류의 존중
은 존재하지 않는다. 일반적으로 소비자들은 프로파일 목적
으로 정보가 처리되는 것은 말할 것도 없고, 정보가 저장되고
있다는 것조차 모르고 있다. 한 연구에 의하면, "대중은 그들
이 등급화되고, 분류되고, 타인들이 누리는 기회로부터 배제
되는 방식을 발견할 때, 염려하고, 실제로 종종 분노한다."[5]
잠재적 테러범과 같은 위험 범주들을 분류하기 위해서 자신들
의 개인 소비자 정보가 사용되고 있는 방식을 발견하게 된다
면, 사람들은 얼마나 더 부정적인 반응을 보일까?

그러나 2002년 12월에 DARPA는 이런 종류의 질문을 거의
혹은 전혀 고려하지 않았음이 분명했다. 전자 프라이버시 정
보센터(EPIC)[1994년 설립되어 워싱턴 D.C.를 근거로 하여 정보화 시대에 시민
의 자유와 프라이버시 보호를 위해 활동하는 시민 단체: 옮긴이]는 군 당국에

TIA가 프라이버시에 대해 함의하는 바를 밝히는 보고서를 발표할 것을 요구하는 정보의 자유Freedom of Information에 관한 청원을 제기했다. 그리고 그에 대한 반응으로, TIA 프로그램이 발표되기 전인 2001년에 하나의 보고서가 나왔다.[6] 이 보고서는 기술 문제를 다루고 있는 정보 과학·기술 연구 그룹Information Sciences and Technologies Study Group(ISAT)의 연례회의 결과를 담고 있다. ISAT는 (수백만 건의 기록을 분류할 때 개개인의 신분을 익명으로 처리하거나 혹은 권한을 부여받지 않은 사람이 자료에 접근하는 것을 차단하는 것과 같은) 특정한 기술적 안전장치가 사용될 수는 있지만, 그런 것이 실제로 작동할지에 대해서는 많은 구성원들이 회의적으로 생각한다는 결론을 내렸다. 역설적이게도, 그들은 "강력한 감사監査 메커니즘," 다른 말로 하면 감시자들을 감시하는 고유의 수단들을 제안했다.

물론, 누군가는 TIA에 사용된 기법들이 지닌 기술적 결함들을 지적할 수도 있다. 앞에서 논의한 몇 가지 감시 방법들처럼, 상업적 데이터베이스는 높은 오류 발생률을 보이는 경향이 있다. 여기에 더하여 테러범들에 대한 사전 정보가 거의 없어서 다른 사람들로부터 그들을 식별해 내기는 어렵다. 데이터-마이닝 개념은 누가 테러범인지를 미리 알아내는 것이기 때문에, 그 같은 식별은 매우 중요하다. 생체 인식에 의한 신원 확인과 같은 다른 기법들도 TIA 프로그램의 고유한 측면들이지만, 우리가 지금까지 살펴본 것처럼 문제를 안고 있다. DARPA는 걸음걸이나 안면 인식을 통해 사람들의 신원을 분명하게 파악하는 "원거리 신분 증명" 시스템을 처음으로 도입하였으며, 다양한 정보원情報源을 통하여 개인을 추적하는 과정을 단순화하기 위해서 이것을 국가 신분 증명 시스템과 연결하고 싶어 한다. 이것들 각각이 가지는 장점과 단점에 대해서는 이미 논의가 진행되고 있다.

TIA와 관련 프로그램의 출현이 의미하는 것은 미국 행정부가 국토안보부를 통해서, 그리고 펜타곤의 TIA 시도를 통해서, 아무리 어렵더라도, 테러범을 추적하는 새로운 방법들을 찾고자 결정했다는 것이다. 이전에 분리되어 있던 데이터베이스들과 재판 기록들은, 통합되지 않으면, 무시되고 있다. 현재는 기존의 소비자 관련 정보들이 테러 행위를 예측하기 위한 목적으로 추출되고 있다. 그것들은 성공과는 거리가 멀고, 개인 정보-수집 활동에 대한 이전의 제한들을 무시하는 방법들을 사용하여 그렇게 하고 있는 것처럼 보인다. 미국의 군부는 그들의 활동을 전례가 없는 방법으로 국내 안보에까지 확대하고 있다. 1947년에 CIA가 창설되었을 때 확립되었던 국내 정보 수집과 해외 정보 수집 사이의 장벽은 꾸준히 해체되고 있다. 매카시 시대를 겪으면서 학습하였으리라고 기대되는 교훈들은 명백히 망각되거나 혹은 편리하게 무시되고 있다.[7] 감시의 수단과 과정은 통합되고 있다.

## 수렴, 코드, 그리고 범주

비록 과장될 수 있기는 하지만, 컴퓨터와 텔레커뮤니케이션을 활용하는 것은 의심할 바 없이 감시의 성장과 통합 양자를 촉진하도록 돕는다. 정말로, 자본주의가 소비자 국면을 향해 결정적으로 바뀐 것에 더하여, 유사한 종류의 기술 체계와 소프트웨어를 사용하는 것은 20세기 후반에 미묘한 전환이 발생하였음을 의미한다. 감시 국가는 확장되어 감시 사회가 되었다. 좀 더 정확히 말하면, 몇 가지 요인들로 인해 조직이 감시를 실행하는 것이 가능하고, 그럴 듯하고, 종국에는 바람직하게 되었다. 그런 감시 관행들은 국가와 직접적인 관련은 없으나, 9/11의 영향으로 인해, 국가가 자신의 목적을 위해 사용할 수 있게 되었다. 피감시자들에 대한 영향력 행사, 관리, 혹은 통제를 원하는 조직들에 의해 행해지는 체계적인 방식의 개인 정보 수집 활동은 이제 더 이상 경찰, 보안 당국, 혹은 국세청 관리들과 같은 행위자들의 영역에 한정되지 않는다.

공적 영역과 사적 영역, 국가와 시민 사회 영역 양쪽에서 감시 관행이 점점 통합되고 있다. 조지 오웰은 한때 중앙집중화된 전체주의적 감시 국가의 출현에 대해서 경고했다. 여기서는 빅브라더가 공포와 불신의 체제를 지배한다. 이제는 반드시 중앙집중화가 필요 없는, 시스템 통합을 통해서 그것이 가능해지고 있다. 그 같은 전체주의적 경향은 앞선 관료주의적 감시 체계 내에서는 항상 현존한다. 그러나 20세기에는 파시즘과 나치즘에 대한 기억이 충분히 강력했기 때문에 민주적인 사회는 그런 위험들에 대해서 경계할 수 있었다. 그러나 그에 관한 기억이 쇠퇴하고, 그것이 대안적이고 더 섬세한 감시의 수단들과 결합하면서, 20세기 말에는 그런 위험들에 대해서 더 둔감해졌다. 그런 감시의 수단들은 첨단 기술에 대한 지나친 자만심으로 가득 차 있으며, 따라서 "진보"를 편들고 싶어 하는 사람들에게 고유한 매력을 준다.

1990년대에는 어떤 측면에서는 "공적인" 인터넷보다 더 강력한 사적인 인트라넷뿐 아니라, 인터넷과 월드와이드웹이 등장하면서 첨단 기술에 대한 믿음이 크게 고양되었다. "온라인 활동"[8]의 매우 사회적이고 물질적인 토대와 결과들을 종종 망각하게 하는 "사이버스페이스"에 관한 과대광고와는 별도로, 사회적으로 의미 있는 감시 과정의 발달은 두 가지 측면을 가진다. "네트워킹"이 모든 종류의 시스템을 연결하고 수백만의 잠재적인 결합을 창조하면서 일상의 현실이 되었다. 그리고 "검색가능한 데이터베이스"[9]는 컴퓨터 과학이나 소프트웨어 구조에 대한 지식이 없는 평범한 사용자들도 조작할 수 있도록 설계되었다. 대량의 정보 저장을 위한 정보 수집과 그에 대한 정보 접근은 일상사가 되었다. 그리고 여기에는 개인 정보도 포함된다.

이것은 수집할 수 있는 모든 정보를 수집한다거나, 혹은 말 그대로 정보를 저장하고 있는 컴퓨터 시스템에 누구나 접근할 수 있음을 의미하지는 않는다. 20세기 말에는 그 같은 활동들에 대해 많은 기술적, 문화적, 경제적, 법적 장벽들이 존재했다. 많은 회사와 정부 부서들이 새로운 기술의 놀라운 가능성을 열심히 구현하고 싶어 하였지만, 그들은 그렇게 하지 않았거나 하지 못했다. 이런 상황은 2001년 9월 11일에 극적이며 결정적으로 변화하게 되었다.

『사이버스페이스의 코드와 다른 법률Code and Other Laws of Cyberspace』이라는 책에서 로렌스 레싱Lawrence Lessing(미국의 법학자로 2001년 저작권 보호와 정보 공유라는 명제를 조화시키기 위해 Creative commons 라는 비영리 단체를 설립하는 등 인터넷상의 자유를 위한 다양한 연구와 운동을 하고 있음: 옮긴이)은 ― 인터넷이 "자유의 영역"이 될 것이라고 믿는 사람들과 논쟁하면서 ― 사이버스페이스는 코드에 의해 지배된다고 주장했다. 달리 말하면, 제작자와 사용자의 이해관계는 소프트웨어 프로토콜과 구성configuration을 통해 이미 네트워크 속에 설계되어 있다. 권력은 인터넷의 구조 바로 그 속에, 그리고 사이버스페이스라고 불리는 전자적으로 매개된 사회적 관계의 세계를 구성하는 인터넷의 많은 아날로그들 속에 존재한다. 무엇보다도, 이것은 행동, 선호, 실천을 분류하기 위해서 사용되는 소프트웨어가 특정한 방식으로 작동한다는 것을 의미한다.

이 사실은, 적어도, 원칙상으로는 컴퓨터 시스템에 의해 행해지는 감시를 이웃이나 작업장의 감독에 의해 행해지는 직접적인 관찰보다 훨씬 더 효율적이고 강력하게 만든다. 그러나 실제로 그런 시스템들의 유효성과 효율성은 극적으로 변화한다. 급히 덧붙이자면, 전산화된 감시의 잠재적 효율성은 직접적인 관찰이 특정한 목적을 수행하는 데 효과가 없음을 의미하는 것도 아니다. 오히려, 이러한 논의는 오늘날 많은 감시는 컴퓨터가 지원하는 모니터링이 실현되기 전에 존재했던 감시와 다르다는 점을 단순히 진술한다. 감시의 초기 형태들은 단지 특정한 활동만을 감시하려고 단지 특수한 정보만을 포착하였다. 오늘날에는, 점점 더, 모든 모니터링이 검색가능한 기록들을 생산할 것이라고 가정한다.[10]

감시 상황은 일단 국민 국가와 자본주의 기업이 행하는 기록 작업과 모니터링에서부터 모든 종류의 일상적 거래까지를 포함해 "응시"를 확대하는 것이 가능하게 변화되었다. CCTV 테이프와 디지털 로그에 존재하는 모하메드 아타의 기록은 그가 수상하거나 어떤 일탈적 행동을 하였기 때문에 수집된 것이 아니다. 정확히 그 반대이다. 정보 수집data-gathering은 일상적이고, 일반화되고, 일상생활의 거의 모든 영역에 분포되어 있다. 그러나 일단 이런 기록을 조사하게 되면, 그 행동을 설명할 책임은 "정보-주체data-subject"에게 귀속될지 모른다. 모든 정보-주체는 그들의 무죄성無罪性을 상실한다. 그리고 우리는 우리의 업무가 타자의 감시에 노출되어 있는 더욱더 "어항" 속 같은 세계로 들어가게 된다. 그러나 이것이 전부는 아니다. 검색가능한 데이터베이스의 출현은 개인이나 집단에 대한 초상 혹은 적어도 "프로파일"을 만들기 위해서 다른 소스로부터 기록을 수집할 수 있음을 의미한다. 코드 — 이것에 의해 범주가 구성된다 — 가 그렇게 중요한 것은 바로 이것 때문이다.

상업적 영역에서는 고객에 대한 프로파일을 구성하는 것이 마케팅을 더 효과적으로 만드는 방법으로 간주된다. 고객이 선호하는 부츠의 브랜드, 의상의 색상, 혹은 영화의 유형을 앎으로써 고객을 더 "잘 알게 될" 수 있으며, 심지어는 그들과의 "관계"도 형성할 수 있다. 그러나 심지어 여기서도 다른 효과들이 존재한다. 고객의 선택 범위가 사실상 좁아질 수도 있으며, 정확하게 표적화된 광고 — 예들 들어, 최근 방문한 웹사이트와 연결된 온라인 팝업 광고 — 는, 비록 미묘할지라도, 욕망을 조작할 수 있다.

뿐만 아니라, 프로파일링은 상이한 유형의 고객들을 구별하여 대우할 수 있는 기회까지 더 제공해 준다. 어떤 고객에게는 특별한 서비스나 할인 혜택의 특권이 주어지는 데 반해, 구매력이 낮은 고객들은 무시된다. 오스카 갠디Oscar Gandy가 관찰한 것처럼, 이런 차별화 과정은 지불 능력에 기초해서 기회를 확대해 주기 때문에, 평등이라는 이상理想을 무시하면서 행해진다.[11] 그것은 감시하는 기관에서 생성한 기준에 따라서 사람들을 범주화하는 "사회적 분류"의 한 형태로 감시를 변화시킨다. 누가 그런 코딩을 하는지가 다시 중요한 문제가 된다. 그리고 곧 살펴보겠지만, 이것은 소비자 영역에서만 문제가 되는 것이 아니다.

기술적으로, 코딩은 다음과 같이 이루어진다. 디지털 정보는 쉽게 기록하고, 저장하고, 재생할 수 있게 0과 1의 이진수 코드로 축소된다. 그러나 데이터베이스를 만들기 위해서는 자료들을 "필드field"에 할당하여야 한다. 이것은 데이터베이스를 만드는 벽돌에 해당하는 불변 변인들이다. 만약 이렇게 할당하지 않으면, 다양하고 복잡한 실재들이 인공적이고 불연속적인 범주들로 파편화된다. 이것은 특정한 목적을 위해서 기록에서 불필요한 요소들을 제거하는 것을 의미한다. 예를 들어, 맥락, 동기, 욕망과 같은 것들이 자동화를 추구하는 과정에서 종종 배제된다. 중요한 배경 정보 혹은 대화에서 고려되었어야 할 관점이나 약속이 코드화된 정보 이미지에서는 종종 배제된다(내가 말한 것처럼, 여기에서 "관계들"의 이상은 허울뿐이다). 정보를 수집하기 위해, 컴퓨터는 소프트웨어로 번역된 일련의 지침들 — 알고리즘 — 을 필요로 한다. 소프트웨어는 연결되고 코드화된 알고리즘들로 구성된다.

알고리즘적 감시는 그런 코딩에 의존한다. 예들 들어, CCTV 카메라가 "안면 인식"을 할 수 있게 컴퓨터 시스템에 결합될 때, 코딩은 데이터베이스에 있는 이미지들과 카메라 앞의 얼굴들을 비교하여 분류한다.[12] 스크린에 나타난 얼굴이 "알려진 범죄자"의 얼굴인지 여부를 인간 조작자가 더 이상 결정하지 않는다. 알고리즘이 하나의 이미지와 다른 이미지들 사이에서 결정한다. 말할 필요도 없이, 사람의 판단이 개입되지 않는 것이 반드시 완전한 개선은 아니나,[13] 이것은 하나의 시스템을 다른 것들과 구분해 준다.

만약 국경 통제를 염두에 둔다면, 입국을 허용해 주어야 할 사람과 그렇지 않은 사람에 관한 의사 결정 과정이 수십 년 동안 축적된 범주화 형태들에 의존한다는 점은 분명하다. 이것은 오늘날 자동화 또는 반자동화된 시스템들이 코드화되는 방식에 대한 부분적인 설명뿐 아니라 배경도 제공한다. 예를 들어, 1980년대의 공항 통제에 대한 연구에서, 재닛 길보이Janet Gilboy는 합리적이고 인지적인 구분뿐 아니라, 결정을 내리는 정보국이나 관청의 당면한 상황에 의해서 범주들이 어떻게 형성되는지를 보여 주었다.[14] 높고 낮은 위험들, 긍정적이고 부정적인 범주들이 여러 해 동안 조사관들의 매일의 격자格子가 되어 왔다. ("아이를 돌보는 보모"와 같은) 특정 집단은 의심스러운 것으로 간주되었고, (비즈니스 여행객들과 같은) 다른 집단은 위험성이 낮은 것으로 간주되었다. 몇몇 나라 출신은 성품이 온화한 것으로 간주되고, 다른 나라 출신은 골치 아픈 여행객으로 간주되었다. 중요한 것은 위험성이 높은 집단을 지정하는 것 — 길보이의 연구 과정에서 나타난 것처럼 — 이 상황에 따라서 변경될 수 있다는 점이다.

9/11 이후에 새로운 범주가 재빨리 등장했다. 좀 더 정확히 말하면, 오래된 범주들이 되살아났다고 할 수도 있다. 아랍과 무슬림 여행자들에 대한 경계가 강화된 것이다. "인종 프로파일링"의 문제에 대해 많은 주의가 기울여졌으나, 이 주제를 둘러싸고 상당한 논쟁이 존재한다는 점은 분명하다. 혹자에게 새로운 "인종 프로파일링"은, "운전을 하는 흑인"은 경찰

의 주목을 받기 쉽다는, 도시 지역에 사는 몇몇 집단들에게는 너무나 익숙한, 일반적인 통념의 확장이다. 바로 이 문제에 대한 두드러진 논쟁이 2002년 10월 토론토에서 점화되었다. 9/11 이후에 "아랍인 탑승객"은 의심을 받는 새로운 범주가 되었다.[15] 9/11 공격 이후에 즉시, 미국의 국내선과 국제선 항공기의 몇몇 조종사는 단지 중동 지역 국적을 가졌다는 이유만으로 이런 승객들의 탑승을 거부했다. 일반적으로 볼 때, 이런 행동은 소속 항공사들을 당혹스럽게 만드는 일이다.[16] 최근에 필자는, 심지어 온타리오 주 킹스턴에 있는 작은 공항에서, 인도 출신의 한 가족에 대하여 명백한 차별 대우가 행해지는 것을 목격했다. 백인 남성인 필자가 보안 검색대를 지체 없이 바로 통과한 데 반하여, 그들은 폭발물 소지 여부를 확인받기 위해서 가방 수색을 당해야만 했다.

이 이야기들이 암시하는 것처럼, "인종 프로파일링"의 많은 예들이 노골적이다. 그러나 다른 사례들의 경우에는 기술적인 지원이 모색된다. 2002년 10월, 미국 연방수사국(FBI)은 전화 통화, 이메일과 인터넷 사용, 신용카드 거래와 여행 경로들을 점검하면서, 젊은 무슬림들에 대해 24시간 모니터링을 계속 하였다.[17] 아랍계 젊은이들이나 무슬림 신앙을 가진 젊은이들이 위험 대상은 아니더라도 의심 대상으로 취급당하고 있다는 불평들이 미국-아랍 반차별 위원회와 같은 단체들에 많이 접수되었다는 사실은 놀라운 일이 아니다. 그러나 심지어 이런 예들도 "인종" 혹은 "종교" 범주를 사용하여 작동하는 알고리즘적 감시를 반드시 지칭하는 것은 아니다. 그러나 다른 조치들에 비추어 보면, 그 같은 "인종 프로파일링"이 소프트웨어 속에 코드화되지 않을 것이라고 믿기도 어렵다. 항공기 탑승객 사전 검열 시스템인 CAPPS II는 생체 인식 기술을 활용하는 "신뢰받는 여행객" 계획에 의해 확대될 것 같다. 텔아비브의 벤구리온 공항이 그런 모델을 제시하고 있다. 그 시스템은 명백하기는 하지만, 이론異論이 존재하는 "종족적ethnic" 구분에 기반하고 있다.[18]

자동화된 감시 체계 내에서 "인종 프로파일링"이 나타날 수 있는 또 다른 경우는 "감시 목록watch lists"을 이용하여 탑승객 명단을 점검하는 공항 스캐너를 통해서다. 감시 범주에 이미 "아랍" 혹은 "무슬림"을 포함시킨 보안 당국은 이것을 단순히 스캐너에 확대 적용할 것이다. 우리가 살펴본 것처럼, 이제 "고객 관계 마케팅"과 같은 마케팅 도구들은 테러 용의자들을 프로파일하도록 개조되고 있다. 9/11을 도발한 사람들의 국적을 고려해 볼 때, 그 같은 프로파일이 "인종적"이고 "종교적"인 기준들을 배제할 것 같지는 않다. 그러므로 과민한 항공기 조종사들의 판단 속에 존재하는 노골적인 "아랍인 탑승객"이거나, 혹은 훨씬 더 정교한 소프트웨어 도구에 의해 생산된 것이거나 간에, 그 프로파일의 효과는 유사하다. 코드가 스테레오타입과 연결되면, 특정 집단의 사람들에게 이유 없이 불평등한 대우를 하는 차별의 수단이 된다.

# 새로운 거버넌스

새로운 감시 기법에는 첨단 기술이 포함될 수도 있다. 그러나 이런 기술 자체는 무엇이 일어나고 있는지를 설명하지 않는다. 심지어 정보 통신 기술의 발달은 마케팅을 위해 수집된 자료와 경찰 및 정보기관의 활동을 통해 수집된 자료를 통합하는, 즉 다른 종류의 감시들 간에 수렴이 일어나게 하는 원인이 아니며, 단지 그것을 가능하게 하고 촉진시킨다. 특히 9/11 이후, 테러 공격에 대한 대응이 이미 출현하고 있던 경향들과 어떻게 조응하는지를 살펴보는 것이 중요하다. 이런 경향들 중 몇 가지는 군사 전략 내에서의 전환과 "가상 전쟁"의 부상과 관계가 있다. 그것은 그중에서도 희생자들을 더 비가시적으로 만든다. 그러나 다른 경향들은 데이비드 갈랜드David Garland가 "새로운 범죄 통제의 문화"[19]라고 명명한 것과 관계가 있다. 그리고 그것들은 현재 진행되고 있는 것을 더 풍부한 사회학적 용어들을 통해 살펴볼 수 있도록 우리에게 도움을 준다.

"새로운"이라는 용어는 갈랜드에게 있어서 지난 30여 년간을 의미한다. 이것을 탐구하기 위해서, 그는 1980년대 이후의 자유 시장 및 사회적으로 보수적인 정부로의 변화와 함께 "후기 근대" 사회들에서의 사회적 삶과 기대들에 대한 근본적인 전환들을 묘사했다. 증가하는 이동성, 변화하는 가족과 가구, 교외화, 뉴미디어, 사회적·문화적 삶의 민주화가 모두 그가 말하는 이야기 속에 직조織造되어 있다. 그의 분석은 주로 미국과 영국에 집중되어 있지만, 다른 곳에서도 강력한 반향을 불러일으킨다. 이 분석을 통해 그는 범죄와 사회 통제에 대한 오래된 "사회 복지"적 관점이 두 가지 상이한 범죄학에 의해서 도전받고 있다는 결론을 내린다. 오래된 모델이 "근대적"이라면, 새로운 모델들은 일상생활에 대한 "후기 근대적" 범죄학과 타자에 대한 "반근대적anti-modern" 범죄학이다.

갈랜드의 주장에 의하면, 더 오래된 "형벌 복지주의penal welfarism"는 범죄 행위가 사회적 박탈에 근거하고 있다고 보고, 범죄자들을 교정되거나 사회에 재통합되어야 할 필요가 있는 존재로 간주하는 반면에, 일상생활 접근everyday life approach은 범죄의 기회를 어떻게 감소시킬 수 있는지를 알기 위해 사회적 상황과 배경을 주시한다. 일상생활 접근은 사건들의 흐름을 방해하지 않고 질서를 생산하는 비개입적 상황 통제의 네트워크를 발달시키는 것에 의해 발생한다. 이것은 정확히 9/11 이전의 감시에서 일어나고 있던 것이다. 그리고 이러한 "비개입적 통제"는 9/11 공격의 결과로 현재 더 강화되고 있다.

갈랜드가 말한 것처럼, 이런 후자의 범죄학은 매우 무도덕적이고 기술적이다. 그것의 "사회 질서 개념은 공유되는 가치의 문제가 아니라, 혼란과 일탈의 기회를 최소화하는 훌륭한 배치의 문제이다."[20] 만약 체계가 더 부드럽게 작동한다면, 그것이 모든 집단의 사람들을 배제할지도 모른다는 사실은 중요한 관심사가 아니다. 경찰권은 차별적으로 행사되고, 빈민과 소수자들의 시민의 자유는 침해될 것으로 예상된다. 범죄를 발생시키는 데 기여하는 사회적 · 경제적 조건들은 제거되기 보다는 교정된다. 사회적 부정의가 아니라, 일종의 기계 고장 이 문제인 것이다.

형벌 복지주의에 대한 또 다른 도전은 후기 근대 사회의 가치들에 대해서 의문을 제기하고 싶어 하는 사람들로부터 유래한다. 일상생활 범죄학이 범죄를 탈-극화de-dramatize하여 일상적이고 평범한 것으로 만든다면, 이 도전은 멜로드라마적인 수사修辭 및 전쟁과 사회적 방어의 도식을 통해 그것을 재-극화re-dramatize한다.[21] 이 경우, 문제는 기계적이지 않고 도덕적이다. 악은 우리와는 다른, 그리고 우리의 배려에는 관심도 없는 특별한 사람들로 형상화된다. 그들은 처벌을 받아 마땅하며, "이해 받기"를 기대해서는 안 된다. 적합하지 않은 자들은 배제되어야만 한다. 그러나 일상생활의 범죄학과 마찬가지로, 이것도 통제, 범죄의 일상성, 그리고 형벌 복지주의의 배제에 초점을 맞춘다.

다시, 9/11의 여파와의 공명共鳴이 강하다. 우리는 불타면서 붕괴되는 타워들의 스펙터클이 감시의 시놉티콘적 강화로 어떻게 환류되는지를 이미 목도하고 있다. 현재 "악의 축"과 "우리 편이 아니면 적"이라는 대통령의 유명한(혹은 악명 높은) 연설도 "타자의 범죄학"의 관점을 반복한다. 전체 인구를 대상으로 한 무모한 언어와 명백한 위협은, 인종적 불평등과 종교적 비방에 대한 항의에도 불구하고, 혐의자들을 쿠바의 포로수용소에 수용하고, 수백 명의 타자들을 억류하고, 더 많은 사람들을 체계적으로 감시하려는 의지와 긴밀하게 연결되어 있다.

갈랜드는 감시의 분석에 영향을 미치는 또 다른 중요한 관찰을 하였다. 즉, 이런 전환은 합리화의 사회적 형식에서 경제적 형식으로의 변화 추세를 반영한다. 형벌 복지주의는 범죄가 사회적 기원과 사회적 해결책을 가진다는 관념(그러한 관념은 물론 도덕적 책임에 초점을 맞추는 데서 벗어나지 않는다)에 기반하고 있었다. 오늘날은 자원의 할당과 권력의 배분이 훨씬 더 중요한 것 같다. 비용과 효율성이 현재 이 논쟁에서 전면에 부각되고 중심에 위치하고 있다. 관리주의managerialism가, 그 회계 방법과 평가와 함께, 시스템 전체를 통해서 비용–편익 척도를 산출한다. 이것은 범죄가 외재성externality을 지니거나 합리적 선택의 결과라는 견해와 잘 맞아떨어진다. 그리고 그것은 보험 회사나 사설 보안 회사를 본받으려는 시도들 속에도 나타난다. 안전과 보안은 값을 지불해야만 하는 상품이다.

만약 사람들이 감시의 기술적 궤도만을 따라간다면, 이야기의 뉘앙스, 그리고 실제로 그것의 심층적인 주제들 중 일부를 놓치게 될 것이다. 한때 도시는 원하지 않는 사람들을 배제하기 위해서 성벽과 성문을 만들었다. 더 근대로 오면, 경찰은 문제되는 사람들을 쉽게 발견할 수 있도록 도시에 직선화된 도로를 만들었다. 폴 비릴리오와 같은 이론가들은 현대 사회에서 새로운 "시각 기계vision machine"가 통제의 중심에 위치하게 되는 방식을 기록했다. 폴 비릴리오는 일상생활의 점점 더 많은 양상들이 타자들에게 가시화됨에 따라 나타나는 결과들에 대해 통찰력 있는 언급들을 하였다.[22] 카메라와 그와 유사한 장비를 통해서 가시성을 기계화하는 것은 사람들로 하여금 통제에 대해 더 유순하게 반응하도록 만들지도 모른다. 그러나 그것은 신뢰 또한 감소시킨다. 질 들뢰즈도 현재 이들 도시를 통행하는 모든 사람이 "시청각적 프로토콜"의 집합에 종속된 "통제 사회"의 등장에 관해 간략하지만 날카롭게 언급하고 있다.[23] 다른 사람들은 이것에 뒤따르는 "디지털 규칙"의 형식들을 제안하여 왔다. 이 형식들은 현대적인 사회 통제를 함의한다.[24]

"어셈블리지"가 관련되는 것이 바로 이 지점이다. 감시 어셈블리지에서 신체는 수집되고, 저장되고, 분석되고, 재결합될 수 있는 정보의 비트들로 분해된다. 처음에, 신체는 처벌당하지도 검열당하지도 않는다. 정보의 비트들은 지문, 홍채 스캐너, 혈액 샘플, 혹은 얼굴 이미지와 같이 글자 그대로 신체로부터 유래할 수 있다. 혹은 그것들은 행동이나 거래에서 추출될 수도 있다. 여기에서도, 비록 이차적이거나 간접적인 형태이기는 하나, 신체가 수반된다. 그러므로 은행 출금, 전화통화, 카드 사용, 비밀번호 제시도 의심되는 신체와 관계있는 다른 정보의 비트들을 생산할 수 있다. 경찰이 상업적 데이터베이스를 사용하고, 마케팅 회사가 인구 조사나 세무 관련 부서에 의해 수집된 자료를 사용하는 것은 리좀적이라고 간주할 수 있다. 네트워크 기술이 그것을 가능하게 하였으며, 정보의 상품화가 그것을 촉진하였다.

리좀이라는 계몽적 은유와 어셈블리지라는 유용한 개념이 오늘날의 감시 체계의 성장을 이론적으로 설명해 준다. 현대 세계는 이방인들의 사회일지도 모른다. 그러나 어느 누구도 자신들의 익명성을 오랫동안 유지할 수는 없다. 직접적인 관여나 개입 없이 원거리에서 일처리가 가능하게 되면서, 신체가 "사라지는 것"은 당연하다. 그러나 신체는 감시의 보호 아래서 다시 나타나게 되었다.[25] 좀 더 정확히 말해, 신체들에서 유래하는 정보의 비트들은 이들 신체들에 대해, 신체를 가진 사람들을 대신하여, 처음에는 관료적으로, 다음에는 전자적 대리인으로 나타난다. 감시는 정부 부서, 경찰과 같은 기관, 작업장, 그리고 시장에서 발생한다. 그러나 정보가 다른 조직들에게도 가치 있다는 것이 명백해짐에 따라, 그리고 그 같은 정보를 유통시킬 수 있는 기술이 추구되고 설계됨에 따라, 그런 분리된 감시 기관들이 서로 협력할 수 있게 되었으며, 그들의 활동을 조응調應할 수 있게 되었다. 감시의 관행과 과정은 9/11 이전에 이미 수렴되고 있었다. 그 과정은 그 이후에 가속화되었다.

# 테러리즘과 감시

사회과학자와 역사가는 때로 사회 조직 내에서 발생하는 변화들을 과장하는 우愚를 범한다. "~부터"로 시작하여 "~까지"로 완결되는 제목이 만들어 내는 수사학적 요점은 매력적일만큼 단순하지만, 종종 잘못된 것이다. 모든 것을 감시망 안으로 끌어들이는 리좀적 어셈블리지를 향한 미묘한 전환들에 주목해 온 사람들은, 때때로 어셈블리지를 향해 경도되어서, 국가 기구는 훨씬 뒤로 물러나게 된다는 인상을 줄 수 있다. 당신이 범죄를 저지르거나 대세에 저항하지 않아도 당신의 상세한 일상이 기록되게 되어 있다는 점에서, 어셈블리지가 개개인을 차별 대우하지 않는다는 점은 사실이다. 그러나 주권국가의 날것의 권력이 때때로 개입하지 않는다고 생각하는 것은 대단한 착각이다. 감시 어셈블리지가 존재할 때에도 국가 기구는 여전히 거기에 존재한다. 실제로, 그 둘은 통합되고 있다.

확실히, 21세기에 북반구 사회들이 대응해야만 하는 가장 큰 구조적 변화들 중 하나는 국가 권력의 축소이다. 이것은 특정한 방식으로 표현되는데, 무엇보다도 시민에게 안전을 제공하는 권력 혹은 사회적 삶을 감내할 수 있을 뿐만 아니라 즐겁게 만드는 사회 통제의 수준에서 그러하다.[26] 중앙집중화된 명령과 강제는 중앙집중화된 보건과 복지 관료제가 행할 수 있는 것 이상으로 작동할 수 없다. 미셸 푸코가 주장한 것처럼, 20세기에 거버넌스의 다른 수단들이 출현했다. 그는 그것들을 진정으로 지칭할 수 있는 새로운 "통치성governmentality"[넓은 의미에서 통치의 기술을 말함: 옮긴이]이라는 단어를 고안하였다.[27] 질서를 창출하는 과정, 특정한 종류의 행동에 인센티브를 제공하는 과정, 그리고 다른 기관들 사이에 새로운 형식의 협력을 강화하는 과정에 국가 자체뿐 아니라 다른 행위자들도 자신들의 이름을 등록시켰다. 시민 사회의 조직과 결사체들이 "통치성"의 과업을 완수하는 데 관여함에 따라 그들의 자료 처리 방식과 네트워킹 방식도 더 큰 감시 풍속화의 일부가 되었다.

미국 정부와 그 협력국들이 테러와의 전쟁에서 새로운 형태의 자료 공유를 향하여 움직이고 있다는 사실이 놀랄 만한 일은 아니다. 한 보고서는 신설된 국토안보부 내에 국내 정보 부서를 둘 것을 권고했다. 보고서 작성자들의 주장에 의하면, 그것은 프라이버시를 보호하고 테러를 방지하는 역할을 할 것이다.[28] 이것은 연방 정부와 주 정부로부터 정보를 얻고, 여기에 더하여 민간 부문의 데이터베이스로부터도 정보를 얻도록 되어 있다. 보고서에 의하면, 기업들과 함께 지방과 주 당국으로부터 얻는 비밀 정보들은 "국내 안보의 실제적 최전선real frontlines"으로 간주된다. 또한 FBI와 CIA의 대-테러 부서들이 정보의 분석과 추적 작업을 조율하기 위해서 하나의 복합체로 통합되어 가고 있다. CIA가 새로운 국내 첩보 역할을 맡게 될 것이라는 비판자들의 우려에도 불구하고, 테러위협정보센터

The Terrorist Threat Information Center는 더 통합적인 시스템을 만들려고 의도하고 있다.[29] 유사한 시도들이 다른 곳에서도 제안되고 있다. 다음 장에서 살펴보겠지만, 실제로 그 같은 제안들은 국경을 넘어 관련 정보의 공유까지 포함한다.

그런 정보 공유가 무엇을 수반하는지를 이해하는 것이 중요하다. 비록 기술이 사회 변화의 가장 중요한 동인은 아니지만, 그것은 특정한 작동 능력과 작동 방식을 동반한다. 무엇보다도 코딩은 특정 종류의 분류를 가능하게 한다. 그것은 조직의 목적에 따라서 사람들과 인구를 범주화한다. 예를 들어, 콜센터는 회사가 부여한 가치에 의존해 호출들에 대해 우선순위를 매긴다. 그리고 인터넷 서비스도 종종 유사하게 분류된다.[30] 이것은 사회적 분류, 디지털 차별의 중요한 수단이다. 그러므로 이것은 스테레오타이핑, 레드라이닝redlining(그리고 현재는 웹라이닝weblining)[레드라이닝은 주로 특정한 인종이 거주하는 지역에 은행, 보험, 마켓, 건강 등에 관한 서비스를 제공하지 않거나 그 가격을 높게 받는 것을 지칭하는 용어인데, 현재는 인터넷 등을 이용하여 고객 개인 정보를 분석하여 고객을 차별하는 웹라이닝의 형태로 진화되었다: 옮긴이], 그리고 다른 종류의 불평등한 대우에 취약하다. 매우 주의 깊게 안전장치를 마련하지 않으면, 이것은 기존의 소득, 성, "인종," 혹은 종교의 불평등을 계속해서 심화시킬 것이다. 이전에는 구분되던 다른 종류의 감시 체계들이 수렴되면서, 새로운 감시 어셈블리지가 그 중심에 지니고 있는 것은 바로 이런 특징 — 검색가능한 데이터베이스를 통한 사회적 분류 — 이다.

9/11 공격이 새로운 감시를 생산하지는 않았다. 감시는 전자 통신의 국가적·국제적 기반 시설을 통해서 그리고 한때는 국가로부터 완전히 분리되어 있던 기관과 단체의 결합을 통해서 가지를 뻗어 나가면서, 이전부터 꾸준히 확산되고 있었다. 그러나 9/11로 인해 일상생활의 범죄학과 타자의 범죄학 모두가 일상적 통제와 배제의 전술에 대해 새로운 정당성을 획득함에 따라 그런 시스템들이 촉진되었다. 양자 모두는 기술적 해결책에 대한 신뢰 및 이에 수반되는 노동 집약적 해결책에 대한 경시 속에 자란다. 그리고 이것은 테러리즘의 원인을 이해하고 언급하려는 시도로부터 점점 더 멀어진다.

9/11 이전에 존재하던 감시의 수렴과 통합은 테러 공격의 결과로서 지속, 심화, 확산되는 것 같다. 테러와의 전쟁에서 체계들을 통합하려는 국가 지원 사업들의 결과로서, 감시는 점점 더 사회적 분류와 디지털 차별이라는 특징을 지니게 될 것이다. 이것은 폭력을 모의할지도 모르는 사람을 미리 알아내고, 비대칭적인 권력의 네트워킹에 대항하고자 하는 좋은 의도를 가진 노력에서 출발한다. 그러나 바라는 결과가 나올지는 그렇게 명확하지 않다. 그럼에도 불구하고, 어떤 결과가 나타날 것이다. 다른 극적인 개입이 일어나지 않는다면, 이 장에서 논의한 감시의 경향들은 일반적인 통제의 문화를 훨씬 더 강화할 것이다.

# 5. 지구화되고 있는 감시

테러리즘은 지구화의 어두운 면이다.

콜린 파월[1]


2001년 9월 11일은 세계적 사건이었다. 그러나 그것은 또한 지구화된 사건globalized event이었다. 그것은 지구화의 산물이었기 때문에 세계 전체에 충격을 주었으며, 그런 충격은 지구화의 과정을 더 자극하였다. 권력과 사회적 배치의 새로운 패턴을 예고하는 감시를 강화시키는 흐름도 이런 과정들 중 하나이다. 항공 교통, 외국인, 네트워크화된 메시지가 테러 공격과 관련이 있었다. 그래서 항공기 탑승객 정보, 이민 기록, 전화와 이메일 기록들이 감시의 초점이 되었다. 알카에다 구성원들의 테러 세포 조직들을 추적하기 위한 국제 경찰의 노력은 통합된 통신 및 자료 공유 계획을 포함한다. 테러 공격이 원거리에서 계획되고 공조된 것과 마찬가지로, 그에 대한 대응도 원거리 데이터베이스와 정보원情報源들을 실시간으로 연결한다.

9/11의 결과들 중의 하나로서 공항의 보안이 강화되었다. 예를 들어, 캐나다에서 출발하는 항공기는 탑승객 정보를 미국의 목적지 공항에 미리 송신해야만 한다. 국제 경찰 활동의 공조도 개선되고 있으며, 그 결과 잠재적 용의자나 비상사태에 대한 대응은 더 빨라졌다. 그러한 발전은 점점 더 많은 개인 정보가 빠른 속도로 국경을 넘어 세계 도처로 흘러 다닌다는 것을 의미한다. 그것은 또한 여행자들이 다른 나라에 입국하기 위해 국경이나 항구에 도달하기 전에 그들의 신원을 확인하려는 노력이 경주되면서 국경 자체가 "탈지역화delocalized" 되었다는 것을 의미한다.² 상업, 경찰, 정부 네트워크를 반복해서 순환하면서, 이미지와 정보가 상이한 부서들 사이로 흘러 다닌다. 감시 기록들은, 한때 고정된 캐비닛 파일 속에 보관되고 특정 장소의 사람들에게 초점이 맞추어진 정보를 다루었으나, 이제 그 기록들은 유동적이고, 흘러 다니며, 전 지구적이다. 지리의 제한을 덜 받는 새로운 사회 활동의 패턴과 새로운 사회적 배치를 상징한다는 점에서, 이런 결과들은 적절히 "지구화된" 것이다.³ "탈지역화된 국경"은 지구화된 감시의 가장 중요한 사례이다.

9/11과 그 여파는 지구화의 맥락을 떠나서는 이해하기가 어렵다. 지구화는 9/11 사건이 발생하도록 했으며, 그 사건의 결과가 확산되는 통로를 제공했다. 지구화는 사람들의 업무가 점점 더 원거리에서 수행되는 과정을 통해 세계를 포함하는 데까지 확장되었다. 그래서 서구의 산업, 상업, 오락, 법률,

교육은 지구의 한쪽 구석에서 사람들의 삶에 관여한다. 그것은 〈달라스*Dallas*〉, 코카콜라, 빅맥, 나이키와 갭을 — 그것을 소비할 여력도 없고, 그것을 생산하는 문화에 대한 개념도 없는 — 사람들의 집과 거리로 배달한다. 오직 지구화된 세계에서만 지리적으로 서로 멀리 떨어져 있는 사람들이 자신들에게 행해지고 있는 그 과정이 부정적인 무엇임을 그렇게 강하게 감지할 수 있다. 그런데 이것이 바로 많은 이슬람과 아랍어 사용 집단들(다른 집단들은 말할 것도 없이)이 서구에 대해 사고하는 방식이다. 새로운 통신 기술, 기업 거래, TV 쇼, 그리고 여행 스케줄의 혜택은 실시간으로 조정될 수 있다. 9/11의 공모자들은 공격을 수행하고 또 그것이 미디어로 방송되도록 하는 두 가지 모두를 이것에 의존하였다.

　지구화는 당혹스러우며 역설적이다. 그것은 단지 부자만 — 그리고 난민만 — 여행할 수 있는 세계에서 이동movement과 이동성mobility을 장려한다.[4] 부자는 이동을 원하고, 난민은 이동을 해야만 한다. 그것은 종종 세계의 서구화 혹은 상업과 문화의 미국화로 간주된다. 미국이 지구화를 추동하는 지배적인 힘이라는 점에서 그것은 사실이다. 대부분의 지구화는 사람들에게 서구 문화와 타협하도록 강요한다는 점에서 동일하게 사실이다. 그러나 사실 더 많은 지구화가 있으며, 그중 몇 가지는 미국을 우회하는 데 성공한다. 감시의 지구화도 역설적 규칙에서 예외가 아니다. 지구화를 구성하고 특징짓는 기술, 사람, 자료, 이미지, 병원균, 정보, 쓰레기, 아이디어, 그리고 최근에는 테러 네트워크의 자유로운 흐름을 지연시키거나 막기는 매우 어렵다. 장애물을 넘어 통로를 찾고, 심지어 몇몇 노드node[네트워크의 분기점이나 단말 장치의 접속점: 옮긴이]가 망가졌을 때라도 계속 작동하는 능력을 지닌 인터넷의 세계는 이런 전 지구적 흐름을 대표한다. 일단 작동되기 시작한 지구화의 과정은 이제 그 자체의 힘에 의해 굴러간다. 국경을 더 엄격하게 막고, 개인과 전체 인구에 대한 정보를 통제하고 체크하려는 시도들은 그러므로 현재의 이런 끝없는 흐름에 역행하는 것이다.

"테러리즘은 지구화의 어두운 면이다"라는 콜린 파월Colin Powell의 말은 옳다. 그러나 이 진술이 가진 완전한 의미를 깨닫는 것이 중요하다. 달도 "어두운 면"을 가지고 있다. 이 어두운 면은 본질적으로 달과 관련된 것이다. 이것이 없으면 달은 더 이상 존재할 수 없을 것이다. 지하드jihad와 맥월드McWorld에 관한 벤저민 바버Benjamin Barber[미국의 정치 이론가로 1996년에 집필한 책 『지하드 대 맥월드』로 유명하다: 옮긴이]의 논의는 "성전holy war"과 소비자 지구화consumer globalization 간의 상호 의존성에 대한 통찰을 보여 준다.[5] 맥월드는 여러 나라에서 사람들로 하여금 근본주의, 네오-파시즘, 그리고 반反-이민 정서와 같은 확실성을 추구하게 만드는 정신적 빈곤과 아노미 ─ 규범 부재 ─ 를 강화한다. 이것은 단지 "무슬림 세계"에만 영향을 끼치는 어떤 것이 아니며, 세계의 여러 지역에서 다양한 결과들을 만들어 낸다.[6] 맥월드와 지하드는 "새로운 세계의 무질서" 속에서 서로가 서로를 강화한다. 그리고 이런 진기한 변증법적 견인력 牽引力은 국가와 전략을 이상한 동맹 속으로 빨아들인다. 이들 중에서 저항하는 일부 무슬림들이 테러 공격을 지원하도록 추동된다. 그리고 그럴 것 같지 않은 몇몇 나라들이 새로운 감시 조치와 함께 "통제 확산control creep"에 항복하게 된다.[7]

이 장에서는 이첼론 시스템과 같은 기존의 전 지구적 감시가 확장되고 있음을 논의할 뿐 아니라, 9/11 이후 확립되고 있는 새로운 체계에 대해서도 다룰 것이다. 9/11 이후로 항공 노선과 공항 보안이 중요해지면서 세계의 공항을 통해서 이동하는 여행자를 감시하는 데 특별한 주의가 경주되고 있다. 특히 정보의 자유로운 이동에 의해서 야기되는 전 지구적 감시의 또 다른 패러독스도 존재한다. 그리고 9/11 이후에 전 세계에 걸친 감시의 본질에 대한 몇 가지 결론이 제시된다. 중앙집중화된 전 지구적 감시 체계 ─ 우리의 모든 움직임을 추적하고 모니터하는 세계 두뇌 ─ 의 도래를 두려워하는 사람들은 중요한 점을 놓치고 있다. 감시의 지구화는 많은 다른 종류의 지구화와 마찬가지로 균일한 속도로 진행되는 것은 아니다. 지구화되고 있는 감시는 특히 북반구에 영향을 미치고 있다. 그러나 그것은 남반구에도 영향을 미치고 있다. 그러나 세계 통제에 대한 과도한 편집증paranoia이 안주complacency와 교환되어서는 안 된다. 국가적 수준에서처럼, 전 지구적 수준에서의 감시도 이전의 구분된 개개의 체계들을 점차 통합하는 방향으로 변화하고 있다.

# 지구화, 테러리즘, 감시

일종의 지구화는 19세기와 그 이전에도 존재했다. 그러나 우리가 현재 알고 있는 것과 같은 지구화는 20세기에 교통과 통신 수단의 발달로 인해 나타났다. 실제로 지구화란 용어가 광범위하게 사용되고 그에 대한 찬반 논쟁이 일어나게 된 것은 1990년대에 들어서면서부터다. 그때부터 비로소 정치인들은 경제적으로 바람직한 기업은 글로벌 기업뿐이라는 서로의 경쟁적 주장들을 가지고 다투게 되었다. 그리고 1990년대에 들어와서야 비로소 심각한 저항 운동(종종 "반세계화"라고 오해해서 부른다[8])이 시작되었다. 유사한 다른 모든 개념들처럼, 지구화도 개념을 파악하기가 힘들다. 그것이 무엇을 내포(지구화가 어떤 것을 배제할 수 있을까?)하며, 그것의 정치적 책무는 무엇인가 하는 두 가지 관점과 관련하여 그러하다. 이 용어를 지성적이고 생산적으로 사용하려면, 몇 가지 배경 지식이 필요하다. 그러나 나는 특별히 감시의 지구화를 고려해야 할 필요에 대해서만 초점을 맞출 것이다. 그 유용한 출발점으로서 세 가지 견해를 살펴보자.

새로운 전 지구적 질서에 대한 소박한 설명들은 낡은 것이 되고 있는지도 모른다. 그러나 지구화는 미래의 진보적 물결이라는 견해를 여전히 견지하고 있는 사람들이 많이 존재한다.[9] 이 첫 번째 시나리오에서는 자본주의가 다시 승리를 거둔다. 이번에는 하나의 전 지구적 경제를 창조하는 것을 통해서다. 그 속에서 자본 ― 그리고 다른 것들 ― 은 전 지구적 경제의 결과로 무기력하게 남게 되는 중앙정부들을 지워버리며 흘러 다닌다. 국민 국가는 일시적 실험이었던 것으로 보인다. 그것이 소유했던 이전의 주권은 이제 지역 경제 관리local economic management에 의해서 대체되고 있다. 정치학은 과거의 것이다.

둘째로, 그 같은 과대 선전에 대항해 몇몇 사회과학자들은 같은 방식으로 반응하여, 여느 때처럼 기업에 관한 좁은 시야의 견해를 내놓았다. 그들은 국민 국가는 살아 있고 21세기에도 번성할 것이라고 재확인하였다. 생명 보조 장치에 의지하여 마지막 숨을 쉬고 있기는커녕, 국가는 여전히 경제를 주도하고 규제한다. 국가 소멸 이론에 반대하는 사람들은 하나로 통합된 지구촌이 출현하고 있다고 보지 않는다. 오히려, 국민-국가들은 파편화되고 분열되어, 그 각각이 언제 갈등으로 분출될지 모르는 문화적·종교적 차이들을 주도한다. 그런 차이들은 또한 엄청난 부의 불균형과 성장 수단에 대한 접근 능력과 관련 있다.

세 번째 이론은 좀 더 현실에 가깝다. 이 입장의 이론가들은 우리가 정치경제학의 전 지구적 재구성을 경험하고 있다고 주장한다. 그 속에서 국민 국가는 점점 새로운 역할을 받아들이고 있고, 기업들은 진정으로 "지구화되어 가고" 있다. 상이한 과정들이 상이한 규모 ― 권역적, 국가적, 지방적, 국지적 ― 의 활동에서 일어나고 있는 것을 주목하는 것도 중요하다. 이것은 출현하고 있는 세계상世界像을 매우 가변적일 뿐만 아니라 매우 복합적인 것으로 만들고 있다. 이 견해에 의하면, 지구화는 지역적인 것을 활성화한다. 이는 상이한 수준의 집단들이 낡은 국경을 넘어서 변화에 대응하고 기여해야 하기 때문이다. 그리고 그것은 또한 새로운 미디어를 이용함으로써 그렇게 되고 있다. 마누엘 카스텔Manuel Castells(스페인 출신의 사회학자로 정보 사회와 의사소통에 대한 연구로 잘 알려져 있다: 옮긴이)가 관찰한 것처럼, 진정한 전 지구적 기업은 세계의 많은 지역에서 동시에 활동하며, 그런 활동들은 실시간으로 조정된다.[10]

이런 요인들은 오늘날의 감시, 특히 9/11 이후의 감시를 이해하는 데 있어서 중요하다. 실시간으로 조정되는 활동들은 앞선 컴퓨터 통신 네트워크에 의존한다. 정보와 자료는 지구화의 생명선인 "흐름들" 속에 존재한다. 더 많은 활동이 국민국가의 경계와 전통적인 경제 영역의 경계를 점점 더 초월함에 따라, 예를 들어 범죄와 같은 사회적 삶의 친숙한 특성들도 국경을 넘어 전 지구적 규모로 재등장한다. 그리고 몇몇 국가들이 이주 노동자나 여행객 혹은 난민과 같은 인적 흐름을 증가시키려고 하는 동안, 다른 나라들은 그 흐름을 늦추거나 막기를 원한다. 합법적인 활동과 불법적인 활동, 양자 모두를 포함하는 활동들의 궤적을 추적하기 위해서 동일한 전자적 매체들이 이 흐름과 관련된 사람들과 집단들을 모니터하고, 기록하고, 신원 확인을 하고, 조사하기 위해서 사용된다.

정부 부서, 기업, 비정부기구(NGO), 그리고 다른 실체들이 지구화된 흐름에 관여할 뿐만 아니라, 그 흐름을 관찰하고 관리하는 데 관여한다. 더욱이, 개인과 집단에 대한 정보가 이전보다 더 많이 순환하기 시작할 때, 개인 정보의 더 많은 흐름을 다루는 적절한 방법에 관한 질문도 회자된다. 한 국가의 "공정한 정보 사용 규칙fair information practices"이 다른 국가에도 적용되어야 하는가? 국가는 정보를 다루는 기준과 기대가 다른 국가와 교역을 해야 하는가? 이런 종류의 질문과 거기에 동반되는 정책도 또한 "지구화되고 있다." 그 결과, 감시는 지구화되고 있으며, 그것과 큰 격차 없이 정보 보호 정책들도 지구화되고 있다.

그러나 이런 흐름들이 논란이 없는 것은 아니다. 그 흐름은 다면적인 재구조화의 과정을 겪고 있는, 그리고 이해관계 — 경제적, 정치적, 문화적, 군사적 — 가 많이 걸려 있는 세계에서 존재한다. 1880년대에 발명된 시간대時間帶를 무효화시키는 더 빠른 속도의 이동, 실시간 거래, "전 지구적 시간global time"을 추구하는 것이 우연히 남반구에서 살게 된 수십억 주민들에게는 거의 의미하는 바가 없다. 북반구와 자신들을 분리시키는 격차에 대해 충분히 인지하고 있는 이들 대다수가 자신들을 지구화된 세계 속의 가해자가 아니라 피해자로 느끼는 것은 놀라운 일이 아니다. 지그문트 바우만이 말한 것처럼, 지구화는 이를 파악할 수 있는 눈을 가진 사람들에게 불만을 느끼게 하며, 그것은 전적으로 이해할 만한 것이다.[11] 9/11 이전에 집필한 글에서, 그는 전 지구적 엘리트들과 지역화된 나머지 사람들the localized rest 사이의 의사소통이 — 역설적으로! — 점점 더 단절되는 문제에 대해 특히 염려했다.

이런 불만들 중 몇 가지는 2001년 9월 11일 이후에 — 그 이전에는 그렇지 못했던 것에 비해 — 눈을 멀게 할 만큼 분명해졌다. 전 지구적 경제와 미디어 권력의 상징인 세계무역센터 World Trade Center와 함께, 펜타곤은 전 지구적 군사력의 상징이다. 벤저민 바버가 논의한 것처럼, 지하드는 맥월드에 대해 예견된 타격을 가했다.[12] 자유 시장의 메시지를 전파하는 이 의사소통의 통로들은 심한 공격을 받았으며, 뒤이어 또 다른 탑 — 바벨탑 — 의 신화적 붕괴를 따르는 것처럼 파편화되었다.[13] "제한이나 경계 없이… 이윤 극대화, 주주株主 가치, 효율성, 경쟁, 진보"[14]를 말하는 새로운 전 지구적 기업 공동체는 9/11로 인해서 그 언어가 정말로 혼란스럽게 되었다. 감시의 지구화는 이런 맥락을 상기하지 않고는 적절히 논의될 수 없다.

## 지구화된 감시

냉전이 20세기에 국제적 감시 체계의 대규모 팽창을 촉발했다는 것은 의심의 여지가 없다. 실제로, 냉전이 다양한 종류의 스파이 활동, 비밀 첩보 조직, 그리고 다양한 범위의 첩보 활동들을 통해서 주로 행해졌다conducted는 것은 사실이다. 그리고 이런 활동들은 유명한 스파이 영화들의 주제가 되었다. 냉전의 전사들은 정보기관의 전문가들이었다. 러시아에서 활동한 영국 요원들은 심지어 그들의 다양한 고용주들을 속인 이중간첩임이 폭로된 경우에도 찬사를 받았다. 미국에서 냉전은 그 악명 높은 매카시즘 시기에 아마도 가장 잘 알려졌을 것이다. 그 시기에는 "내부의 적"을 찾아내기 위해 돌 하나 남기지 않고 샅샅이 들추어 보는 악랄한 조사가 이루어졌다. 9/11 이후로 역사는 — 단지 감시의 대상을 "공산주의자"에서 "테러범"으로 바꾸어 — 그 자체로 반복되는 것 같다고 말함으로써 누군가는 용서를 받으려고 할지도 모른다.

물론 역사는 그 자체로 반복되지 않는다. 그리고 과거 냉전 시대의 감시 관행과 다른 여러 가지 차이들 또한 파악할 수 있어야 한다. 지구화는 "안보"를 이해하는 방식의 변화를 촉진하고 있다. 그것은 과거에는 "총과 폭탄"을 의미하던 것에서 이제는 환경에서 금융까지 포괄하는 많은 영역을 포함하게 되었다.[15] 또한 한때는 "이데올로기"가 문제되었으나, 이제는 "민족성"이 문제가 된다. 한때 미국은 냉전 독트린의 주창자였다. 현재는 많은 유럽 국가들, 일본과 호주 — 사실상 북반구에 있는 대부분의 나라들 — 가 새로운 안보 국가의 일원을 이루고 있다. 이 국가들의 정책은 모든 아랍인과 무슬림을 잠재적인 테러범으로 보는 경향이 있다.

냉전 시기 동안, 이미 존재하고 있던 국제적 통신 감청 네트워크들은 무엇보다도 소위 "영미UKUSA" 협정[정보 수집을 목적으로

하는 영국과 미국 중심의 영어 사용국들의 연합을 말한다: 옮긴이]의 탄생으로 공고화되었다. 그 축약어가 암시하듯이, 여기에는 영국과 미국이 중심적인 행위자로 관여하였는데, 미국이 상위 파트너였다. 국제 안보라는 이름으로 거대한 자금과 광범위한 기반시설을 가진 정보 요원들의 비밀 공동체가 전 세계의 통신을 추적하는 지구 상공의 인공위성과 연계되어 형성되었다. 이 공동체는 사실상 책임을 질 수 없는 조직인, 메릴랜드의 미국 국가안보국US National Security Agency에 그 정보를 보낸다.

이 공동체 내에서, 이첼론이라고 알려진 시스템이 최근 몇 년 사이에 가장 많이 알려졌다. 이 시스템이 알려진 이유는 그 활동이 공개되거나, 심지어 그 설계자나 운영자들이 이를 인정하였기 때문이 아니다. 실제로, 대중들이 이 같은 시스템들의 존재를 알게 된 데는 던컨 캠벨Duncan Campbell(영국)이나 니키 헤이거Nicky Hager(뉴질랜드)와 같은 탐사 저널리스트들의 끈질긴 노력이 있었기 때문이다.[16] 니키 헤이거는 그의 책 『비밀 권력Secret Power』에서 전 수상인 데이비드 레인지David Lange가 뉴질랜드의 국가 안보는 결코 외국 정부의 수중에 있지 않을 것이라고 당당하게 발표했던 순간을 기록하고 있다. 그 발언은 그 같은 외국(미국)의 통제가 실제로 행해지고 있던 새로운 시설이 개장되었을 때 행해졌다. 심지어 안보와 정보를 책임지고 있는 수상조차도 뉴질랜드가 국제적인 전자 스파이 네트워크의 일부라는 것을 알지 못했다.

불법적인 도청 장치를 설치하던 낡은 세계는 새로운 감청 네트워크들이 작동하는 세계에 의해 대체되고 있다. 그것들은 방대한 양의 자료를 진공청소기처럼 훑으면서 "지능형 필터intelligent filter"를 통해서 찾고자 하는 정보를 찾아낸다. 다양한 전화, 팩스, 이메일 통신 가운데서 핵심어들을 자동적으로 찾게 되면, 거기에 표식을 하여 네트워크 내의 정보 요청 국가로 보낸다. 그러나 원래의 냉전 시대 시스템과는 다르게, 이첼론은 군사적 목적뿐만 아니라 비군사적 목적으로도 사용된다. 정부, 모든 부류의 조직, 그리고 산업계가 그 분류 장치의 대상이 될 수 있다.[17] 따라서 냉전 시대의 그 정보 시스템은, 비록 규모 면에서는 방대하였지만, 지금은 훨씬 더 확장되고 기술적으로 정교하며, 범위 내에 있는 모든 부류의 집단들을 포함한다.

유럽을 기반으로 하는 유사한 시스템이 1985년 룩셈부르크의 셍겐에 있는 작은 마을에서 시작하여 협력 과정을 통해 성장하고 있다. 처음에는 비자를 상호 인정하고, 회원 국가들 간의 경찰 협력을 강화하는 것이 목적이었다. 1999년에는 이 협정이 많은 인구 집단의 등록과 감시를 위한 시스템으로 제안되어 성장하였다. 이 협정은 유럽연합으로 확대되었다. 여기에 더하여 유럽연합 비회원국 중에서 적어도 두 나라 — 노르웨이와 아일랜드 — 를 포함하게 되었다.[18] 이 시스템의 촉수는 북극권에서부터 지중해까지 뻗쳐 있다. 이것은 특별 조사를 위해서 개인들을 가려내고, 더 많은 감시와 "특별 대우"를 위해서 많은 인구를 분류할 수 있는 융합된 경찰 기반 정보 네

트워크를 만든다.[19] 이첼론은 통신을 중간 감청하며, 따라서
미래 지향적인데 반해, 셍겐 정보 시스템(SIS)은 범죄자와 "용
의자"에 관한 개인 정보를 저장하며, 고로 과거 지향적이다.
이첼론이 비밀스럽게 시작되었다면, SIS는 유럽연합에서 민주
적으로 승인되었다. 그린피스 활동가들과 다른 시위자들을
억류하기 위해 정치적으로 활용된 예에서 보듯이, SIS는 "공공
질서"와(나) "국가 안보"를 위해 사용될 수 있다. 운영 면에서
보면, 많은 측면들이 숨겨져 있고, 비밀로 되어 있다. 이런 시
스템들이 모두 (적어도 부분적으로는) 9/11 이전부터 작동하고 있
었다는 점에 주목하라.

다른 감시 형태들과 마찬가지로, 9/11이 통신 감청의 도입
을 촉발하지는 않았다. 통신 감청은 확실히 가장 오래된 감시
수단들 중의 하나이다. 그것은 법 집행과 특히 군사 정보를 위
해 오랫동안 사용되어 왔다. 20세기를 지나면서 이것은 점점
더 합리화되었으며, 전산화를 통해서 매우 고도화되었다. 실
제로 현재의 경찰 활동과, 심지어 마케팅에서 볼 수 있는 감시
기술 중 많은 것들이 군사 정보 체계에 그 기원을 두고 있다.
다른 경우들처럼, 경찰 활동은 이런 방식으로 점점 군사화되
고 있다.[20] "전략strategy"과 "표적화targeting"라는 언어가 마케팅
에서도 존재하게 되었다는 점을 언급하지 않을 수 없다.[21]

실제로, 9/11 이후 얼마 지나지 않아서, 비즈니스 분석 기법
들이 테러 방지 목적으로 재도구화되고 있는 것이 분명해졌
다.[22] 4장에서 살펴보았듯이, 고객 관계 관리(CRM), 데이터 마

이닝, 데이터 웨어하우징과 같이 마케팅을 위한 도구로서 시작된 것들이 정부 부서들에 의해 성공적으로 활용되어 왔다. 이것은 처음에는 조세, 공익 시설, 보건과 같은 영역에서 집단들을 표적화하기 위해서 사용되었다. 그러나 현재는 경찰과 정보 기관에서 시도되고 있다. 고객 관계 관리는 기업이 마케팅 의사 결정을 위해 고객 정보를 분석하는 것을 돕는다. 이것은 순서, 조합, 분류, 군집, 그리고 예측을 하는 데 있어 데이터 마이닝을 통해 지원을 받는다. 데이터 웨어하우징도 데이터 소스와 데이터 모델 사이의 차이와 부정확성을 수정하여 자료를 정리함으로써 그 같은 개인 자료의 유용성을 높여 준다. 이것의 목적은 고객의 선호를 이해하며, 프로파일을 만들고, 고객의 행동을 예측하기 위한 것이다. 이런 작업은 반-테러 활동에서 필요하다고 언급되는 것과 매우 유사하다.

전산화는 범죄 관련 의사소통에 대한 검색의 범위를 좁히는 것을 가능하게 하였다. 위성 추적 장치와 결합된 현재의 인터넷 감시는 모든 종류의 "첩보" 서비스에 엄청난 권력이 부여되는 상황을 만들었다. 검색가능한 데이터베이스가 여기에서 핵심적인 역할을 한다. 잘 알려진 검색 엔진인 구글은, 약간의 단서들만 있으면, 그럴듯한 수많은 "적중hits"을 매우 빨리 생성하는 것이 용이함을 보여 준다. 그것은 또한 인터넷과 월드와이드웹이 원격 검색을 용이하게 하는 데 있어 얼마나 효과적인지 — 적어도 원칙적으로 — 를 보여 준다.

9/11 이후에 많은 대중 매체들이 카니보어의 존재에 관심을

가졌다. 이것은 FBI와 이첼론에서 이미 사용하고 있던 인터넷 감시 시스템으로, 모든 통신을 국제적으로 모니터하기 위한 훨씬 큰 규모의 시스템이다. 의심스럽거나 위험한 통신 내용을 찾아내기 위해서, 핵심어와 맥락을 가지고 메시지를 검색하는 방대한 "사전들"에 의해 강화된, 그와 같이 정교한 검색엔진이 이미 존재한다는 사실은 많은 사람들에게 놀라움으로 다가온다. 이것이 군사적 위협이나 테러범의 위협에 대응하기 위해서만 활용되는 것은 아니다. 이것은, 점점 더, 경찰 조직이 "반-세계화" 집단과 같은 저항 운동에 대비하기 위해, 또한 경제적 경쟁에서 지분을 늘리기 위해, 기술적 · 상업적 정보 수집의 수단으로 이용될 수도 있다.

거대한 정보 인프라가 작동하고 있는 상황에서, 9/11 공격을 왜 탐지해 내지 못했을까에 대해 사람들이 의문을 갖는 것도 일리가 있다. FBI 부국장 론 딕Ron Dick은 비행기 납치범들이 원하는 결과를 얻기 위해 인터넷을 활용했다는 점에 주목했다.[23] 인터넷 서비스 제공자들(ISPs)은 미국과 전 세계에서 개인용 컴퓨터와 도서관과 같은 공공 사이트에서 송출되는 수많은 메시지에 대한 기록들을 제공한다. 그것들은 암호화되지 않은 메시지이며, 단순한 공개 코드를 사용한다. 점증하는 인터넷 정보에 대한 미국 국토안보부의 대응은 페타바이트petabyte (미국 의회 도서관에 있는 정보량의 대략 여덟 배가 되는 양)에서 페타플렉스petaplex(이천만 기가바이트) 시스템으로 저장과 검색 장치의 성능을 증대시키는 것이었다. 그러나 9/11 이전에 작동했던 것보다 이것이 더 잘 작동할지는 분명하지 않다. 점점 더 많은 통신을 중간 감청함에 따라 다양한 정보를 상호 관련시키는 과제가 기하급수적으로 증가하기 때문이다.

정보의 부족 때문이 아니라 정보에 대한 분석의 부족 때문에 9/11 사태에서 우리가 예기치 못한 부분이 발생했다는 지적이 그 이후에 여러 차례 제기되었다. 더 나은 분석력과 함께 정보 보유자들 간의 정보 공유를 강화하는 것이 이런 문제를 개선하는 결과를 낳을 가능성이 있지만, 더 근본적인 문제가 테러범의 활동을 예측하려는 노력을 방해한다. 즉, 테러리즘 그 자체가 네트워크화 되어 있다. 론 디버트Ron Deibert와 재니스 스틴Janice Stein이 말한 것처럼, 알카에다 같은 운동은 국가를 기반으로 하지 않으며, 영토에도 전혀 근거를 두지 않은 채, 분산되어 있다.[24] 하나의 네트워크에 대항하기 위해 국가의 감시 권력을 집중화(혹은 최소한 통합)하는 것은 부적절할 뿐만 아니라 역효과를 가져올지도 모른다. 가장 중요한 테러범의 통신 내용 — 알카에다는 인터넷을 사용하지만 그것에 의존하지는 않는다 — 을 놓칠 수도 있으며, 자료의 양이 증가함에 따라 대응이 느려질 수도 있다. 디버트와 스틴은 표적화된 안보targeted security를 하나의 대안으로 제안한다. 이것은 현재의 방법처럼 시민의 권리를 침해하는 문제를 발생시키지 않으면서 테러범들의 네트워크 활동 기회를 차단할 것이다.

9/11 이후에 증가된 통신 감청, 특히 인터넷 감시로 인해서 몇 가지 다른 흥미 있는 이슈들이 제기되었다. 첫째, 그것은

중앙정부와 기업들이 더 긴밀하게 협력하는 방식을 보여 준다. 그 결과, 기업들은 자신들의 이익을 위해서 그리고 정부 당국을 위해서 "경찰" 활동을 할 수 있다. 미국에서 법 집행자들이 이메일 제공자와 인터넷 서비스 제공자들에게 요구한 정보의 양이 다섯 배나 증가하였다.[25] 이 영역에서 9/11 이전부터 증가하고 있던 "프라이버시"에 대한 고려는, 적어도 수사修辭적으로는, "테러와의 전쟁"에 협조하려는 기업의 새로운 의도와 공존하는 것처럼 보인다. 기업들은 심지어 영장이 발부되기 전부터 자료에 대한 요청을 수용하기 시작했다. 이것은 "비상"사태가 지속되고 있음을 암시한다. 미국의 패트리어트 법안 하에서는, 이메일 주소 배후의 신분 확인을 위해 고객 지불 정보를 요구할 수 있으며, 컴퓨터를 검색한 기록을 모니터할 수 있고, 메시지를 실시간으로 읽거나 청취할 수 있다. 유사한 법안들이 다른 곳에서도 발효되고 있다.[26]

둘째, 미국 정부는 특히 타국에서 더 강력한 경찰 역할을 수행하고 있다. 패트리어트 법안이 적용되는 미국 본토나 해외의 컴퓨터들이 공격받을 경우, 외국의 해커들은 미국에 의해 기소될 수 있다. 매우 방대한 분량의 세계 인터넷 정보들이 미국을 통해서 이동 — 예를 들어, 아시아, 아프리카, 남미의 접근점의 80% — 하기 때문에,[27] 그것은 미국의 법 적용을 받아 범죄로 성립될 수 있다.

셋째, 9/11 이후 강화된 감시의 결과로서 일상의 평범한 거래와 대화들이 전례를 찾을 수 없을 만큼 점점 더 많은 검열을 받고 있다. 이 새로운 규정들은 테러범을 잡아내지 못하더라도, 타자들의 삶을 복잡하게 만들 수는 있다. 특히 타자들이 감시되고, 분류되고, 평가될 때 그러하다. 예를 들어, 조사 권한 규제법Regulation of Investigatory Powers Act[통신 감청을 포괄하는 영국의 법률로 2000년에 제정되었다: 옮긴이]에 의해 이미 법원의 명령 없이도 통신 정보를 획득할 수 있는 포괄적인 권한을 지니고 있던 영국에서는 반테러 법률들로 인해 이런 정보들을 더 오랫동안 보유할 수 있게 되었다.[28] 웹사이트나 검색 단어들이 의미하는 바가 예컨대 전화번호(전화번호 자체는 의미를 제공하지 않는다)가 의미하는 바와 다르다는 것을 고려할 때, 수집되는 통신 자료들 또한 점점 더 상세해지는 것이 분명하다. 웹사이트와 이메일 주소는 이미 다른 정보와 연결되어 있으며, 다른 단말기에서 접근가능하다. 반면에 전화번호를 이름이나 주소 이상의 정보와 연결하기 위해서는 특별한 검색이 필요하다.

말할 필요도 없이, 감시 기술의 범위가 증가하는 문제에 관한 결론은 논쟁적이다. 언제나 낙관적인 『와이어드Wired』지 [1993년부터 캘리포니아에서 발행되는 월간지로 공학에 대한 낙관주의를 열렬히 전파하고 있음: 옮긴이]는 "리틀 브라더스"[빅브라더에 대응하여 만들어진 용어: 옮긴이]가 응답할 것이고, 평범한 시민들이 자신들의 기술을 가지고 스스로에게 권한을 부여할 것이고, 미국의 헌법이 여전히 자유의 방벽으로 존재할 것이고, 엄청난 양의 새로운 장치들이 정부 권력에 대항하는 힘을 갖게 될 것이라고 여전히 믿고 있다.[29] 그러나 그 같은 낙관적인 결론을 확정할 수 있

기 전에 우리는 — 앞부분과 이 책의 결론에서 논의된 — 더
넓은 맥락 또한 염두에 두어야 한다.


## 항공기 탑승객 정보


공항은 21세기 전 지구적 시민들의 이동을 위한 중요한 채널
이다. 공항은 여행객, 기업인, 노동자, 학생들을 위한 입출국
의 거점이다. 물론, 난민들에게도 그러하다. 그 운영 규모는
방대하다. 국제 여행객 수는 20세기 후반에 열두 배나 증가하
였으며,[30] 이 증가된 숫자의 대부분은 항공기를 이용하였다.
미국에서만 매일 이백만 명의 여행객으로 인해 이만 번의 비
행이 이루어진다.[31] 공항은 일시적 체류를 위한 "무장소의
placeless" 공간이며, 노마드적 경영자 혹은 피한객避寒客을 위한
밀폐된 방이다. 그러나 공항은 엄청난 사회적, 정치적 중요성
— 특히 개인 정보를 다루는 것과 관련해 — 을 가지고 있다.
　공항이 그렇게 많은 승객을 처리해야 하므로, 영리를 목적
으로 하는 기업들이 항공 여행과 연관해서 발전했다. 여행사
뿐만 아니라 다른 많은 사업도 생겨났는데, 자동차 렌트 회사,
호텔 체인, 레스토랑, 그리고 지금은 어느 공항에나 있는 쇼핑
구역 — 이동하는 사람들을 위한 쇼핑센터 — 의 네트워크가
여기에 포함된다. 공항은 손님들의 소비에 관심을 갖는데, 이

것은 단순 발권 업무 및 항공 여행 관련 구매를 훨씬 넘어선다. 소비를 극대화하려는 노력으로 인해, 여행객들은 구매하도록 권유되고, 선별되고, 유혹된다.

그러나 공항은 이동 중 거래를 위해 몰려드는 장소만은 아니다. 공항은 출입국의 거점이기 때문에 가상의 국경 역할도한다. 심지어 항상 해당국 영토의 지리적 경계에 위치하는 경우가 아니더라도 그러하다. 따라서 공항은 보안과 감시의 관행과 과정을 위한 장소이기도 하다. 만약 공항의 체크인 카운터(혹은 카드에 의해 작동되는 기계)가 항공권의 상세한 정보를확인하는 곳이라면, 보안, 세관, 이민국은 여행 기록, 여권,비자를 검사하는 장소이다. 여기서 여행자들은 여행할 자격이 있는지, 입국이 승인되는지 검열도 받는다. 더 정확히 말해, 이곳은 일단 검열이 행해지는 장소이다.

전통적으로 국경에서 수행되던 과정들이 국경 안쪽으로 이전되었다는 의미에서, 9/11 이후에 물리적 장소로서의 국경은더욱더 탈지역화되었다(그리고 또한 탈시간화detemporalized되었다).이제 신원 확인 및 치안 유지 활동은 승객 도착 전에 이루어진다. 이것은 "지능형intelligent" 국경 통과하기이다. 그러나 여기에 더하여, 이후에도 검열이 발생할 수 있다. 현재 캐나다의계획에 의하면, 세관과 국세청의 감독 아래 6년 동안 여행자에 대한 정보를 보존하는 고급 탑승객 정보 데이터베이스를구축한다는 것이다. 여기에는 목적지, 대금 지불 형태, 좌석선택 등의 정보가 포함된다.[32] 특정 시간에 특정 장소에서 체크인을 한다는 생각은 지속적인 모니터링 과정에 밀려나고 있다. 마크 솔터Mark Salter가 관찰한 것처럼, 이것은 정부의 치안 유지 활동이 "여행객에 대한 검사로부터 일반적인 이동 인구의 감시로" 전환했다는 것을 의미한다.[33]

공항에서의 감시는 분석적으로 구별되는 두 가지 맥락에서 일어난다. 하나는 이윤 극대화를 위한 것이고, 다른 하나는 국가 안보를 위한 것이다. 소비자 검열consumer screening은 신용카드, 휴대폰, 인터넷과 전화기 이용뿐만 아니라 항공기를 자주 이용하는 여행객과 마일리지 우수 고객 우대 제도 등 다양한 수단을 통해서 발권을 할 때 일어나며, 시민 검열citizen screening은 기계 판독이 가능한 여권과 X-레이 기계, 그리고 점차 신원 확인과 검색을 위한 다양한 생체 인식 장치를 통해서 행해진다. 감시는 상대적 가치와 상대적 위험성의 관점에서 고객과 시민을 범주화하기 위해 개인 정보를 검열하고 분류한다. 많은 종류의 감시가 공항에서 일어난다. 그리고 비록 이런 감시를 "시민" 영역과 "고객" 영역으로 분석적으로 구분할 수 있기는 하지만, 이 같은 구분은 점점 더 불명료해지고 있다.

이것은 공항을, 이중 감시 체계에 대해서 무엇을 생각해야 하는지 숙고하는, 흥미로운 소우주로 만든다. 이것은 더 넓은 사회에서 일어나는 조사, 검색, 추적, 그리고 감시의 유형들과 유사한 특성을 지니고 있다. 지난 이십여 년 동안, 감시는 국민-국가와 자본주의적 기업의 한계를 넘어서 인식가능한 모든 삶의 영역 속으로 확장되고 있는 것이 점점 더 분명해지

고 있다. 그러나 이 작업은 특히 상업적 통로를 통해서 이루어
지고 있다.[34] 과거에 많은 분석가들은 상업적 감시와 국가의
감시는 서로 구분되는 완결성을 유지할 것이라고 주장했다.
지금도 일부 분석가들은 여전히 그렇게 주장한다. 감시는 이중
적인 형태(혹은 아마도 다중적인 형태)로 남아 있을지도 모른다.

다른 분석가들은 상이한 의견을 내놓고 있다. 이들은 새롭
게 네트워크화된 정보 체계가 다른 종류의 기관들 간에 그리
고 기관들을 넘나들며 개인 정보를 공유할 수 있는 가능성뿐
만 아니라 어떤 강력한 동기도 제공한다고 주장한다. 그러므
로 상업적 행위자들은 경찰, 세관, 이민국, 혹은 정보 기관을
위해 도움을 제공하는 데 동조할 수 있다. 그리고 어떤 경우에
는 국가가 후원하거나 규율하는 기관에서 수집한 정보들이 상
업적 이익을 위해서 활용될 수 있다. 색인카드와 문서 보관함
시절에는 상상할 수 없었던 것들이 이제 대규모 조직과 첨단
기술 기업 양쪽 모두에게 실현가능하고 매력적인 제안이 되었
다. 지금은 인터넷과 검색가능한 데이터베이스의 시대이며,
속도와 보안이 중시되는 때이다.

2001년 9월 11일은 이제까지 (주로) 독립적으로 운영되던 감
시 체계들이 수렴될 수 있는 기회를 제공하였다. 공항은 새롭
게 통합된 형태의 네트워크화된 감시를 실행하기 위해 가장
광범위한 실험과 정책이 행해지는 장소임이 명백히 증명되었
다. 물론, 하룻밤 사이에 이런 일이 일어난 것은 아니다. 다른
곳과 마찬가지로 공항에서도 제한된 형태의 개인 정보 교환은

오래전부터 존재해 왔다. 파상波狀의, 액체적, 상업적 감시 어셈블리지가 국가가 지원하는 사회적 통제와 별로 연관성이 없다고 여전히 믿고 있는가? 혹은 저 "빅브라더"가 단순히 현실 도피주의자의 텔레비전 오락물 형태라고 생각하는가? 9/11의 후폭풍은 그런 생각들이 지니는 순진함을 폭로하였다.

오늘날, 탑승객의 거래와 이동에 관한 기록들이 증가하고 있다. 그리고 차후에 살펴보겠지만, 그것들은 또한 이종 교배되고 있다. 그것들을 제공하는 항공사와 공항들은 오늘날 정보의 기호 아래 존재한다. 여행객들의 소비 패턴, 선호하는 노선, 그리고 누가 지불하는지에 관한 정보를 알아내는 일은 항공사들 간의 경쟁에 있어서 매우 중요하다. 항공사들이 발권 업무를 완전히 전산화된 체계로 전환한 이래, 이런 종류의 마케팅 정보의 수집도 점점 더 증가되고 있다. 검색가능한 데이터베이스의 출현은 이 같은 자료 처리에 있어서 중요한 의미를 지닌다. 왜냐하면 그것이 유례 없는 속도로 기록들을 확인하고 비교하는 것을 가능하게 하기 때문이다. 1980년대에 사브레Sabre와 갈릴레오Galileo 같은 티켓 예약 시스템이 나타났으며, 이것들은 즉각 지금 막 언급한 경쟁적 이해관계를 촉발했다.[35]

항공기 티켓을 구입할 때는 일련의 전형적인 사건들이 뒤따라 일어난다.[36] 탑승객 예약 기록(PNR)이 전산 예약 시스템(CRS) 내에 만들어진다. 전산 예약 시스템의 본부는 유럽에 있다. 탑승객 예약 기록에는 이름, 일정, 전화번호, 요금 지불 형태, 예약한 사람의 이름이 기록된다. 여기에 최종 가격이 추가되며, 만약 신용카드로 지불하였다면 카드 형태, 번호, 유효기간, 상점 허가 코드가 더해진다. 의료나 식이요법 상의 필요도 더해질 수 있다. 여기에 더하여 동행인 없는 소수자, 국외 추방자, 죄수, 혹은 특별한 도움을 필요로 하는 여행객과 같은 특수한 정보들도 추가될 수 있다.[37] 허가받은 시스템 관리자들만이 이런 자료에 접근할 수 있다. 이런 정보들은 항공기가 착륙한 후 두 시간 동안 출발 통제 시스템Departure Control System으로부터 추출되거나, 이틀 후에 전산 예약 시스템으로부터 추출된다. 탑승객 성명 정보는 경영 분석을 위해서 이후 이 년 동안 별도의 데이터베이스에 보관된다. 상용 고객 우대 제도의 구성원들은 더 개인화된 서비스를 기대하는데, 이들은 더 많은 개인 정보를 제공하는 대가로 이것을 얻게 된다. 이것은 더 완전한 탑승객 비행 이력, 호텔 예약과 차 렌트에 대한 요구, 마일리지 포인트, 그리고 기타 정보들로 구성된다.

콜린 베네트Colin Bennett가 주장하듯이, 다양한 자료 보호와 프라이버시 제도가 존재함에도 불구하고, 이런 관행들의 결과로 인해 "국제 항공사들은 그들이 수집하고 처리하고 전파하는 개인 정보를 통해서 개인에 대해 상당한 권력을 가지게 된다." 이것은 국제 항공 시스템이 "하나의 감시 체계처럼 작동"하는 것을 가능하게 한다.[38] 이 시스템은 지구화되어 있다. 그 결과 때때로 민감한 개인 정보가 전례 없는 함의를 지닌 채 국가와 조직의 경계를 넘나들며 유동한다. 이런 개인 정보를 사용하는 것은 점증적이고 무계획적인 방식으로 확장될 수 있으며, 복합적이고 투명하지 않은 체계 내에서 이루어진다.

비록 지난 이십 년 동안의 항공사들 간의 경쟁은 광범위한 탈규제의 산물이었지만, 이것이 모든 규제가 철폐되었음을 의미하지는 않는다. 국제항공운송협회(IATA)와 미국의 영향력 있는 연방항공국(FAA)은 항공사가 어떻게 운영되어야 하는가에 대해 상당한 발언권을 가지고 있다. 국제민간항공기구International Civil Aviation Organization는 국제적 범위에서 여권에 관한 규칙들을 작성한다.[39] 특히, 법과 치안 목적을 위해 요청될 때 이용할 수 있는 발권 및 예약 시스템에 대한 요구가 증가해 왔다.

1990년대 후반에 컴퓨터-지원 탑승객 검열Computer-Assisted Passenger Screening(CAPS) 시스템이 미국 연방항공국에 의해 도입되었다. 그것은 발권 자료에 기초하여 사십 가지의 정보 항목에 따라 탑승객들을 등급화한다. 프로파일링 기준 중 몇 가지는 기밀이다. 그리고 그 시스템은 적중 횟수와 몇 가지 무작위 검색 방법에 기초하여 특정 탑승객들을 더 자세히 조사하기 위해 선택할 수 있게 한다.[40] CAPS 시스템과 다른 어딘가에 있는 동종의 시스템들은 소비자 감시와 보안 감시 사이의 연계성을 제공한다. 오늘날, CAPS 시스템은 크게 확대되고 있다. 그 까닭을 알아내는 것은 어렵지 않다. 우선, 항공 분야에서 보안의 탄생을 이해하기 위해서는 약간의 배경 지식이 필요하다.

# 비행기 납치의 역사

1971년, 댄 쿠퍼Dan Cooper라는 인물이 오리건 주의 포틀랜드에서 비행기에 탑승했다. 그리고 비행 중에 승무원에게 자신이 폭탄을 소지하고 있다는 취지의 메모를 전달하였다. 그는 비행기를 착륙시켜서 승객들을 내려놓고 배상금과 낙하산을 실을 것을 요구했다. 낙하산은 나중에 그가 비행기의 뒷문에서 뛰어내릴 때 착용하기 위해서였다. 이 사건과 유사한 다른 사건들이 있고 난 후에 비행 중에 뒷문이 열리지 않도록 "쿠퍼 베인Cooper Vane"[항공기 뒤쪽의 계단이 내려오지 않도록 공기 역학에 의해 작동하는 쐐기를 말한다: 옮긴이]을 조정하는 등 비행기에 대한 기술적인 수정이 이루어졌다.[41] 실제로 새로운 납치 사건의 도전이 있을 때마다 그에 대응하는 기술적 해결책이 나왔다. 그리고 이 해결책은 더 영리하거나 대담한 비행기 납치범이 나와서 그것을 무력화시킬 때까지 유지되었다.

1972년에 테네시 주의 오크리지에서 납치범이 비행기를 핵시설 위로 선회하도록 강요한 이후에 무장 보안 요원들이 탑승 검색대에 배치되었으며, 수하물은 1973년부터 검색되기 시작했다. 아테네에서 출발한 TWA 항공기에서 청소부가 화장실에 넣어 둔 무기를 발견한 후로는 지상 승무원들도 1980년대 중반부터 검색을 받아야만 했다. 그리고 뒤이어 수하물과 탑승객 간의 일치 여부를 이륙 전에 확인하게 되었다. 라디오 속에 숨긴 폭탄으로 인해 스코틀랜드의 로커비 상공에서 폭파된 팬암항공 103호기의 경우는 모든 수하물에 담긴 내용물들의 3차원 이미지를 확인하기 위해서 CT 스캐너가 사용되는 계기를 제공했다. 기술적인 장벽이 높아짐에 따라서 비행기 납치 횟수는 줄어들었다. 그러나 최근으로 올수록 인명 손실은 늘어났다.

이런 배경을 이해하고 나면, 2001년 9월 11일 뉴욕과 워싱턴에 대한 공격이 왜 첨단 기술의 보안과 감시를 증가시켜야 한다는 그 같은 대규모 요구를 이끌어냈는지를 파악하기는 어렵지 않다. 그 테러 계획의 영리함, 대중 매체의 보도를 고려한 적절한 타이밍, 전체적으로 예상할 수 없었던 규모, 그리고 대규모의 비극적인 인명 손실은 명백히 거기에 상응하는 반응을 야기했다. 비행기 납치에 대한 이전의 기술적 대응의 역사를 고려할 때, 제안된 해결책 속에 기술적 정교함이 훨씬 더 많이 수반되어야 한다는 응답은 당연한 것이다. 금지의 대가, 혹은 시민의 자유에 대한 위협이라는 이유에서 거부되었던, 이전에는 의문시되었던 관념들이 이제는 그럴듯한 선택으로 간주되는 것도 놀라운 일은 아니다. 이런 풍토 속에서, 혐의자일 가능성이 있는 사람들의 프로파일을 분리해 내기 위해서 CAPS의 자료를 이용하여 그들과 그들의 수하물에 대해 별도의 탑승 전 검색을 하는 것은 심지어 매력적이기까지 할 것이다.

사실, 정확히 이 전략은 2002년 초에 발표된 수백만 달러의 장기 사업 계획을 통해 미국에서 현재 추진 중에 있다. 여기에는 연방항공국, 항공사, 첨단 기술 기업들이 참여하고 있다. 만약 이 사업안이 계획한 대로 완전히 실행된다면, 인구 통계학적 정보 및 여타 개인 정보와 함께, 여행 기록과 거주 형태를 함께 제공하는 통합 시스템이 모든 승객들을 예외 없이 검열할 것이다. 미국에 존재하는 모든 예약 시스템은 민간과 정부의 데이터베이스를 네트워크로 연결할 것이다. 그리고 잠재적 위협이 현실화되는 계기가 생기기 전에, 데이터 마이닝과 예측 소프트웨어가 그에 관한 활용가능한 어떤 단서들을 직관하기 위해서 탑승객의 활동들을 프로파일할 것이다.[42] 이것은 향상되고, 정교하며, 그리고 선례가 없는 종류의 예견적이며, 선제적이며, 알고리즘적인 감시이다.

## 춤추는 발전

기술적 발전은 불가항력적인 것이 아니다. 오히려 보안과 관련된 감시의 기술적 진보는 연이은 댄스 혹은 펜싱 시합으로 볼 수 있다. 여기서 위협은 점점 더 정교한 대응과 마주하게 된다. 공항에서의 고객 감시에 관해서 말하자면, 데이터베이스 마케팅과 "우수 고객 우대 제도"의 배치를 위한 일반적 패턴을 따르고 있는데, 이것은 지난 이십오 년 동안 소비자 자본주의를 점점 더 특징짓고 있는 "사회적 경영social management"의 관행에서 일반적인 것이다. 각각의 경우에, 동일한 기간 동안 항공사와 공항의 외형적인 성장은 고객과 보안 감시 체계가 모두 대규모화되었음을 의미한다. 이것은 다시 쉽사리 해체될 것 같지 않은 값비싼 기반시설 투자와 감시 체계를 함의한다.

그러나 개별 영역에서 이루어진 발전은 왜 이런 시스템들이 집중되어야 하는지, 혹은 왜 특정한 시점에 집중되어야 하는지를 설명해 주지 않는다. 한 영역은 기내의 폭력 혹은 범죄 행위에 대해 기술적 방어벽을 구축하고, 그런 행동의 의지를 꺾는 데 관심을 갖는다. 이 영역에서의 관심은 여행객과 그들의 수하물에 대한 검색으로 꾸준히 이동해 가고 있다. 또 하나의 영역은 경쟁 항공사가 아닌 자기 항공사를 이용하도록 고객을 유지하고 유혹하는 것과 관련이 있다. 뿐만 아니라 어느 특정 공항에서 고객의 지출을 늘리도록 유혹하는 데 관심을 갖는다. 개인의 세세한 비행 정보들 중에 최소한의 것을 연결하는 논리는 건강과 안전에 대한 고려와 관계되어 있다. 또한 이민국이나 세관에서 필요로 하는 탑승 카드 발급과 같은 업무들을 위해 항공사 직원들을 활용하는 것의 편의성 및 효율성과 관계되어 있다.

그런데 시스템 통합을 옹호하는 강력한 기술적 논리는 1980년대에 나타나기 시작하였다. 그것은 검색가능한 데이터베이스와, 엄청난 네트워킹의 출현과 함께, 원거리에서 검색가능한 데이터베이스의 발달이다. 오늘날 제안되고 있는 시스템들은 기술적으로는 구현가능하나, 불과 몇 년 전까지만 해도 상업적으로는 이용할 수 없었다. 이 사실을 확인하는 것이 기술적 결정론에 굴복하였다는 증거는 아니다. 이제는 이것들을 활용할 수 있으므로, 동일한 종류의 소프트웨어들을 활용하여 (4장에서 관찰한 것처럼) 다른 많은 종류의 작업들을 수행할수 있다. 범주별 분류 시스템은 매우 복잡하며, 강력하게 네트워크화된 컴퓨터에 기초하고 있다. 뿐만 아니라 그것은 매우 다양한 목적을 위해서 활용될 수도 있다. 개리 막스가 치안 유지 활동의 맥락에서 "범주적 의심"이라고 명명한 것은 내가 현대적 소비자 감시의 핵심이라고 주장하는 "범주적 유혹"의 과정과 논리적 차원에서 보면 거의 다르지 않다.[43]

동일한 삼십 년의 기간 동안, 정보 보호와 프라이버시 규정 분야에서도 큰 진보가 있었다. 이것들 중에 최고는 널리 인정되고 있는 — 보편적으로 존중되는 것은 아니라 하더라도 — "공정한 정보 사용 규칙"에 의존한다. 한 가지 목적을 위해 수집한 자료들은 정보-주체들의 동의 없이는 다른 목적으로 사용할 수 없고, 한 개인과 관련된 정보는 그 당사자가 검색하고, 업데이트하고, 정정할 수 있도록 해야 한다는 원칙들이 여기에 포함된다. 비록 개선의 여지를 많이 가지고 있기는 하지만, 그럼에도 불구하고 이런 규정들은 개인 정보의 무분별한 공유, 교환, 판매에 실질적인 제한을 가했으며, 만약의 경우나 편의주의에 기반하여 경찰의 감시 체계나 소비자 감시 체계를 확장하려는 사람들을 저지시켜 왔다. 그래서 첨단 기술 회사들은 시스템 통합의 잠재력에 대해 열광적으로 의식하고 있었지만, 사법 당국과 공론은 그런 과정을 시민의 자유나 "프라이버시"를 이유로 금지해 왔다.

9/11이 변화를 촉진시킨 큰 사건이었다는 것이 증명되었다. 양자 사이의 균형은 "통합 시스템"이 필요하다는 첨단 기술 회사들의 사이렌 소리에 사려 깊게 귀를 막는 것으로부터, 그 가능성에 대해서 기꺼이 찬성하는 방향으로 결정적으로 이동 하였다. 또한, 여론과 시민권 운동 단체의 압력으로 대규모 정 보 공유 계획을 방지할 수 있을 것이라는 생각으로부터, 수용 되던 공정한 정보 사용 규칙들을 무시할 수 있을 정도로 9/11 공격이 중요한 의미를 가진다는 확신으로 이동하였다. 무기 로 활용될 수도 있는 기내의 작은 물건들에 대한 유연한 태도 로부터 그리고 (최소한이지만 엄격한 보안 검색과 더불어) 공항의 일상적인 관행의 "재미"와 "자유"의 측면들을 강조하는 소비 자 보호주의적 입장으로부터, 뜨개질바늘과 플라스틱 칼에 대해서도 감시를 하고 비행기의 조종실과 문마다 무장한 경호 원을 배치하는 방향으로 이동하였다.

이런 변화들이 초래하는 결과는 광범위할 것으로 생각된 다. 그리고 그것은 정보의 사회적 힘이 매우 증가했음을 나타 낸다. 특히 개인 정보의 분류와 검색에 있어서 그러하다.[44] 지 난 몇 년 동안 삶의 모든 국면에서 감시 체계는, 위험 관리와 결합하여,[45] 사회적 분리social division의 재생산에 크게 기여하여 왔다. 이것은 9/11이 발생함으로써 가속화되고 있는 과정이 다. 안면 인식 기술, "스마트" ID 카드, 홍채 스캐너, 손 스캐너, 그리고 출입문 인식 장치들 모두가 개인의 특성과 흔적을 감별하기 위해 검색가능한 데이터베이스를 활용하여 작동하는 동안, 공항에서는 이것들이 이동 중인 개별 여행객 모두를 관할하는 통합된 더 큰 시스템의 부속물이 될 가능성이 높다.

2002년에 미국에서 개발, 시험될 시스템들은 개별 탑승객들에 대한 "위협 지표threat index"를 만들기 위해 사람들의 주거 형태, 거래, 소비 습관, 행동, 그리고 생활양식 선호에 관한 패턴들을 조사한다. 각각의 프로토타입prototype 시스템은 "표준적normal" 활동 모델을 만들기 위해 공적인 기록과 사적인 기록을 상호 연관시키는 것을 수반한다. 신경망 소프트웨어와 관계형 데이터베이스를 사용하면, 비행할 때마다 가장 큰 위협들에 대해 가장 낮은 수치를 나타내는 선호 고객 명단을 보유하게 될 것이다. 기업들은 여권 정보와 소비자를 연결하고, 여기에 국가 신분증과 생체 인식 식별자들을 더하는 등 최대한의 자료원資料源들을 활용함으로써 최선의 결과를 얻게 될 것이라고 주장한다.

CAPPS II라고 알려진 시스템은 "사전-검열pre-screening"이라는 단어를 등장하게 만들었다. 이 시스템은 감시의 초점을 미래에 두는 몇 가지 다른 방식을 결합하여, 공격을 예상하고 예방하는 것을 시도한다.[46] 수학적으로 추론한 "위협 지표"는 연방수사국(FBI), 국가범죄정보센터(NCIC), 국무부 데이터베이스, 국세청(IRS), 사회보장국, 주의 자동차 관리부서, 신용 조사 기관, 그리고 은행의 자료 등을 분석하여 만들어진다.[47] 여기서 서로 다른 종류의 데이터베이스가 정부 부문과 상업 부문 간의 비교 검토가 가능한 하나의 체계 속에 수렴되는 것을 분명하게 확인할 수 있다. 그리고 그 속에서 정보-주체 자신이, 예를 들어 자격증을 새롭게 발급받는 것과 같이, 정보의 업데이트를 촉발한다는 사실에 의해 "기능 확대function creep"[감시 카메라가 원래의 목적을 넘어서 활용되는 것과 같이 특정한 목적을 위해서 설계된 사물이나 절차가 전혀 의도하지 않았던 다른 목적에 봉사하게 되는 결과를 낳게 되는 것을 지칭한다: 옮긴이]가 용이하게 된다

이미, 보스턴의 로건 공항은 새로운 스캐너를 설치했다고 발표했다. 이것은 수백 종류의 운전면허증과 여권의 진본 여부를 확인하며, 정부의 "요주의자 명단"을 가지고 승객들의 이름을 대조한다. 또 누구의 기록을 언제 검색했는지에 관한 기록을 사진과 함께 생성해 낸다.[48] 만약 이런 모든 계획들이 결실을 맺게 되면, 고객 정보와 시민 정보의 통합이 완성될 것이다. 그리고 이전에는 독립적으로 존재했던 계통들이 하나의 통합된 체계 속으로 수렴하게 될 것이다.

## 전 지구적 통합을 향하여?

9/11 이후 이중 감시 체계의 수렴이 지니는 중요한 네 가지 함의들을 사회적 분석과 정치적 관심사의 핵심 영역으로 집중

조명해야 할지도 모른다. 종합해 보면, 그것은 공항에서 적어도 한 종류의 감시가 전 지구적으로 통합되는 증거일지도 모른다. 그러나 전 지구적 통합이 일부의 목적일지는 모르겠지만, 적어도 단기간에 이 목적이 달성될 것 같지는 않다.

첫 번째 함의는 추상적 알고리즘 시스템을 향한 확고한 경향성을 들 수 있는데, 감시의 방법들이 노동 집약적이며 인간 의존적인 시스템에서 점점 더 벗어나고 있다는 점이다. 알고리즘 시스템과 (사람이 조작하는 CCTV와 같은) 비알고리즘 시스템 모두가 차별적이며, 배제적 실행을 지향하는 경향이 있다.[49] 비알고리즘 시스템의 영향력은 "행위자, 기술, 인간 운영자 사이의 삼중의 상호작용에 의해서 조정된다." 이와 대비하여 볼 때, 알고리즘 시스템은 "사람의 직접 조작으로 인해 발생하는 불확실성 없이 인간의 행동을 원거리에서 구성하려고 시도한다."[50]

선제 감시의 꿈이 그런 자동화된 시스템 내에서 영속된다. 심지어 과거의 경험을 통해서 볼 때, 감시망의 확장이 그 시스템이 찾아내고자 하는 사람들 대신에 사소한 범죄자들만을 생산했음에도 불구하고 그러하다. 동시에, 첨단 기술의 검열 체계에 의존하는 대신에 승객들에 대한 개인 심문과 평가를 활용한 이스라엘의 엘 알El Al 항공사에서는 30년 동안 안전이 유지되어 왔다.[51] 그러나 이 항공사의 경우 사회적 비용이 막대하다. 특정 집단에 대해서 부정적인 차별을 하는 엘 알 시스템이 북아메리카나 유럽에서 용인될 것 같지는 않다.

수렴하는 (알고리즘적) 공항 감시가 갖는 두 번째 함의는 그런 시스템이 점점 더 불투명해지는 경향이 있다는 점이다. 이것은 시스템 설계자와 컴퓨터 프로그래머가 범주들을 만드는 데 있어서 점점 더 큰 역할을 맡기 때문이다. 이 범주들은 차별의 기준이 된다. 달리 말하면, 비정상적이거나 이상한 행동이 정의되는 과정은 윤리적 조사나 민주적 참여가 수반되는 과업이기보다는 "기술적 전문가들"의 과업이다. 그러나 "위협 지표"를 구성하는 범주들은 승객들이 자유롭게 여행할 수 있는 가능성 혹은 추가 조사, 심문을 받기 위해서 억류될 가능성, 그리고 감금될 가능성에 있어서 매우 큰 차이를 만들어 낸다. 이러한 결정에 있어서 출생한 나라와 민족이 큰 역할을 하기 때문에, 만약 차별의 유형이 유사한 패턴을 따른다고 해도 그리 놀랄 일은 아닐 것이다. 이제 그와 유사한 패턴이 첨단 기술의 그럴 듯한 설명에 의해 강화되고 있다. 따라서 문제는 그런 시스템이 실행될지 여부에 있는 것 같지 않으며, 어떻게 시스템의 책무성을 강화하고 독립적인 감시를 할 수 있는 적절한 수단을 그 속에 구축할 수 있는가에 있다.

세 번째로, 새로운 공항 감시가 지니는 더 일반적인 함의는 항공 여행이 점점 더 집중적인 국가 통제의 장소가 되고 있다는 점이다. 항공사의 탈규제화 또는 경제적 지구화가 어쨌든 탑승객의 세세한 개인사에 대한 중앙정부의 개입 감소를 의미한다고 보는 것은 순진한 견해이다. 사실, 공적 행위자와 사적 행위자, 상업적 행위자와 법적 행위자 모두의 과잉으로 인해

창조된, 광범위하며 네트워크화된 감시 어셈블리지의 존재가
최근에 점점 더 분명해지고 있다. 그러나 9/11에 대한 대응을
보면, 국가는 약해지기는커녕 공항과 같은 중요한 맥락에서
는 오히려 강하게 확대되고 있다. 현대 정부, 그중에서도 특히
미국 정부는 다른 지역에서는 훨씬 더 온화하고 부드러운 감
시의 선구자로 간주되는 그런 탈중심적이며 분산된 모니터링
과 검열 시스템을 매우 중앙집중화된 목적을 위해서 활용할
수 있는 능력을 보여 준다. 국가 안보는 그런 목적 중의 하나
이다. 그리고 마이클 이그나티에프Michael Ignatieff[캐나다 출신의 역사
학자이며 정치가, 저널리스트와 다큐멘터리 필름 제작자로도 활동함: 옮긴이]
가 지적한 것처럼, 미국의 경우는 전 지구적 안보에 대한 책임
감도 가지고 있다.[52]

이중 감시 체계의 수렴이 갖는 네 번째 함의는 "테러와의
전쟁"의 핵심 영역으로서 공항을 더 넓은 전 지구적·사회적
감시 경향을 파악하는 소우주로서 관찰할 가치가 있다는 것이
다. 앞에서 언급했듯이, 감시의 정치경제학은 이 같은 발전에
있어서 중요하다. 정부들은 "반-테러리즘"에 엄청난 자원을
쏟아 붓고 있다. 그리고 소프트웨어 회사들은 안보에 관한 긴
급한 물음에 대한 응답으로서 그들의 전문가와 상품을 제공하
고 있다. 이것이 사회적으로 분류된 개인을 생산하는 알고리
즘을 형성하는 우선순위이다.

항공기 기내의 안전을 확보하는 것이 우선순위가 아니라고
말할 정도의 바보는 거의 없을 것이다. 그러나 마찬가지로, 그

같은 안전이 자동화된 시스템에 대한 공적인 감시 모드의 개선과 연계해서 추구되어야 한다는 것을 인식할 만큼 충분히 지혜로운 사람도 너무 적은 것 같다. 이와 함께, 그런 시스템이 더 노동 집약적인 시스템보다 비효율적일지도 모른다는 인식도 때때로 필요할 것이다. 그런 주의를 기울이지 않는다면, 공항 감시를 형성시킨 동일한 정치경제학이 이동 영역, 여행자의 쇼핑몰, 입국 장소, 보안 초소, 그리고 출입구와 같은 그런 "무장소들non-places"을 넘어서, 세계의 안보와 치안 유지 활동의 배치를 구성하는 데 일조할 것이다.

## 지구화되는 대항-감시

전 지구적 감시의 성장은 비밀스러울지는 모르나, 인지되지 않은 채 진행되지는 않는다. 신흥개발국이나 개발도상국에서는 감시가 일상적인 일처럼 보일지 모른다. 그러나 북반구의 경우, 새로운 감시의 관행들이 항상 환영받는 것은 아니다. 아시아와 중동 지역의 많은 나라에서는 서방 세계에 의해 권위주의적이거나 억압적이라고 간주되는 정부들이 기존의 감시 관행들을 합법화하는 수단으로 9/11을 활용하였다. 예를 들어, 한때 이슬람주의자Islamists나 무슬림 형제단Muslim Brotherhood을 주의 깊게 감시하던 이집트의 경우에는 달라진 것이 별로 없다.

동남아시아의 경우, 특히 인도네시아, 싱가포르, 말레이시아는 9/11을 통제 강화를 위한 수단으로 활용하였다. 왜냐하면 특히 이들 나라에서 알카에다 조직원들이 활동적이기 때문이다. 아세안ASEAN은 반-테러리즘 협력을 강화하기로 합의하였다.[53] 그러나 회원국들 중 일부에서는 정치적 이견에 대한 제재 때문에 이에 대해 얼마나 대중적으로 동의하는지 파악하기는 어렵다. 반면에 일본은 훨씬 모순되는 경향을 보이는 예이다. 일본 정부가 9/11 이후에 몇 가지 법률 — 고객의 금융 거래를 파악하고 "테러" 집단의 자금줄을 제한하기 위해서 — 을 도입하는 동안에 법조계와 학계 또한 "국제 조약에 의한 법 집행의 지구화"에 대항하여 집단적으로 목소리를 높였다.[54]

9/11 이후, 대중들은 감시에 대해 점점 더 의식하게 되었다. 특히 북반구에서는, 이것이 온라인과 오프라인 양쪽에서 감시 비판과 행동주의의 네트워크를 급속히 조직하는 것으로써 나타나고 있다. 양쪽에서 증가하는 감시에 도전하기 위해 헌신하던 기존의 활동 단체들은, 법률적 측면과 풀뿌리 측면에서, 9/11 사태 이후에 그들의 활동을 크게 확대하였다. 프라이버시 감시자들과 정보 보호 관리들은 반-테러 법률의 감시 측면에 대해 우려의 목소리를 냈다. 프라이버시 인터내셔널 Privacy International[1990년에 영국을 기반으로 출범하여 감시나 프라이버시 침해 문제를 다루는 비영리 시민 단체: 옮긴이]과 전자 프라이버시 정보센터와 같은 기구들은 분명하거나 잠재적인 남용 사례들뿐만 아니

라 제안되거나 실행되는 새로운 시스템 각각에 대한 상세한 정보를 온라인상에 공개해 왔다.

이런 조직들은 세미나와 언론 토론회도 주최하여 왔다. 한편, 다른 곳에서는 9/11 이후에 일어난 엄청난 감시의 도전에 자극을 받아서 새로운 집단들이 빠르게 생겨나기 시작했다. 예를 들어, 호주에서는 2002년에 "도시-국가City-State"라는 이름 아래 반테러 시도에 의한 감시의 결과들을 기록하고 그에 대한 인식을 고양시키기 위해서 시드니와 멜버른에서 공적인 회의를 활발히 개최하였다.[55] 몇몇 유럽 국가에서는 보안, 치안, 정보 기관들이 취한 9/11 이후의 조치들의 유형과 범위에 대한 의문들이 제기되고 있다. 특히 신분증에 대한 제안은 몇몇 나라에서 상당한 비판을 받았다. 적어도 이런 활동 중 일부가 정책이나 더 체계적인 저항으로 전환되지 않는다면, 이는 놀라운 일일 것이다.

감시 자체의 지구화와 함께, 그에 대한 대응도 얼마 전부터 지구화되고 있다. 예를 들어, 프라이버시 인터내셔널은 세계 도처에서 감시 체계와 그 관행의 성장에 대해 기록하고 있다. 그리고 인터넷을 활용하여 그렇게 하기 때문에, 많은 나라와 사람들이 그 단체의 조사와 연구 결과들을 공개적으로 활용할 수 있다. 영국 런던과 미국 워싱턴에 기반을 둔 프라이버시 인터내셔널은 서로 멀리 떨어져 활동하는 집단들에게 자주 정보를 제공한다. 이를 통해 그들의 활동이 지구 전체에 걸쳐 매우 신속하게 협조되고 공개될 수 있도록 한다. 그러므로 프라이버시 인터내셔널은 지구화된 대항-감시의 제한된 한 예로 간주할 수 있다. 비록 대부분의 활동이 유럽과 미국에서 수행됨에도 불구하고, 이 단체는 지구상의 많은 나라들, 특히 아시아에 그에 관한 정보를 보낸다. 전자 프라이버시 정보센터와 글로벌 인터넷 리버티 캠페인Global Internet Liberty Campaign(GILC)[몬트리올에서 열린 인터넷 소사이어티 정례 모임에서 출발한 국제적인 시민 단체로, 인터넷상의 자유를 옹호하기 위한 활동을 함: 옮긴이]도 유사한 활동을 하고 있다.

프라이버시와 정보 보호 법의 차원에서는 여러 해 전부터 활동이 지구화되어 왔다. 실제로, "프라이버시"나 "정보 보호" 같은 바로 그 명칭들이 감시에 의해 제기된 문제를 사고하는 대안적인 법적 방법을 암시해 준다. 프라이버시라는 말은 북아메리카에서 가장 빈번하게 사용되었다. 반면에 유럽에서는 다양한 형태의 정보 보호 제도가 존재한다.[56] 그 이전은 아니지만, 1980년대 이후부터 유럽의 시도가 북아메리카에 영향을 미치게 되었다. 1990년대 초에 등장하여 1990년대 후반부터 시행된 "정보 보호 명령Data Protection Directive"이 특히 그러하였다. 이것은 거래 당사자들이 공정한 정보 사용 규칙의 특정 기준들을 따를 것을 요구한다. 그리고 이것은 감시의 특정 측면들의 성장을 제한하려는 노력을 지구화하는 동력으로 작용했다. 미국과 캐나다 모두 유럽의 명령에 자극받아 그런 법률을 도입했다.[57]

의사소통과 협력을 위해 인터넷을 활용하는 지구화된 집단들의 장기적인 효과는 아직까지 확인되지 않았다. 그러나 지구화된 도전과 인지된 위협의 증가에 대해서 이렇게 지구화된 방식으로 대응하는 것은 의미 있어 보인다. 이것은 나오미 클라인이 "핫링크hotlink" 정치의 일종이라고 묘사한 것의 한 사례이다. 핫링크 정치에서는 탈중앙집중화된 운동에 의해 위계 구조가 극복되며, 여기서 새로운 기술은 거의 전복적인 특성을 지닌다.[58] 물론 그녀 또한 이 같은 접근법의 위험성을 인식하고 있다. 예를 들어, 단지 웹서핑만 하는 안락의자형 행동주의를 초래할지도 모른다. 그러나 수많은 연구들에 의해 그런 "부정적인 측면들downsides"은 단지 그것뿐이라는 것이 명백해졌다. 많은 사람들에 의해 인터넷은 지역적·전 지구적 차원에서 정의를 추구하는 수단으로서 형성되고 있으며, 그렇게 할 수 있는 인터넷의 능력은 이미 명백해지고 있다.[59]

## 전 지구적 감시?

지구화된 감시globalized surveillance의 결과가 전 지구적 감시global surveillance는 아니다. 감시 기술을 통합한 완벽한 장비를 가지고 지구의 대중을 통제하는 어떤 유선wired 세계 정부에 대한 공포심은 억지스러운 편집증적 악몽이다. 그러나 전 세계에 걸친 감시의 네트워크가 점점 더 분명해지고 있다. 그것은 대중을 통제하기 위하여 공적이고 사적인, 다양한 자료 출처를 활용하여 개인 정보-처리 시스템들을 통합할 수 있다. 북반구는 현재 대부분의 통합이 발생하고 있는 지역이지만, 이 지역과 다른 지역의 몇몇 특정 국가들 간에 협력이 증가하고 있다. 정보 수집 활동의 경우처럼, 치안 유지 활동도 점점 더 지구화되고 있다. 이것을 가능하게 하는 네트워크는 공간적으로 신축적이며, 또한 시간적으로 신속하다. 공간적으로 방대한 거리에 걸쳐 있으며, 시간적으로는 통합된 데이터베이스들 내에서 검색 결과들을 재빨리 결합시키기 때문이다.

더 많은 집단이 감시망 속에 포함되고 있다. 이들 집단은 ("테러범"과 같은) 일관성 없는 개념 정의적 범주와 유사한 특성을 부여받으며, 이들을 확인하고, 검열하고, 분류하기 위해서 유사한 검색 방법들이 활용된다. 확실히 북반구의 경제적 · 군사적 권력은 그 같은 시스템들을 활용함으로써 증대될 수 있는 것 같다. 그러나 강화되는 것은 특정 집단들의 권력이기도 하다. 본질적으로 지구화를 "좋은 것"으로 간주하는 "신경제new economics" 이론가와 정치가들은 어떤 종류의 "반세계화" 운동도 부정적인 관점에서 볼 수밖에 없다. 그러므로 반세계화 운동의 참여자들은 단지 전수받은 지혜와 경제적 "상식"에 이의를 제기했다는 이유만으로, "잠재적 테러범"으로 낙인찍힌 자신들을 발견한다.

그러나 반세계화 운동이 존재하는 것과 마찬가지로, 최소한 배아적 형태이지만, 전 지구적으로 활동하는 반-감시 운동도 존재한다. 근대 시기에 일반적이던 그런 종류의 "통제의 변증법"이 전 지구적 차원에서 재형성되고 있는 것 같다. 한 때 특정 국민 국가 내에서 자본가들의 통제에 대한 대응(노동 조합) 또는 산업 조직에 대한 대응(녹색 운동)으로서 반대 운동 이 일어났는데 반하여, 이제는 감시와 같이 지구화되는 과정 에 대항하는 힘으로서 항의, 행동, 그리고 정책 형성의 지구화 된 형태들이 나타나고 있다. 통합된 실시간 감시를 활성화하 는 네트워킹 양식 또한 인식을 고양시키고 원거리에서 활동을 조정하기 위해 인터넷을 사용하는 "핫링크 정치"를 가능하게 한다.

# 6. 감시에 저항하기

"나는 사람들이 서로를 속이는 나라, 사람들이 서로를 마치 잠재적인 테러범처럼 바라보는 나라에서 살기를 원하지 않는다. … 나는 도와주고 협력하는 것을 당연시할 수 있고 또 당연시하는 나라에서 살고 싶다."

어슐러 프랭클린[1]

9/11로 인한 감시의 결과들은 감시에 대해 다시 생각하고 또 저항할 수 있는 기회를 제공했다고 필자는 믿고 있다. 지금까지는 통제와 의심의 문화가 확장되는 경향이 증가하면서, 기존의 체계가 강화되어 왔다. 적어도 감시의 강화가 의도한 결과들 중 일부는 실현될 것 같지 않다. 반면에 의도하지 않은 결과들은 이미 나타나고 있다.

지난 몇 년 동안 감시는 알고리즘적이고, 기술적이고, 선제적이고, 분류적인 것이 되어 왔다. 이로 인해 모든 면에서 사회적 통제망은 확대·강화되고 있으며, 의심의 범주는 미묘하게 확장되고 있다. 이것은 신뢰를 손상시키는 경향이 있으며, 개인의 행동을 강조함으로써 사회적 연대도 손상시키는 경향이 있다. 동시에 감시는 그러한 체계를 제도화한 사람들이 감당해야 할 책무는 그대로 둔 채, 그들의 권력은 확장시킨다. 이런 모든 특징이 9/11 이후에 확대되었다.

몇 해 전에, 감시에 관한 연구와 저술을 처음 시작했을 때, 필자는 결코 편집증paranoid도 아니고 안주complacent도 아닌 균형 잡힌 입장을 유지하려고 노력했다. 필자는 어떤 종류의 감시는 사회적으로 필요하기도 하고 바람직하기도 하지만, 항상 양면성을 가진다고 주장했다(지금도 여전히 그렇게 주장한다). 감시에 수반되는 위험danger과 위험성risk은 그 유익만큼이나 중요하다. 사람들이 괜한 걱정을 하며 날카로워지고 있다고 느끼는 상황에서, 필자는 사람들에게 신중하기를 당부하고 더 세심하게 분석할 것을 요청했다. 반면에 안주하는 풍조가 지배하는 것 같은 상황에서, 감시가 사람들의 삶의 기회와 선택에 때때로 매우 부정적일 수 있는 결과를 실제로 초래한다는 것을 보여 주고자 노력했다.

그러나 9/11 이후에 시계추가 "배려"로부터 "통제"로 너무 많이 이동했다. 그래서 필자는 더 강력한 비판을 하지 않으면 안 되겠다고 느끼고 있다. 필자의 감시에 대한 태도는 여전히 양면적이라고 할 수 있다. 그러나 이 책에서 논의된 증거들은 완곡한 이의 제기가 더 이상 적합하지 않음을 필자로 하여금 목도하게 하였다. 21세기 초에 등장한 몇몇 감시의 사례는 사회 정의와 인간성을 직접적으로 공격하기 때문에 절대로 받아들일 수 없다. 그것은 아무도 이웃을 신뢰할 수 없고, 사람들과 정치 형태에 영향을 미치는 결정들이 밀실이나 "스마트" 시스템 안에서 내려지는 그런 세계를 창조하도록 돕는다.

그러나 단지 부정적인 비판만 제기하는 것은 아니다. 9/11 이후에 세계는 주요한 도전에 직면하고 있다. 다른 방향을 모색하는 것에 대한 긍정적인 제안이 필요하다. 그 도전은 분석적이고, 정치적이고, 기술적이라고 필자는 생각한다. 즉, 그 도전은 9/11 이후에 사회적 세계를 어떻게 이해할 것인가에 영향을 미친다. 또 윤리적으로 어떻게 판단하고, 행동의 우선순위를 정하기 위해 무엇을 고려해야 하며, 어떤 기술을 채택할 것인지를 결정하는 데 사람들이 어떻게 참여해야 하는지에 대해 영향을 미친다. 세계는 9/11 이후에 점점 더 복잡하고, 불안정하며, 위험스럽게 되었다. 그러나 그로 인해 움츠러들어서는 안 된다. 우리는 그것에 개입해야 한다.


## 함께 매듭을 묶기


감시는 주요한 사회적 과정의 하나로서 2001년 9월 11일 이전에 세계 대부분의 나라에서 이미 고도로 발달해 있었다. 현대 사회는 감시 사회이다. 디지털 기술에 의존하기 훨씬 이전부터 그러했다. 그러나 전산화가 진행된 후에는 더욱더 그렇게 되었다. 감시의 관행과 과정은 9/11 이전부터 네트워크화된 통신 체계에 의해 이미 강화되고 있었다. 그리고 변화는 가속화되고 있었다. 예를 들면, 영국과 다른 유럽 국가들뿐만 아니라 북아메리카와 아시아에서도 점점 더 많은 감시 카메라가 도시 지역에 설치되고 있었다. 그러나 9/11의 영향으로 인해 여러 가지 측면에서 네이버후드 워치Neighborhood Watch[이웃의 범죄와 공공 기물 파손을 방지하기 위해 활동하는 시민 조직으로 미국에서는 1960년대 후반에 등장하였다: 옮긴이]와 같은 감시 관행과 인터넷 추적과 같은 기술을 채택하는 것이 촉진되었다. 9/11 사건은 많은 국면에서 감시의 강화를 촉발했다.

현대 사회에서 기존의 경향들, 특히 공포, 통제, 의심 그리고 기밀의 문화가 9/11 이후에 강화되고 있음을 현재의 증거들이 보여 준다. 첫째, 9/11 직후에 우리가 분명히 보았듯이, 공포는 대중 매체에 의해 쉽게 확산된다. 명백하게 "외부에서" 초래된 그런 "비이성적인" 공격은 "누구도 안전하지 않다"는 것을 의미한다. 세계무역센터 장면의 끝없는 재생은 그 자체로 공포를 강화하는 데 일조하였고, 새로운 감시 체제에 대한 저항을 불식시켰다. 둘째, 데이비드 갈랜드가 설득력 있게 주장했듯이, 통제는 권력자의 음모가 아니다.[2] 오히려 권력자들은 특정한 사회적 발달, 특히 소비자-시민consumer-citizen과 사유화된 이동성privatized mobility의 증가를 상품화된 통제commodified cotrol의 형태를 제도화하기 위한 기회로 삼았다. 이것은 감시를 통해 위험을 계산하고 정보를 찾는 것에 의존한다.

의심의 문화는 공포와 통제, 이 두 가지를 뒤따라서 나타난다. 그것은 직접적인 신뢰의 관계보다는 수많은 신뢰의 증표tokens of trust에 의존한 결과이다. 그리고 물론 이것은 9/11로 인해 더 악화되었다. 뉴욕이 공격받음으로써 야기된 공포는, 오노라 오닐Onora O'Neill의 주장처럼, 특히 나쁜 방식으로 신뢰를 손상시켰다.[3] 마지막으로, 기밀의 문화는 관료적인 부서와 정부를 항상 유혹하고 있다. 그리고 이것은 민주적 관행으로부터 탈주한다. 9/11 이후에 이런 경향 또한 급속히 증가했다.

이 책에서는 아이러니가 반복해서 사용되었다. 9/11로 인해 통과된 법률들은 기존의 법들이 이미 관할했던 분야를 종종 다룬다. 그러나 이 법률들은 테러 공격을 줄인다는 명시적인 목적은 달성하지 못하면서 명백히 의도한 것은 아닌 결과들을 초래할 가능성이 높다. 공격 재발의 위험성을 줄이기 위해서 도입된 새로운 기술적 조치들도 마찬가지이다. 많은 것들이 도입 목적에 거의 적합하지 않은 반면에, 애석하게도 다른 결과들을 초래하고 있다. 물론, 비상 지휘권, 급하게 통과된 법률, 서둘러 도입된 기술이 문제점을 지니고 있는 것은 이해할 수 있다. 그러나 9/11 이후의 시도들이 지닌 아이러니는 이런 정도를 넘어선다. 그것들은 실제 상황에 대한 이해가 결여되어 있음을 암시한다(예를 들면, 지략을 가진 테러 음모자들이 얼마나 교활한지 혹은 네트워크화된 공격이 전통적인 중앙집중화된 대응을 어떻게 벗어나는지 모르고 있다). 그리고 그것들은 일률적으로 적용되는, 전통적인 해결책, 기술적 조치, 그리고 강화된 통제에 의존한다.

감시의 경향, 특히 사회적 분류의 경향은 9/11 이후에 견고해지고 있다. 많이 공론화된 "인종 프로파일링"에 대한 논쟁들을 통해 사회적 분류의 문제가 많이 부각되었으나, 문제는 이것보다 훨씬 광범위하다. "무슬림/아랍인"으로 정의된 사람들을 향한 부정적인 차별은 틀림없이 발생하고 있다. 이것은 9/11의 가장 사악한 결과들 중의 하나이다. 특히 현장의 현실과 상관없이 특정한 인종적·종교적 집단을 의혹과 연루시키기 때문에 그러하다. 그러나 사회적 분류는 감시의 최전선에 존재하는 특징으로서 이전보다 훨씬 더 분명하다. 모든 종류의 집단들이 "테러범"의 범주에 포함될 수 있다. 그리고 일상적인 잡담을 포함하여 모든 종류의 활동이 의심스러운 것으로 해석될 수 있다. 그런 분류 작업은 종종 인간 관찰자를 이용하여 행해진다. 그러나 컴퓨터의 도움을 받으면 훨씬 더 강력해진다.

다른 감시 경향도 9/11 이후에 강화되고 있다. 그중 하나는 시스템 통합의 경향이다. 시스템 통합은 기술 시스템 설계자와 조직 관리자 모두가 오랫동안 공유하고 있던 목표이다. 그 원리는 오늘날 전형적으로 네트워크화되어 있는 광범위한 부문들 혹은 부서들 간에 정보 — 이 경우에는 개인 정보 — 의 공유를 허용한다. 원거리에서 자료를 찾고 검색하는 것이 꽤나 수월하다. 시스템 통합은 공정한 정보 처리의 원칙들principles of fair information handling에 의해 완화된다. 왜냐하면 그런 원칙들이 체계 내에서 마찰을 일으켜 이질적인 정보에 접근하는 것을 지연시키며, 특정한 자료에 접근하는 것을 차단하기 때문이다. 그러나 통합은 여러 가지 중앙집중화의 기능을 수행한다. 그래서 권력이 지리적으로 분산되어 있는 것처럼 보이는 경우에도 실제로는 더 집중될 수 있다. 수많은 데이터세트와 정보 출처를 느슨하게 결합시킨 소위 감시 어셈블리지는 그 자체로는 위계적이지 않을지도 모른다. 그러나 이것은 권력 피라미드가 과거지사라는 것을 의미하지는 않는다.

마지막이지만 중요한 것은, 감시가 효과적으로 지구화되고 있으며, 9/11 이후로 이런 경향에 속도가 붙고 있다는 것이다. 모든 종류의 개인 정보가 국경을 넘어 더 자유롭게 유통되고 있으며, 이런 현상은 특히 북반구의 공항 당국과 경찰 및 정보 기관 사이에서 그러하다. 이미 유통되고 있는 정보들 — 특히 인터넷을 통한 정보들 — 은 점점 더 감시와 검열에 노출된다. 그러나 원거리에서 용무를 볼 수 있도록 하는 바로 그 현대적 과정 속에서 지구화가 탄생하였다면, 감시는 처음부터 지구화되었음이 명백하다. 감시를 포함하는 관리와 통제를 위해 개인의 세부 정보에 주의를 기울이는 것은 새로운 통신 기술의 도움을 받으면서 시간과 공간을 넘어 점점 확대되고 있다. 일상의 관행에서 보면, 이것은 "탈지역화된 국경"에서 직접적으로 확인할 수 있다. 감시가 지구화됨에 따라 새로운 조치들은 정보 검색을 문자적인 의미의 국경으로부터 다른 곳으로 이동시켰다.

또 다른 아이러니는 이것이다. 9/11 공격을 가능하게 한 지구화 과정은 잠재적인 테러범들을 체포하는 데 도움이 된다. 그러나 여기에 더하여, 그것은 감시의 부정적 측면과 관련된 정보를 다른 사람들이 공유하는 것을 허용한다. 그리고 쌍둥이 빌딩뿐만 아니라 민주적 참여의 빌딩도 지금 흔들리고 있다고 사람들에게 경고하는 것을 허용한다.

애초에 필자는 9/11에 대한 대응으로 나타난 감시가 두 가지 현상, 즉 현재 발생하고 있는 것과 미래에 발생할 가능성이 있는 것을 살펴보는 렌즈라는 것을 보여 주고자 했다. 다시 한 걸음 물러나서, 감시를 통한 안보security-through-surveillance가 전 세계, 특히 북반구에서의 경찰, 행정, 소비 시스템에 이미 현존함으로써 초래된 많은 것들을 상기하는 것이 중요하다. 9/11은 사회적 삶 속에 이미 가시화되었던 감시 사회를 향한 흐름을 촉진하고 강화하도록 자극했다. 학자, 영화 제작자, 예술가, 그리고 정치적 활동가들은 이미 몇몇 경향이 사소한 관심거리 이상임을 보여 주려고 시도하였다. 심지어 9/11이 없었다고 해도, 감시의 경향은 논란의 장으로 부상하고 있었다. 그것이 정치적인 승리를 얻은 경우가 거의 없었다는 사실에도 불구하고 그러하다.

9/11에 대한 반응이라는 렌즈를 통해, 우리는 비상사태가 선포되고 공포 체제가 등장할 때 어떤 방향으로 나아가는지를 살펴보는 데 도움을 얻는다. 우리가 감시의 이런 측면에 초점을 맞추기 시작할 때, 몇 가지 것들은 거의 믿기 힘든 것처럼

보인다. 확실히 그것들은 모순된 것 같다. 특히 미국에서, 엄격한 통제를 향한 질주는 과거에 미국이 몹시 비판적으로 대했던 극도로 권위주의적인 체제를 떠올리게 한다. 그리고 내부의 적들에 대한 가차 없는 사냥은 매카시 시대에 발생했던 것처럼 비정상적이다. 단지 지금은 "공산주의자"가 아니라 특정한 인종 배경을 가진 "테러범"으로 대상이 바뀌었을 뿐이다. 감시가 평범한 시민을 혐의자로 바꿀 때, 그때가 바로 현재 상황을 심각하게 점검해야 할 시기이다.

이 같은 사회적 자기 점검은 9/11의 묵시론적 측면과 그 영향 하에 구축되고 있는 감시를 고려할 때 적절한 것 같다. 9/11에 대한 반응은 기존의 경향을 노출시키며, 동시에 평가, 즉 판단에 대한 힌트를 준다. 규범적 접근 — 분석과 이론에서 이미 암묵적으로 존재하는 — 은 강조될 필요가 있다. 하나는 자유가 속박당하고, 인권이 부정되며, 자신이 행하지 않은 일과 모의한 적 없는 행동으로 인해 사람들이 불필요하게 고통당하고 있는 상황을 인지하는 것이다. 다른 하나는 새로운 조치가 제안될 때 경고 표시로서 무엇을 주의해야 하며, 어떤 종류의 대안이 적절한지, 왜 어떤 종류의 대응이 더 선호할 만한 것인지를 제안하는 것이다.

## 도전에 직면하기

9/11이 야기한 감시의 결과에 저항하고자 하는 사람들은 세 가지 주요 도전에 직면한다. 즉, 그 결과의 사회적, 정치적, 기술적 차원을 파악하는 일이다. 첫 번째 문제와 관련하여 나는 특히 사회과학에서 행해진 분석들을 언급할 것이다. 둘째, 정보의 정치학이 무대 중앙으로 이동하고 있는 세계에서 긴급한 윤리적 선택이 존재한다. 셋째, 특히 9/11 이후에, 개인과 집단을 확인하고, 위치지우고, 감시하고, 추적하고, 관리하는 세계에서 전개되고 있는 일들을 평가하기 위해서 감시의 기술적 차원을 이해하는 것이 중요하다.

## 사회적 질문

2001년 9월 11일은 새로운 개념과 새로운 설명 도구의 필요성을 창출하지 않았으나, 현재 그것들이 얼마나 절실히 요청되는지를 보여 준다. 오늘날 감시는 사회적 분류로 이해되어야 한다. 그것은 배제적 결과를 가져온다. 타자를 주시하는 것은 체계적인 것이 되었고, 사전에 설정된 특정 기준에 따라 사람들을 분류하고, 위험 혹은 기회의 범주 속으로 배치하는 시스템 속에 내재화되어 있다. 이런 범주는 감시가 행해지는 목적과 관련하여 다시 의심 혹은 권유 — 그리고 그 사이에 존재하는 많은 다른 것들 — 와 관계된다. 그러한 분류는 사람들의 삶의 기회 — 막스 베버가 말했던 것처럼 — 와 선택에 매우 중요하게 작용한다. 감시는 사람을 새롭고, 융통성 있는, 사회적 계급 속에 배치시키는 수단이 되고 있다.

사람들이 감시 체계에 의해 어떻게 "구성되며," 그것이 어떤 결과를 수반하는가는 중요한 질문이다. 만약 전자 시스템을 통해 순환하는 "이중 자료data double"[4]가 보험 회사, 경찰, 복지 부서, 고용주, 혹은 기업으로부터 우리가 받을 대우를 결정하는 데 일조한다면, 그것은 일련의 무해한 전자 신호와는 거리가 멀다. 만약 인종적, 종교적, 혹은 논쟁의 여지가 있는 다른 특성들이 그 데이터 이미지를 구성하도록 돕는다면, 이것은 뼈저린 사실이다. 그것은 또한 코딩 시스템이 작동하는 방식을 이해하는 것이 엄청나게 중요하다는 것을 의미한다.

분류classification에 대한 투쟁은 새로운 것이 아니다. 오늘날 새로운 사실은 분류 과정이 자동화되고 있으며, 그것이 점점 더 위험 관리의 지배적인 양식 내에서 다양한 목적을 위해 사용된다는 점이다. 피에르 부르디외Pierre Bourdieu[프랑스의 사회학자로 『상속자』(1964), 『재생산』(1970), 『구별짓기』(1979) 등의 저술을 집필하였다: 옮긴이]가 주장한 것처럼, 분류 계획을 지배하는 권력은 사회적 세계의 의미 한가운데 있다. 우리가 테러리즘의 정의에 관하여 살펴본 것처럼, 법률은 분류를 체계화하는 데 공헌한다. 반면에 기술은 인간적 요소를 더욱더 제거함으로써 그리고 디지털에 의해 분리하는 능력을 촉진함으로써 이를 뒷받침한다. 많은 사람들에게 법률과 기술은 멀리 있는 것처럼 보일지 모른다. 그러나 사람들은 지역적으로, 관계적으로, 그리고 개인적으로 그것의 영향력을 경험한다. 부르디외가 말한 것처럼, "집단의 운명은 그들을 지칭하는 언어에 속박된다."[5] 이것은 오늘날 "아랍인," "무슬림," "테러범"으로 우선 간주되는 사람들에게 더할 나위 없는 사실일 것이다. 감시 관행은 새로운 형태의 배제를 가능하게 한다. 그것은 특정 표적 집단을 사회적 참여로부터 배제할 뿐 아니라, 때때로 거의 보기 힘든 미묘한 방식으로 그렇게 한다. 확실히, 감시의 자동화는 특권을 누리는 사람과 가난한 사람, "안전한" 사람과 "의심받는" 사람 사이의 간격이 유지되도록 용인한다. 이것은 지배로서의 배제exclusion as domination일 수 있다. 여기서 배제의 범주는 심층적이고 장기적인 긴장을 반영한다. 그러나 그것은 또한 버림으로서의 배제exclusion as abandonment일 수도 있다. 이것은 단순히 "다른 방향으로 걷는 사람"에게 쉽게 행사된다.[6] 소위 사회적 방어 기술은, "패스트트랙fast-track" "우수 고객" 기술이 사람들의 특권을 보호해 주는 것과 같은 방식으로, 보호권 밖의 사람들을 배제하기 위해 작동한다.

이것은 감시에 관해서 자주 주장되던 것과는 다른 종류의 논의이다. 특히 미국에서, 감시는 자주 프라이버시에 대한 위협으로 간주된다. 논설위원과 활동가들은 "슈퍼스누프supersnoop" 계획으로서 DARPA의 통합 정보 인식 시스템의 시도에 대해서 그것이 개인의 자유를 위협한다고 불평한다.[7] 그러나 이런 시각은 감시 권력을 잘못 이해하고 과소평가하는 것이다. 감시를 주로 개인의 자유의 공간을 위협하는 것으로 간주하는 것은 매우 개인주의적이다. 이런 시각은 또한 감시가 사회적 분류 메커니즘에 기여한다는 점을 간과한다. 집단을 분류하기 위해서 개인 정보를 처리하는 것은 삶에서 그들의 선택과 그들의 기회에 심대한 영향을 끼칠 것이다. 이것은 감시의 올바른 이해를 위해서 그에 대한 **사회적 분석**이 왜 그렇게 필수적인지를 보여 준다. 그리고 9/11 이후에 그것은 더욱더 중요해졌다.

비록 9/11이 몇 가지 질문을 전면에 부각시키기는 하였지만, 21세기에 감시는 모든 사람들에게 항상 영향을 미친다. 감시의 강도는 나라에 따라서, 기관에 따라서 상이하지만, 점점 보편화되고 있다. 특히 북반구에서, 위험 관리 체제는 계속되는 정보 처리를 위해 감시에 의존한다. 이미 작동 중인 범주에 "테러범" 범주를 추가하는 것은 그와 같은 시스템의 일상적이고 세속적인 작동으로부터 사람들의 관심을 극적으로 비껴 나게 한다. 대부분의 사람들에게, 대부분의 시간 동안, 불안전 insecurity과 위험risk은 테러리즘처럼 위협적인 어떤 것과는 별로 관련이 없는 것이었다. 가정과 지역 공동체에 위협이 되는 요소들은 직업 시장의 변덕, 부채의 부담, 관계의 파열과 같은 항목들이다. 복지 사기 혐의를 받는 편모들 또한 두려워하는

것이 많다. 자국과 해외의 가난과 불평등 문제로부터 사람들
의 관심을 돌리고 싶어 하는 정부들에게 테러 방지를 위한 감
시는 탁월한 유인책을 제공한다.

중요한 또 하나의 경고는, 감시가 새로운 기술에 관한 것만
은 아니라는 것이다. 평범한 사람들이 감시 과정 내에서 역할
을 담당한다. 감시의 권력은 상황에 따라, 구성원이 가지고 있
는 체계에 대한 지식에 따라, 그리고 감시당하고 있다는 사실
에 대한 사람들의 반응에 따라 변화한다. 사회학적으로 볼 때,
많은 권력이 경제적 요소와 관계있다. 즉, 부자가 지배하는 경
향이 있다. 권력의 다른 측면은 지위, 정치적 목적을 추구하는
데 능동적인 집단, 그리고 그것에 접근하는 사람들이 보유한
개인 정보와 관계있다. 권력은 항상 하나의 사회적 관계이다.
그리고 그것은 항상 경쟁적이거나 경쟁할 수 있다.

그러나 권력은 또한 하나의 자원이다. 권력이 데이터 — 특
별한 사람들을 골라내기 위해 비교-검토될 수 있는 집단과 개
인에 관한 복구가능한retrievable 정보 — 와 관련되면 될수록, 감
시는 원칙적으로 점점 더 정치적인 문제가 된다. 만약 앤서니
기든스Anthony Giddens가 옳다면, "통제의 변증법dialectic of control"
은 현대 세계에서 발달해 온 권력의 핵심 축들 각각과 관련되
어 나타나는 경향이 있다.[8] 만약 감시가 그런 핵심 축이 되고
있다면, 그때 감시의 부정적인 특징에 대해 어떤 종류의 반대
를 기대하거나 고무할 수 있을까? 뒤에서 정치적 도전에 대해
서 살펴볼 때 이 문제를 다시 다룰 것이다.

감시를 용인하는 것이 일상이 되었다. 대부분의 시간 동안, 수많은 이유로, 사람들은 감시와 함께한다. 은행 단말기에 비밀번호(PIN)를, 경찰에게 운전면허증을, 병원에서 의료 보험 번호를 제시해야 하는 것이 현대 세계에서는 당연시된다. 우리는 고용주, 전화 회사, 상용 고객 우대 제도가 우리에 관한 기록을 보유하고 있으리라고 가정한다. 그리고 지방선거나 총선거가 실시될 때, 우리의 이름이 등재되어 있을 것이라고 가정한다. 우리는 감시 체계 내에서 우리의 개인 정보가 기록되고, 저장되고, 재생되고, 비교-검토되고, 거래되고, 교환되도록 하는 데 드는 비용을 감수할 만한 이익 — 보안, 효율성, 안전, 보상, 편리성 등 — 이 있다고 가정한다. 평범한 사람들이 감시와 더불어 살아감에 따라, 그 체계에 의해 구성된 질서는 강화되며, 개인들은 (푸코가 말한 것처럼) 체계에 의해서 "표준화된다." 9/11 이후로, 추가적인 "공포 요인"으로 인해 감시를 용인하는 일이, 많은 경우에, 더욱더 뚜렷해지고 있다. 동시에, 곧 살펴보겠지만, 이에 대한 도전도 나타나고 있다. 그것이 장기적으로 어떤 결과를 가져올지는 아직 알 수 없다.

매일 매일 일어나는 감시에 관한 협상의 많은 사례들을 살펴볼 때, [감시에 대한] 용인이 부지불식중에 일어나는 것은 아닐 수도 있다. 비록 일상적으로 감시의 대상이 되는 것에 대해 사람들이 어떻게 반응하는지에 관하여 아직까지 사회과학자들은 아는 바가 거의 없지만, 다음과 같은 몇몇 협상의 사례들은 언급할 수 있다. 주체들이 설문지의 어떤 숫자에 기술되어 있는 내용에서 자신들을 인식하지 못할 때, 범주를 혼동할 수도 있다. 십대들은 쇼핑몰에서 감시 카메라에 더 쉽게 노출될수도 있고, 혹은 노출을 기피할 수도 있다. "나는 어떤 통에도 소변을 누지 않을 거야"라고 하면서, "관례적 검색" 통과를 요구받는 사람들이 이를 거부할 수도 있다.[9] 피고용인들은 컴퓨터 키보드 작업이 공개적으로 드러나거나, 구내식당이나 화장실에 카메라가 설치되는 것에 반대할 것이다. 고객은 자신의 메일 계정으로 배달되는 스팸 메일을 차단하는 기술적 수단을 찾을 수 있다. 각각의 경우에, 전체 감시 체계가 문제시되는 것은 아니더라도, 그것의 어떤 측면은 도전받는다.

위의 사례들 중 일부에서는 감시에 대한 문제 제기가 단지 개인적 수준에서 이루어진다. 반면에 다른 경우들은 사람들이 집단적으로 관련될 수 있다. 개인적인 저항도 가치가 있으나, 감시나 그것의 어떤 측면에 저항하려는 집단과 운동이 출현할 때에 비로소 감시에 대한 반대가 좀 더 심각한 사회적 현상이 된다. 지난 수십 년 동안, 감시 권력에 도전하는 일을 과업으로 하는 수많은 집단들이 나타났다. 이들은 대부분 프라이버시나 시민권의 이름으로 문제를 제기했다. 몇몇 이슈들은 광범위한 논쟁거리*causes célèbres*가 되었다. 여기에는 정부에게 암호 코드를 풀 수 있는 열쇠를 주는 "클리퍼 칩Clipper Chip"을 만들자는 제안,[10] 혹은 대량 판매할 수 있도록 우편 번호별로 개인 정보를 만드는 로터스의 "하우스홀드 마켓플레이스 Household Marketplace" 소프트웨어에 대항한 강력한 항의와 같은 것이 있다.[11] 이 두 사례 모두 미국에서 발생했으며, 9/11 이전에 발생했다는 점을 주목하라. 그 이후에 전개된 운동들은 이런 선례들에 기반하고 있다.

그런데 감시에 대해 의문을 제기하는 또 다른, 심층적인, 이유가 있다. 방금 언급한 종류의 질문들은, 기술적 감시가 증가하고 있기 때문에, 반대를 할 때는 바로 이런 조건들 위에서 반대를 해야 한다고 가정하는 경향이 있다. 그러나 이것은 담론 그 자체를 의심하기보다는 지배적인 담론을 점진적으로 받아들이는 것이다. 이 책은 새로운 기술이 사실상 제도적이며 일상적인 삶의 실천들 속에서 어떻게 사회적으로 내장되는지를 보여 준다. DARPA가 행하는 행정적 결정에서부터 현금 결제 혹은 신용카드 결제, 휴대폰 혹은 이메일에 관한 일상적 선택에 이르기까지 항상 사회-기술적인 것이 고려된다. 혹은 고려되어야 한다. 우리는 기술적인 "해결책"이 어떻게 자기-확장적인 경향을 보이며, 명백한 것으로 제시되는 경향이 있는지를 항상 보아 왔다. 그것은 톱니 효과ratchet effect[한 번 상승하면 다시 본래 상태로 돌아오기 어려운 비가역성을 지칭한다. 저자는 'rachet effect' 라고 적고 있는데 오자인 것으로 보인다: 옮긴이]를 가지는데, 거기서 더 많은 시스템은 더 많은 불안감을 낳고, 그것은 더 많은 시스템에 대한 새로운 욕구를 창출한다. 그리고 너무나도 쉽게 그것은 독점적 지위로 교묘히 나아가는 것처럼 보인다.

이 같은 편협한 시각은 중대한 결함을 지니고 있다. 지난 30년 동안 증가해 왔고, 지금은 많은 사람들에게 테러리즘에 대한 실행가능한 유일한 해결책으로 간주되는 소위 사회적 방어 기술과 상황적 범죄 예방situational crime prevention[상황적 범죄 예방은 지역 사회 환경이나 범죄 발생 요인을 개선함으로써 범죄가 발생할 수 있는 기회를 감소시키거나 제거하여 범죄를 통제하려는 전략이다: 옮긴이]은 사회적으로 퇴행적이다. 그것들은 사회적 분류를 통해서 사회적 분리를 강화하는 경향이 있으며, 위험과 속박의 실제 이슈들을 희석시킴으로써 도덕적 책임에 관한 질문을 제거하고, 진정한 논쟁이 발생하지 않도록 만든다. 필자는 이것 때문에 도구적 차원뿐만 아니라, 우리가 연대라고 부를 수 있는, 사회적 삶의 차원도 고려해야 할 필요가 있다고 강조하는 것이다. 법률과 기술보다 더 심층적인 것은 상호 인정, 토의하려는 의지, 사회적 신뢰의 차원이다. 실제로 일상의 삶에 밀접하게 영향을 미침에도 불구하고, 감시에 관한 질문 — 기술 일반이나 지구화에 관한 질문처럼 — 은 동떨어져 있는 것처럼 보일 수 있다. 이방인들을 실질적으로 환대하는 데까지 확장되는 타자the Other에 대한 배려의 윤리, 대규모 공동체와 일상의 공동체 사이를 중재할 수 있는 많은 종류의 소규모 공동체의 육성, 적합한 방식으로 이루어지는 신뢰의 강화 등, 이런 것들이 그런 연대성이 성장할 수 있는 토양을 제공한다. 감시에 대한 저항과 관련해 무슨 이야기를 하든지 간에, 실천적인 과제는 이 기본 토대에서 시작된다.

# 새로운 정치학에 종사하기

정치적 도전은 사회적인 분석적 도전과 연결되며, 실제로 이 것으로부터 흘러나온다. 그것은 많은 측면을 가지고 있는데, 여기서는 그중 세 가지만 다루고자 한다. 첫 번째는 9/11에 대한 반응의 감시 측면이 제공하는 기본적인 정치적 도전이다. 열린사회에서의 자유롭고 민주적인 참여라는 관념은 공격을 받고 있다. 두 번째는 "통제의 변증법"과 관련되어 있다. 이것은 감시의 관행을 완화하고 재형성하는 리더십을 어디서 찾을 것인가 하는 문제를 제기한다. 세 번째 관심사는 "코드의 정치학"이다. 이것은 정보와 의사소통의 권력을 중심으로 한, 21세기 정치학의 핵심 측면이다.

적법 절차의 결여, 재판부와 정치가들의 밀실 결정, "테러 범"에 대한 편향적인 정의, 혹은 테러와의 전쟁을 수행하는 행정부의 절대적 권위주의에서 보더라도, 민주주의는 9/11 이래로 위기에 직면해 있다. 평범한 시민을 혐의자로 취급하는 것, 동시에 이들이 이웃을 감시하는 스파이 역할을 하도록 고무하는 것은 정치적 과정에 있어서의 자신감의 표현일 것 같지는 않다. 안보와 군사적 관심을 정치적 의제의 최상위에 위치시키는 것은 필히 자유와 민주주의를 구축驅逐한다. 등장하고 있는 현재의 "감시 국가" 체제 하에서, 그것들은 적어도 동일한 우선순위를 가지고 공존할 수는 없다. 모든 종류의 외국

인들을 차단하기 위해 국경의 경계를 강화하려는 시도는 세계
의 안과 밖에 존재하는 실질적 필요에 대해 효과적으로 문을
닫는 것이 될 수 있다.

울리히 벡Ulrich Beck[독일의 사회학자로 근대성, 개인주의, 지구화 등과
관련된 연구를 수행하였으며 『위험 사회』라는 저술로 많이 알려져 있다: 옮긴이]
은 9/11 이후에 감시 국가가 확립되고 있는 것에 주목한다. 그
러나, 다른 몇몇 사람들처럼, 벡도 대안을 제시하였다. 세계
시민국가가 그것이다. 이것은 국경 안과 밖에 있는 외국인들
과 함께하는 연대를 특징으로 한다. 이들은 자기 결정력을 민
족적 · 비민족적 타자들Others에 대한 책임과 연결시키려고 한
다. 그러므로 "세계시민국가는 테러뿐 아니라 테러의 원인들
과도 대항하여 싸운다."[12] 이것은 인권과 전 지구적 정의에 기
초하여 국제적 협력을 위한 토대를 놓을 수 있을 것이라고 벡
은 주장한다. 그는 세계의 위험 사회를 분석하는 일도 도외시
하거나 경시하지 않았는데, 그는 이 분석으로 유명하다. 그는
세계시민주의가 이를 개화시키는 방안이 될 것이라고 주장한
다. 이것은 감시 국가가 반민주적으로 강화되는 데 대한 하나
의 대안이며, 아직 가지 않은 길의 사례이다.

국가의 재활성화는 감시 국가를 향한 현재의 위험한 흐름
으로 인해 제기된 하나의 도전이다. 또 다른 하나는 기존의 감
시 권력을 길들일 수 있는 집단들 간의 연합을 발견하는 것이
다. 만약 노동 운동이 자본주의적 기업의 권력에 대항하여 일
어났고, 여성 운동은 가부장제의 현대적 형태에, 녹색 운동은

산업주의에 대항하여 일어났다면, 감시에 대해서는 어떤 대항 운동이 일어날까? 과도한 감시(몇몇 경우에는 감시 그 자체가 될 수 있다)에 대해 문제를 제기하는 데 헌신하는 사회 운동 범위의 활동들을, 지금 여러 맥락에서 감시 활동에 확고한 그림자를 드리우고 있는 통제의 변증법에서 행위자로서 간주할 수 있다고 주장하는 것은 정당한 것 같다.

9/11 이후로, 이미 감시에 도전하고 있던 여러 종류의 행위자, 집단, 운동은 자신들의 노력을 배가하였다. 공포와 불안의 분위기와 더불어, 9/11이 감시에 대해 새로운 정당성을 제공하였다는 인식에서, 시민 단체들과 프라이버시 위원회는 9/11 공격의 결과로 등장한 관행과 기술에 대해 활발한 비판과 반대를 하고 있다. 다른 나라의 유사 단체들처럼, 전자 프라이버시 정보센터(EPIC)와 미국 자유인권협회(ACLU)는 새로운 조치들에 대해서 불만의 목소리를 높이고 있는 대표적인 단체들이다.[13] 프라이버시 인터내셔널은 세계 도처에서 감시의 증가를 기록하면서, 가장 명백한 남용 사례들에 대해 사람들이 주목할 수 있도록 그린피스 식의 홍보 활동을 활용하는 가치 있는 일을 계속하고 있다. 영국의 리버티Liberty, 더 일반적으로 유럽의 스테이트워치Statewatch가 유사한 역할을 한다. 또한 정보 보호와 프라이버시를 감독하는 정부 기관들이 중요한 역할을 하고 있다. 예를 들어, 캐나다의 연방 개인정보보호위원회 위원장 조지 래드윈스키George Radwanski는 캐나다의 여러 도시에서 실행중인 CCTV 감시와 같은 문제 — 이 또한 9/11 이후에

증가하고 있다 ― 에 대한 비판뿐만 아니라 반-테러 법안에 대한 비판을 명백히 하였다.

이런 단체들의 활동이 9/11 이후에 매우 확대된 것은 우연이 아니다. 많은 나라에서 안보를 추구하기 위해서 ― 뿐만 아니라 이전 정책 목표에 따라서 ― 감시가 강화되어 왔다. 그러므로 유럽에서 스테이트워치가 등장하여 반대 목소리를 내는 동안, 일본 감시 기술 대항 네트워크Japanese Network Against Surveillance Technology(NAST)나 호주의 "도시-국가"의 초기 활동과 같이, 다른 단체들이 9/11 이후 감시가 발달하는 데 대한 저항을 결집시키기 위해 만들어졌다. 일본에서 감시에 대한 불안이 증가하는 것을 주목하는 것은 특히 흥미롭다. 비록 9/11 이후 감시에 저항하는 운동의 성장과 직접 연결되어 있지는 않지만, 2002년에 국가적으로 전산화된 주민 등록 제도를 도입하는 것에 뒤이어서 주요 저항과 비전형적 시민 불복종 운동이 일어났다. 요코하마 시는 자발적 등록만을 지지한다고 선언하였다. 반면에 고쿠분지는 단순히 협조하는 것을 거부했다. 그들은 "단절 의식disconnecting ceremony"를 거행하였다.[14] 한동안 감정적 반응이 이견異見들을 압도하는 것처럼 보였던 미국에서도 몇몇 도시들 ― 버클리, 캠브리지, 앤아버 ― 이 패트리어트 법안을 거부하는 쪽에 투표하였다. 지역적 수준에서 얼마나 많은 것들을 성취할 수 있는지가 중요하다. 시민 사회와 비공식적인 결사체들은 합리화된 위험 사회의 원격화remoteness에 대한 중요한 대안이다.

원거리에서 네트워크화된 감시를 할 수 있게 하는 것과 동일한 종류의 기술이 저항하는 사람들 사이의 의사소통을 가능하게 하는 데도 사용될 수 있다. 특히 인터넷의 경우가 그렇다. 위에서 언급한 집단들은 통상적으로 온라인과 오프라인 양쪽에서 활동하며, 공공 영역을 개방하려는 자신들의 의도를 관철하기 위해 어떤 수단이든 사용하려고 모든 노력을 기울이고 있다. 이것은 의사소통 채널을 폐쇄하고, 비밀의 연막 속에 모든 중요한 결정을 봉해 넣으려는 노력과 날카롭게 대조된다. 인터넷을 민주적으로 활용하는 것은 그런 공공 영역들에 중요한 기여를 하며, 그런 공공 영역들은 9/11 이후에 민주적 관행을 회복하는 데 있어 중요하다.

현대 감시 체계와 9/11로 인해 야기된 특정 후유증의 결과가 분명해짐에 따라, 코드에 대해 더 많은 주의를 기울여야 할 것 같다. 더 많은 체계가 알고리즘화 되고, 사회적 분류 과정을 자동화함에 따라, 소프트웨어 프로토콜이 수행하는 결정적 역할에 대한 인식도 증가할 것 같다. 평범한 사람들이 안면 인식이나 인종 프로파일 체계가 어떻게 작동하는지에 흥미를 갖는 것도 놀라운 일은 아니다. 로렌스 레싱이 관찰한 것처럼, 사이버스페이스는 이미 "코드"의 법칙에 의해 지배되고 있다. 그것은 몇몇 이상주의자들이 상상했던 것처럼 결코 제약 없는 자유의 영역이 아니었다.[15] 그러나 아무리 불가사의한 기술적 소프트웨어 코드가 나타난다고 할지라도, 그것은 결코 중립적이지도, 결코 결백하지도 않다. 그것은 체계를 설계하고 실행하는 사람들의 욕망과 목적을 참조하며, 그들의 범주를 표현할 것이다. 그리고 루시 수치먼Lucy Suchman[미국의 여성 인류학자로 인간과 컴퓨터의 상호작용에 대한 중요한 연구들을 수행하였음: 옮긴이]이 우리에게 환기한 것처럼, 범주는 정치학이다.

## 기술적 시민성

감시에 대해 염려하는 모든 사람들이 특히 9/11 이후에 직면하고 있는 세 번째 주요 도전은 기술적인 것이다. 기억하라, 기술을 활용하는 것이 어리석은 실수는 아니라는 점을. 필자가 이해하는 바에 의하면, 기술은 지구의 자원을 지혜롭고 공정하게 활용해야 하는 인류의 소명 중 일부이다. 배려와 통제 사이에 정당하고 적절한 균형이 유지되는 한 감시 기술 그 자체는 이 항목rubric 내에 포함된다.

기술의 도전은 몇 가지 측면을 가진다. 가장 즉각적인 수준에서, 테러리즘 — 그리고 어떤 다른 종류의 인식된 악 — 과 싸우기 위한 기술적 노력과 직접 관련되어 있는 사람들은 자신들의 작업이 초래할 수 있는 결과라는 오래된 수수께끼와 대면해야 한다. 그것은 수수께끼인데, 왜냐하면 그런 시스템이 설치되어 작동하기 전까지는 그것이 야기할 결과들 중 일부는 알 수가 없기 때문이다. 그러나 그것이 설치되고 난 이후에는, 어떤 잠재적 위험을 제거하기에는 시간이 너무 늦었을 지도 모른다. 이 수준에서 요구되는 것은 야기할 수 있는 결과 들을 예리하게 인식하는 것이다. 그래야 체계 내에 한계를 설 정하는 조치를 부가할 수 있을 것이다. 한동안 '사회적 책임 을 위한 컴퓨터 전문가들Computer Professionals for Social Responsibility' 과 같은 집단들은 이런 이슈들을 깨닫고 있었다. 사회적 분류 가 감시의 중심이 될 때, 불공정한 대우와 편파적인 범주화의 위험이 강조되어야 잠재적 손실을 최소화시킬 수 있다.

이것을 넘어서, 새로운 감시의 제안에 대해 사람들이 부정 적인 반응을 — 그것을 하지 마라! — 보여야 할 때가 도래할 것이다. 이 책에서 탐구된 많은 이유들을 고려할 때, 새로운 감시 체계를 창안하는 것에 대해 회의적으로 바라볼 필요가 있는 것 같다. 네트워크화된 테러리즘의 표적을 놓치는 것, 남 용의 가능성, 사회적 불평등을 강화할 가능성, 더 적합한 대응 으로부터의 이탈 — 이 모든 것들과 그 이상이 주의를 기울여 야 할 좋은 근거이다. 그러나 강력한 기업이 강력한 정부 부서 와 함께 일할 때, 그리고 공적인 공포와 그 해결을 위한 정치 적 방책이 존재하는 곳에서, 기술에 대해 경계의 목소리를 내 는 사람은 광야에서 외치는 목소리와 같을 것이다. 그러나 지 금 같은 때에는 그러한 목소리가 정말로 필요하다.

좀 더 심층적인 수준에서, 기술적 도전이 더 이상 기술자나 정치가만이 대응해야 할 사안이 아니라는 점을 인식해야 한 다. 이 문제가 매우 중요하므로 그 사람들에게만 맡겨 두어서는 안 된다는 것뿐만 아니라, 기술의 도전이 이제 매일 매일의 친숙한 일상을 영위하는 모든 사람과 관련되어 있기 때문이다. 기술로 가득한 세상에서 삶을 사는 것과 연관된 책임과 특권 — 그리고 아마도 권리 — 이 윤리적 성찰과 정치적 실천의 문제가 되는 곳에서는 기술적 시민성[17]을 계발하는 것이 요청된다. 만약 그러한 과정이 성공할 수 있으려면, 몇 가지 근본적인 사고의 전환이 요구된다.

북반구 나라들, 특히 미국에서는 현재 법률을 통과시키고 불신의 기술을 배치하기 위하여 열을 올리고 있다. 의심과 통제의 문화가 입법화되고, 자동화되고 있다. 미국의 패트리어트 법안 하에서, 현재 하나의 증명서로 온라인과 오프라인에서 거의 제약 없는 검색이 허용되자, 합당치 않은 검색이라는 개념은 이런 변화의 바람 속에 날아가고 있다. 어떤 대안이 있을까? 랭던 위너Langdon Winner[미국의 정치학자로 테크놀로지와 정치학의 관계에 대한 중요한 연구를 수행하였다: 옮긴이]는 "혼란을 쉽게 견뎌내고, 재빨리 고칠 수 있도록 구조화된, 느슨하게 결합되고 허용적인 기술적 체계를 디자인하는 것"[18]이 많은 의미를 가진다고 제안했다. 그는 대안으로 항상 위험에 노출되어 있는 전 지구적 자원 대신에 지역적이고 재생가능한 에너지 자원, 개인적으로 친분 있는 사람들이 지역적 수준에서 조작하는 기술, 그리고 자연을 착취할 위험 부담이 있는 동력에 대한 의존성을 줄이는 것 등의 목록을 제시한다. 이것들 모두는 "정의와 동정심과 더불어 지구에서 소박하게 살아가는" 삶의 방식에 도움을 준다. 이것은 또한 테러 공격의 배후에 있는 불만을 제거하는 데도 도움이 될 것이다.

만약 그런 제안이 효력을 발휘하려면, 서구적 방식에 영향을 받은 우리들은 기술에 대한 현대의 도구적 접근 방식에 대해 단호하게 등을 돌려야 할 것이다. 그것은 좀 더 해석학적인 이해로 바뀌어야 할 것이다. 후자의 견지에서 볼 때, 기술은 사회적 실천 속에 내장된 "삶의 형식"이며, 그 결과로 기술의 맥락과 기능은 끊임없이 상호작용한다.[19] 최소한 북반구에서, 기술에 대한 우리의 근본적인 의존은 기술을 사용하는 것이 일상 생활의 모든 활동의 핵심적인 부분으로 간주되어야 함을 의미한다. 이것은 전문적, 가족적, 상업적, 법적인 삶은 물론, 정치적 삶도 포함한다.

다시 현실로 돌아와서, 다음 단계에서 물어야 할 것은 기술이 민주적으로 규정된 목적에 봉사하는가, 혹은 그것을 손상시키는가 하는 점이다. 혹은 기술은 단순히 공적인 감독으로부터 벗어나 있는가? 누가 감시 체계에 대해 실제로 책임을 질 수 있는가? 그리고 이것을 확립하는 민주적 과정은 어떤 것인가? 누가 범주를 결정하는가? 이런 문제들은 때때로 대학, 기업, 혹은 정부 부서에서의 "프라이버시 감사privacy audit"라고 부르는 것을 통해 지역적인 수준에서 다룰 수 있다. 이것을 넘어서, 기술적 시민성은 기술 — 이 경우에는 특히 감시 기술 — 을 제한하고 규율하는 것뿐 아니라 새로운 체계를 디자인하는 것까지 요구한다. 여기에는 소위 프라이버시 증진

기술이 할 수 있는 역할이 있다.

기술에 대해 의문을 제기하는 것은, 적어도 서구에서는, 기술의 권위에 대한 몇몇 뿌리 깊은 문화적 주장과 대면하게 되는 하나의 도전이다. 예를 들어, 데이비드 노블은 뿌리 깊은 종교적 기획이 — 유난히 미국에서 — 기술을 통한 초월로 표현된다고 주장한다.[20] 제임스 캐리James Carey는 그것을 기술, 특히 정보 통신 기술을 통해서 완성되는 세상에 대한 꿈, 즉 "기술적 숭고technological sublime"라고 불렀다.[21] 그러므로 기술적 발전에 저항하는 것은 몇몇 사람들에게는 신성 모독 혹은 불경에 해당할지도 모른다. 기술주의적 접근이 특권화된 시기에, 그에 대해 의문을 제기하는 것은 잘못된 것은 아니라 하더라도 기이한 것처럼 보일 것이다. 그것은 세상의 상태에 대해 증언하고, 다른 방향을 향해 빛을 비추는, 광야에서 외치는 예언자의 목소리이다. 그리고 예언자들은 종종 침묵을 강요당한다.


## 의심과 기밀을 넘어서


9/11 이후에 감시는 의심의 망을 확장하고 기밀의 어둠을 심화시킬 우려가 있다. "안보"와 "위험"의 이름으로 모든 방식의 실천과 절차가 확립되어, 무엇이 실제로 진행되고 있는지를 불분명하게 만든다. 따라서 권력에 대한 문제 제기, 특히 타자

들을 분류하고, 특별대우나 배제를 위해서 그들을 가려내는 사람들이 가지는 권력에 대한 문제 제기는 차단된다. 자원과 이익의 배분에서 그것이 가지는 중요성을 고려할 때, 21세기에는 공식적 등급화classification가 이미 중요한 사회적 관심사가 된 것 같다.[22] 의심의 범주는 9/11 이전에는 등급화의 단지 한 가지 수단에 불과했으나, 현재는 그 범위가 급속히 확대되고 있다.

기밀에 대해 말하자면, "테러와의 전쟁"을 위하여 이것은 하나의 생활양식으로 다시 명시적으로 확립되고 있다. 그러나 그것은 또한 의사 결정 — 특히 분류 결정 — 을 더 비가시적으로 만드는 특정 기술을 활용한 결과이다. 첫 번째 것은 의도된 것이다. 두 번째 것은 의도된 것이 아니거나, 최소한 [의도성이] 그렇게 명백하지는 않다. 기밀의 장막 아래서 권력이 행사될 때, 부패와 불합리성의 위험이 최소한 얼마간은 존재한다. 그리고 시셀라 보크Sissela Bok[스웨덴 출신의 여성 철학자이자 윤리학자로 *Secrets: on the Ethics of Concealment and Revelation* (1989) 등의 책을 저술하였다: 옮긴이]가 말한 것처럼, 그런 기밀은 스스로를 먹고 자란다.[23] 그것은 책무성의 증대 없이 권력을 증가시킨다. 그러나 종종 권력이 더 많이 집중되면 될수록 더 많은 기밀이 필요하게 된다. 기밀의 디지털적 측면과 관련하여, 필자가 염두에 두고 있는 것은 자동화가 체계를 불투명하게 만드는 방식이다. 특히 그것에 의해 가장 영향을 받는 사람들에게 그러하다.

이런 의심과 기밀의 문화는 반윤리적이고 반정치적이다.

이것의 복합적 효과는 신뢰를 손상시키고 토의를 질식시킨다. 위험관리와 안보에 대한 중요한 도전이 줄어드는 것은 위험 프로파일이 관계, 제도, 장소에 활용되고, 그리고 가능한 어느 곳에서나 반응을 자동화하기 위해 활용되는 것을 의미한다.[24] 이것이 국경 통제와 스마트카드를 포함한 신분 증명 자료를 그렇게 강하게 강조하는 이유이다. 그러나 이것은 사법부와 권력에 대한 의문과 함께 사회적·법적 맥락에 대한 고려, 그리고 개인과 집단이 국경을 넘을 때 가질 수 있는 복합적안 이유에 대한 고려를 제거한다. 그것은 또한 특정 국가에 영향을 미친다. "주변 대륙의 안보"를 위한 미국의 제안의 경우, 만약 공동 출입국 정책이 확립된다면 미국-캐나다 관계는 크게 변할 것이다.[25]

불행하게도, 위험 관리를 향한 경향, 그리고 그와 관련된 안보와 감시 관행은 이미 9/11 이전에 나타나고 있었다. 그 이후로 이것들은 문제 제기 없이 점점 더 강화되어 왔다. 위험 관리의 언어가 지배적일 때, 사회적 등급화의 미묘하지만 심각한 과정들은 비가시적이고 부적절한 실제적 "위험"을 동반한다. 과학적이라고 간주되는 위험 관리의 기반은 사회적 분류에 신뢰성을 부여한다. 그러나 그것은 대부분의 사람들에게 중요한 의미, 즉 그들이 특정한 장소에서 살고 있는 구체적인 개인이라는 의미를 사회적 분류에서 빼앗아버린다. 구체적인 사람과 장소에 대해 관심을 적게 기울이거나 거의 기울이지 않는 범주화의 양식은 해가 없는 것처럼 보일지도 모르지만, 실제로는 그런 사람과 장소에 영향을 미친다. 그러나 그런 과정의 작업은 종종 평범한 사람들의 통제 범위를 넘어서기 때문에, 그것은 상대적으로 무책임한 관료주의나 기술의 공간에서 존속한다.

"테러리즘"에 대한 반응은 너무나 쉽게 전체주의적 경향을 불러일으킬 수 있다. 한나 아렌트가 정확히 지적한 것처럼, 전체주의적 경향은 궁극적으로 공포에 관한 것이다.[26] 필자는 반-테러의 수사修辭에 영향을 받은 모든 나라의 현 정책 자체가 공포에 기반하고 있다고 주장하고 있는 것은 아니다.[27] 아렌트 자신은 20세기 전체주의의 맹아와 기원에 대해서 관심을 가졌다. 아렌트는 그것이 자기 충족적 신화에 대한 신념과 많은 관계를 가진다고 주장했다. 오늘날 안전 보장과 위험 없는 감시risk-proof surveillance와 같은 수많은 신화가 존재한다. 그것은 불공정하고 무책임한 정책들을 정당화하는 데 사용되어 왔다. 아렌트의 작업은 또 다른 측면에서도 의미가 있다. 크레이그 캘훈Craig Calhoun[미국의 사회학자로 1989년 천안문 사태에 대한 연구가 특히 유명하다: 옮긴이]이 우리에게 상기시켰듯이, 아렌트는 전체주의가 개인과 가족의 사적인 삶과 그 삶 속에 직접적으로 영향을 미친다는 것을 간파하였다. 그것은 푸코가 우리에게 자세하게 설명해 준 권력의 근대적 형태이다.[28] 오늘날의 감시 관행들로 전환됨으로써, 그런 위험들은 매우 분명하다.

감시의 효과, 감시의 위험성은 매일 매일의 삶에서 일상화된 관례들로 나타나고 있다. 9/11 이후의 감시는 우리 모두에게 질문을 제기한다. 아니 대답해야만 할 질문들을 촉구한다. 우리는 어떤 종류의 세상에서 살기를 원하는가? 요새화된 미국? 최대한의 안전이 보장된 유럽? 2003년 초에 가장 중요한 질문은 미국과 그 동맹국들이 사담 후세인을 축출하기 위해서 이라크를 공격해야만 하는가였다. 그러나 테러와의 전쟁이 하나 이상의 국경에서 수행되는 것과 마찬가지로, 평범한 시민들도 자신에게 질문해야만 한다. 우리가 "우리나라"에서의 "전쟁"을 지지하는가? 만약 그렇지 않다면, 단지 의심의 망을 확장하고, 공포의 분위기를 더 강화하고, 통제의 문화를 구축하고, 방어 수단으로서 의심스런 감시 기술을 상품화하는 대신에, 왜 안전을 위한 대안적인 접근을 추구하거나 증진시키려 하지 않는가?

　"테러와의 전쟁"의 불필요한 안보-감시 측면에 대한 반대가 많은 차원에서 필요하다. 프라이버시에 관해 걱정하는 사람들은 강화된 감시에 대해 문제를 제기하는 일에 용기를 잃어서는 안 된다. 그러나 이들이 "분류자들sorters" — 사람들의 삶의 기회를 평가하고 영향을 미치기 위해, 사람들을 범주화하고 프로파일하는 — 이 미치는 심각한 사회적 결과를 고려하기 위해서는 단지 "염탐꾼snoops"만을 감지하는 만연된 개인주의를 넘어서는 데도 성공할 수 있어야 할 것이다. 고용과 교육, 그리고 다른 삶의 영역에서 의심이 확산되는 것을 한탄하는 사람들은 단지 주먹을 움켜쥐는 것 이상의 일을 할 수 있다. 낙인찍힌 집단들 — 아랍 무슬림과 같이 — 을 환대하고,

공포를 조장하기보다는 신뢰의 계기를 만들어 내기 위해서, 연대를 표시할 기회는 풍부하다.

신문이나 정치인들에게 불필요하거나 불공정한 법률에 대한 견해를 메시지로 표현할 수 있는 것과 마찬가지로, 많은 사람들이 새로운 기술에 대해 반대 의견을 공론화할 수 있는 기회를 가지고 있다. 학교 통학 버스에 왜 감시 카메라가 필요한가? 왜 정부의 데이터베이스는 "만약을 위해" 개인 정보를 담고 있어야 하는가? 그러나 이 같은 질문은 좋은 질문이긴 하지만 다른 사람에게 간청하는 것이다. 개인 정보를 다루는 분야에서 일하는 사람들은 책무성을 요구하는 것에 대해, 그리고 분류당하는 사람들의 필요 — 무슨 목적이든 그에 대해 통보하고, 범주들의 생성에 관련되는지 — 에 대해 대범해야 한다.

9/11 이후에 감시는 우리 앞에 중대한 도전거리를 던져 준다. 그 도전은 무엇보다도 사회적 배제의 폐쇄된 세계에 어떻게 대처하고, 사람들을 분류하는 비밀 권력의 도래에 어떻게 저항할 것인가 하는 것이다. 르네상스 시대에 과학과 기술을 통해서 평화와 번영을 꾀할 수 있다는 관념이 싹텄다. 그리고 이런 생각은 유럽의 계몽주의에 의해 강화되었다. 그 이후로 안전을 공학적으로 설계하려는 시도는 매우 중요한 우선권을 가지게 되었고, 앞에서 언급한 신화들을 양산하였다.[29] 그리고 우리가 현재 직면하고 있는 바로 그 난점을 만들어 내는 데 기여하였다. 문제는 르네상스와 계몽주의가 우선순위의 전도를 조장했다는 것이다. 이 책을 시작할 때 암시했던 것처럼, 적합

한 윤리는 타자the Other의 소리에 귀를 기울이는 것에서 시작된다. 그리고 사회적 배려는 타자를 승인 — 의심이 아니라 — 하는 것에서 시작된다. 그러나 그 같은 윤리는 문화적 진공 속에서 존재하지 않는다. 그것은 서로가 공유하는 바람직한 세계에 대한 비전의 토양 속에서 초록의 새싹처럼 자라난다. 역사는 대중 매체에 의해서 경시당하고 정치가들은 현상 유지에 사로잡혀 있는 오늘날, 그 같은 비전은 충분히 제공되지 않는 것 같다. 평화와 안보를 설계하려는 시도는 공포가 증폭되고 희망이 없는 세계의 기본 조건이 되고 있다. 이런 "고착된 fixing" 정신 상태는 다른 선택들 또한 마치 그것들이 존재하지 않는 것처럼 배제시키는 경향이 있다.

바벨론과 니느웨와 같은 고대 도시들의 운명에 대해 성찰하면서, 자크 엘륄은 이 문화들 또한 "성벽과 병기에 의해 확립된 안전 속에서, 외부의 공격으로부터 보호되어" 폐쇄적이었다고 기록했다.[30] 태양 아래 새것이 있는가? 이들 문명처럼 되지 않도록, 엘륄은 정의를 행하고 이웃을 사랑하는 것을 가장 우선시하는 도시에 대한 비전을 역설하였다. 평화와 번영, 자유와 안전은 잘못된 우선순위를 부여한다고 해서 얻어지는 것이 아니라 타자를 위한 책임에 헌신하는 것에서 확보되기 시작한다. 이런 도시는 출입문이 결코 닫히지 않는다. 그것은 포용과 신뢰가 존재하는 장소이다. 그리고 그 불빛은 현재 어둠 속에서 행해지는 모든 것들을 종국에는 소멸시킬 것이다.[31]

# 옮긴이의 글

역자를 비롯하여 많은 사람들이 2001년 9월 11일에 일단의 '소위' 테러 조직이 미국의 심장부를 공격한 사건을 또렷이 기억하고 있을 것이다. 텔레비전 화면을 통해서 세계무역센터의 쌍둥이 빌딩이 붕괴되는 극적인 장면을 수없이 목격하면서 그 끔찍한 사건이 우리의 미래를 어떻게 바꾸어 놓을지 무척 불안해하지 않았던가? 그 후 세계는 테러와의 전쟁으로 인해 많은 변화를 경험했고, 지금도 경험하고 있다. 그러나 한국인의 입장에서 보자면, 9/11 사건은 처음 예상했던 것처럼 우리의 일상을 심각하게 바꾸어 놓은 것 같지는 않다. 테러의 공포로 인해 서방의 많은 나라들이 여전히 두려움에 떨고 있지만, 한국은 직접적인 테러의 위협으로부터 상대적으로 자유로운 몇 안 되는 나라에 속하기 때문이다. 그러나 감시 문제로 눈을 돌리면 어떠한가? 그러면 이야기는 달라진다. 우리는 테러의 공포로부터 자유로운 나라일지는 모르지만 감시의 시선으로부터 자유로운 나라는 아니기 때문이다.

그런 점에서 9/11 사건 이후 감시 체계의 변화를 다룬 이 책의 주요 내용들은 현대 사회를 이해하고 성찰할 수 있는 풍부한 메시지를 담고 있다고 하겠다. 9/11 사건 이후로 전 세계가 테러 문제로 인해 촉각을 곤두세우고 테러와의 전쟁을 수행하기 위해서 사력을 다하고 있는 상황에서 저자는 테러와의 전쟁의 이면에서 진행되는 현대 사회의 큰 흐름을 통찰한다. 그것은 거의 대부분의 사람들이 주목하지 않았던 것으로, 바로 테러와의 전쟁이 수반하는 감시 체계의 변화이다. 저자는 9/11 사건이 그 이전부터 진행되던 현대 사회의 감시 경향들을 강화하고 확산함으로써 세상을 어떻게 변화시키고 있는지를 수많은 구체적 사례와 여러 학자들의 견해를 인용하여 설득력 있게 보여 주고 있다.

테러와의 전쟁이라는 수사학이 사회-정치적 담론을 지배하면서 사회마다 의심의 문화가 확산되었다. 사람들은 자유를 희생하는 대신에 안전을 위해서 스스로 감시자가 되기를 자처하였으며, 강화된 감시 체계를 기꺼이 수용하였다. 이런 사회적 분위기 속에서 여러 가지 이유로 도입이 저지되었던, CCTV, 홍채 스캐너, 안면 인식 등 첨단 감시 기술들이 공항을 비롯한 우리의 일상에 깊숙이 자리 잡게 되었다. 오늘날 이런 첨단 감시 기술들은 디지털 정보망과 연결됨으로써 여러 기관과 국경을 넘어서서 공유되고 통합되고 있다. 감시 기술을 통해서 획득한 많은 정보들은 디지털화되어 상호 교환되며, 코드화된 자료 처리 기술을 기반으로 사람들을 범주화하고 분류하는 데 활용된다. 그리고 이런 사회적 분류 시스템은 특정한 사람들을 잠재적인 테러 집단이나 위험 집단으로 분류하고 배제하는 기능을 수행한다. 이런 감시 체계가 중앙집권적 국가 장치와 리좀적 어셈블리지 양자를 통해서 전 방위적으로 확산 됨으로써 사람들의 자유가 질식당하고 사회적 연대와 신뢰의 망이 손상되고 있다는 것이 저자의 분석이다. 그리고 테러리 즘에 대항하는 전 지구적 전쟁이 수행되는 분위기 속에서 이 런 감시의 네트워크는 지구화되고 있다.

이렇게 현대 감시 체계의 여러 측면을 설득력 있게 분석한 후에 저자는 마지막 장에서 감시에 대해 저항하는 문제를 다 루고 있다. 알고리즘적이고 기술적이고 선제적이고 분류적인 특성을 띠는 현대 사회의 전 지구적 감시 체계에 대항하기 위 해서는 감시에 대항하는 운동 또한 전 지구적 차원에서 조직 될 필요가 있다. 여기에는 감시에 관한 의사 결정 과정을 감시 하고 민주적으로 재구성하는 것, 자동화된 감시의 기반이 되 는 코드와 사회적 분류의 메커니즘을 통제하는 것, 타자에 대 한 배려와 사회적 신뢰와 같은 연대성을 회복하는 것 등이 매 우 중요하게 고려되어야 한다.

역자는 이 책에서 저자가 주장하는 내용이 우리 사회의 현 실과 매우 밀접한 관련이 있음을 거듭거듭 확인하지 않을 수 없었다. 테러뿐 아니라 온갖 위협으로부터 우리를 보호한다 는 명목 하에 수많은 감시 체계가 일상적으로 작동하는 것이 우리의 삶의 현실이기 때문이다. 예를 들어 보자. 우리는 인터 넷에 게시되는 정부나 사회에 대한 비판적인 글들이 검열되고 삭제되는 현실을 목도하고 있다. 2010년 3월 〈국경 없는 기자회〉는 한국을 인터넷 상의 표현의 자유가 별로 없는 '인터넷 감시국'으로 분류한 바 있다. 촛불시위, 미네르바 사건, 천안함 사건, 4대강 사업 등 사회적으로 민감한 이슈에 대한 검열과 규제는 인터넷 상에서 표현의 자유가 심각하게 위협받고 있음을 보여 주는 예들이다. 인터넷 상에 공론 형성을 위해서 수록되는 게시물뿐 아니다. 우리는 패킷 감청이라는 낯선 용어를 접하면서 이웃들과 사적으로 주고받는 이메일도 통째로 권력 기관에 노출될 수 있음을 알게 되었다. 인터넷 패킷 감청은 인터넷 회선에서 오가는 전자 신호(패킷)를 중간에서 가로채어서 인터넷 이용 내용을 원격에서 똑같이 엿볼 수 있는 기술이다. 경찰과 정보기관은 이런 첨단 감청 기술을 이용해서 개인의 이메일 내용은 물론 다운받아 본 영화와 은행 업무 기록 등 거의 모든 개인 정보에 손쉽게 접근할 수 있다.

그런데 이런 감시 체계의 문제는 보수적인 정권의 통치 강화라는 차원을 넘어서는 현대 사회의 일상적인 경향이다. 즉, 우리들 대부분은 위협으로부터 스스로를 보호한다는 명목으로 감시 체계를 강화하는 데 협조하고 있다. 정부뿐 아니라 민간 부문도 잠재적인 범죄를 예방한다는 명목으로 CCTV와 같은 감시 장비를 아무런 거리낌 없이 도입하고 있지 않는가? 그 결과, 전국적으로 3백만 대 가까운 CCTV가 설치되어 있다. 우리는 CCTV가 우리의 일상을 빠짐없이 감시하는 사회에서 살고 있는 셈이다. 2010년 12월 국가인권위원회가 발표한 '민간부문 CCTV 설치 및 운영 실태조사 결과'에 의하면, 조사 대상 직장인, 대학생, 주부 등은 평범한 일상생활을 하는 동안 하루 평균 83회나 CCTV에 촬영되는 것으로 나타났다. 영상을 최대 400배나 확대할 수 있고 적외선 촬영 및 음성 녹음 기능까지 탑재한 CCTV도 민간에 보급되어 있다. 인터넷을 통한 영상 정보 수집과 원격 제어가 가능한 CCTV 시스템이 해킹돼 사생활이 침해된 사례도 존재한다. 한마디로 감시 기술의 발달로 인해서 만인이 감시에 노출되어 있는 것이 한국의 현실이다.

그러나 감시 기술을 민주적으로 통제하고 제어하려는 시민의식은 매우 낮은 수준에 머물고 있다. 따라서 이런 한국의 현실을 고려할 때 현대 감시 체계의 특성을 예리한 사회학적 시각으로 분석하여 그 대안을 제시하고 있는 데이비드 라이언의 책은 시사하는 바가 매우 크다고 하겠다. 우리는 감시 기술을 의문 없이 받아들이고, 공포의 분위기와 통제의 문화를 확산하며, 특정한 집단에게 사회적 낙인을 찍어서 그들을 차별하고 삶의 기회를 박탈하는 대신에 감시 기술을 민주적으로 통제하고, 사회적 신뢰와 연대성의 문화를 회복하며, 부당한 차별과 코드화로 인해 사람들이 차별당하지 않는 사회를 구축하기 위한 진지한 노력을 경주해야 한다.

2003년도에 출판된 이 책을 번역하는 데 많은 시간이 소요된 것은 여러 가지 사정 때문이었다. 저자의 풍부한 자료와 인용을 한국어로 적합하게 번역해 내는 데 많은 어려움이 있었음을 고백하지 않을 수 없다. 역자가 이 분야의 전공자가 아닌 때문에 용어나 표현에 있어서 제대로 번역하지 못한 부분이 존재한다는 두려움도 크다. 그럼에도 불구하고 이 정도의 완성도나마 갖추게 된 데에는 강동호 사장님을 비롯한 여러 분들의 도움이 컸다. 그분들께 감사의 마음을 전한다.

처음으로 혼자서 완역한 번역서를 내면서 느린 작업을 옆에서 지켜보며 조언과 격려를 해준 아내와 세 자녀 — 준학, 준서, 준경 — 에게 고마운 마음을 전하지 않을 수 없다. 그리고 자식을 항상 염려하고 걱정해 주시는 부모님께도 깊은 감사를 드린다. 아울러 미국에 있는 동안에 이 책의 번역에 관한 조언을 해준 처형 내외께도 감사를 드린다. 이 책이 관심 있는 많은 분들에게 읽혀서 한국의 현실을 개선하는 데 조금이나마 기여할 수 있기를 희망해 본다.

# 주

## 서론

**1.** David Lyon, *The Electronic Eye: The Rise of Surveillance Society* (Cambridge: Polity Press, 1994); David Lyon and Elia Zureik (eds.), *Computers, Surveillance, and Privacy* (Minneapolis: University of Minnesota Press, 1996); David Lyon, *Surveillance Society: Monitoring Everyday Life* (Buckingham: Open University Press, 2001); David Lyon (ed.), *Surveillance as Social Sorting: Privacy, Risk, and Digital Discrimination* (London and New York: Routledge, 2002) 참조.

**2.** Michael Richardson, "ASEAN to step up efforts with US in war on terror," *International Herald Tribune/Asahi Shimbun* (Tokyo edition), July 31, 2002: 2에서 인용.

**3.** 예를 들면, David Garland, *The Culture of Control* (Chicago: University of Chicago Press, 2001) 참조.

**4.** Ian Roxborough, "Globalization, unreason, and the dilemmas of American military strategy," *International Sociology*, 17(3), 2002: 339-59 참조.

**5.** 물론, 적절한 인간 목적의 봉사자라는 자신의 역할에서 벗어난 기술은 구세주의 모습을 띨 가능성이 높다. 기독교에 영향을 받은 문화들은 여기서 칼-날을 밟는다. 일단, 시선들이 그 이름에 합당한 구세주로부터 벗어나면, 이제는 거의 어떤 것이나 혹은 누구나 구세주를 대신할 것처럼 보인다.

**6.** 필자는 부분적으로 감시에 관한 필자의 이전 글들과 일관성을 유지하기 위해 "배려"와 "통제"라는 용어를 사용하였다. 그러나 하나의 범주로서의 "사회 통제"로부터 탈피하여 "거버넌스"로 점점 더 관심이 변화하고 있다. 이것은 환영할 만한 변화이다. 왜냐하면 "사회 통제"는 일종의 환원주의로 읽힐 수 있기 때문이다. 즉, 그

것은 어떤 사람이나 집단이 타인에게 행하는 것이다. 그러나 "거버넌스"는 행위자들이 그들 자신을 감시하는 데 참여하는 것을 인정하며, 특정한 조건 하에서는 감시당하는 것을 기꺼이 허용하는 것을 인정한다. 그럼에도 불구하고, 9/11 이후에는 특정한 행위자들이 더 노골적인 방식으로 "타자에게 행위하고acting on others" 있다. 이것은 "통제"라는 용어를 계속 사용하는 것을 어느 정도 정당화해 준다.

## 1. 감시에 대해 이해하기

**1.** Jacques Ellul, *The Technological Society* (New York: Knopf, 1964), p. 100.

**2.** 이것은 많은 웹사이트에서 확인할 수 있다. 예를 들어 〈www.vissage.com〉 참조.

**3.** 〈http://argument.independent.co.uk/leading_article/story.jsp〉와 〈www.nytimes.com/2001/10/17/magizine/07SURVEILLANCE.html〉

**4.** Philip Abrams, *Historical Sociology* (Shepton Mallett: Open Books, 1982), p. 191.

**5.** Ibid., p. 192.

**6.** Hannah Arendt, *The Origins of Totalitarianism* (New York: Harcourt, Brace, Jovanovich, 1951); Zygmunt Bauman, *Modernity and the Holocaust* (Cambridge: Polity, 1989).

**7.** T. Newman and S. Hayman, *Policing, Surveillance, and Social Control* (Cullompton UK: Willan Publishing, 2001).

**8.** Samuel Huntington의 책, 『문명의 충돌*The Clash of Civilizations and the Making of World Order*』(New York: Simon and Schuster, 1996)은 세계가 점점 더 "종교적" 문명을 경계로 하여 분리되고 있다고 주장한다. 그런 상황은 불가피하게 갈등을 야기할 것이다. 그는 인종적 스테레오타입으로 귀결되는 것을 연구하면서, 나토는 역사적으로 주로 무슬림이거나 그리스 정교인 나라들에 대해서 문호를 개방하지 않아야 한다고 제안하였다. 게다가 미국은 서구 문명을 보호하기 위해서 이런 배제를 감독하여야만 한다. 이 주제는 명백하게 특정한 문명들의 우월성에 입각해서 주장되었으며, 서구 문명이 테러 활동에 대해서 책임이 있을 수 있다는 생각을 배제한다. 이

에 대한 비판으로는 Mark Salter의 *Barbarians and Civilizations in International Perspective* (London: Pluto Press, 2002)를 참조하라.

**9.** 이 생각과 관련하여 필자는 Gerry Gill에게 빚지고 있다. 현시대의 "묵시록"을 다루기 위해서는 Stephen F. Haller의 *Apocalypse Soon? Wagering on Warning of Global Catastrophe* (Montreal and Kingston: McGill-Queen's University Press, 2002) 참조.

**10.** Thomas Mathiesen, "The viewer society: Michel Focucault's 'panopticon' revisited," *Theoretical Criminology*, 1(2), 1997: 215-34.

**11.** 그 공격들과 관련하여 읽을 만한 배경 지식은 Malise Ruthven의 *A Fury for God: The Islamist Attack on America* (London and New York: Granta Books, 2002) 와 Dilip Hiro의 *War without End: The Rise of Islamist Terrorism and Global Response* (London and New York: Routledge, 2002)에서 발견할 수 있다.

**12.** Christinan Metz, *The Imaginary Signifier: Psychoanalysis and the Cinema* (Bloomington IN: Indiana University Press, 1982)에서 Jacques Lacan의 작품에 대한 논의를 더 살펴보라. 이 텍스트를 제시해 준 Victor Li에게 감사한다.

**13.** 2001년 10월, 미국의 패트리어트 법안을 따라서 영국과 캐나다, 그리고 다른 몇몇 나라가 유사한 법안을 재빨리 입안하였다. 다른 나라들은 9/11의 영향으로 이전 법률을 재검토하였다. 독일에서는 이동의 자유를 규제하고 신분증에 지문을 요구하는 법률이 강화됨과 동시에 새롭고 더 자유로운 이민법 초안은 폐기되었다. 〈www.nytimes.com/2001/10/01/international/europe/01GERM.html〉 참조.

**14.** "New ID cards for landed immigrants," *Toronto Star*, October 11, 2001.

**15.** *Guardian*, October 30, 2001, 〈http://politics.guardian.co.uk/whitehall/story/0,,583304,00.html〉 Accessed October 30, 2001.

**16.** E. Higgs, "The rise of the information state: the development of central state surveillance of the citizen in England 1500-2000," *Journal of Historical Sociology*, 14(2), 2001: 175-97.

**17.** 예를 들면, Anthony Giddens, *The Nation State and Violence* (Cambridge: Polity, 1985); Michael Mann, *The Sources of Social Power*, vol. 1 (Cambridge: Cambridge University Press, 1986).

**18.** Higgs, "The Rise of the Information State."

**19.** Ibid., p. 180.

**20.** Nicholas Abercrombie et al., *Sovereign Individuals of Capitalism* (London: Allen and Unwin, 1986) 참조.

**21.** David Lyon, "British ID cards: the unpalatable cost of European membership?" *The Political Quarterly*, 62(3), 1991: 377-85.

**22.** Higgs, "The Rise of the Information State." p. 190.

**23.** Christopher Dandeker, *Surveillance Power and Modernity* (Cambridge: Polity, 1990) 참조.

**24.** F. Webster and K. Robins, *Information Technology: A Luddite Analysis* (Norwood, NJ: Ablex, 1986).

**25.** J. Beniger, *The Control Revolution: The Social and Economic Origins of the Information Society* (Cambridge, MA: Harvard University Press, 1986).

**26.** Gary T. Marx는 그의 책 *Undercover: Police Surveillance in America* (Berkeley: University of California Press, 1988)에서 "범주적 의심categorical *suspicion*"의 개념을 고안했다. 그리고 그것의 소비자 등가물consumer parallel은 D. Lyon의 *Surveillance Society: Monitoring Everyday Life* (Buckingham: Open University Press, 2001)에서 논의되었다.

**27.** D. Garland, *The Culture of Control: Crime and Social Order in Contemporary Society* (Chicago: University of Chicago Press, 2001).

**28.** A. Giddens, *The Consequence of Modernity* (Cambridge: Polity, 1990).

**29.** 이것에 관해서는 David Lyon (ed.) *Surveillance as Social Sorting: Privacy, Risk, and Digital Discrimination* (London and New York: Routledge, 2002)에 수록된 Elia Zureik의 통찰력 있는 에세이인 "Theorizing surveillance: the case of the workplace" 참조.

**30.** 이것은 Ulrich Beck이 "성찰적 근대화reflexive modernization"라고 부른 것이다. Ulrich Beck, Anthony Giddens, and Scott Lash, *Reflexive Modernization* (Cambridge: Polity, 1994) 참조.

**31.** Georg Simmel과 같은 사회학자들은 20세기 초에 이것을 주목하였다.

**32.** Richard Sennett, *The Corrosion of Character* (New York: W. W. Norton, 1997) 참조.

**33.** John Gilliom, *Overseers of the Poor: Surveillance, Resistance, and the Limits of Privacy* (Chicago: University of Chicago Press, 2001) 참조.

**34.** James B. Rule, *Private Lives and Public Surveillance* (London: Allen Lane, 1973).

**35.** 예를 들면, Mark Poster, "Databases as discourse," in David Lyon and Elia Zureik (eds.), *Computer, Surveillance, and Privacy* (Minneapolis: University of Minnesota Press, 1996) 참조.

**36.** Anthony Giddens는 *The Nation State and Violence* (Cambridge: Polity, 1985) 에서 이것을 설득력 있게 주장하였다.

**37.** 예를 들면, Roy Boyne, "Post-panopticism," *Economy and Society*, 29 (2), 2000: 285-307 참조.

**38.** Clive Norris, "From personal to digital: the panopticon and the technological mediation of suspicion and control," in David Lyon (ed.), *Surveillance as Social Sorting: Privacy, Risk, and Digital Discrimination* (London and New York: Routledge, 2002).

**39.** Oscar Gandy, *The Panoptic Sort: A Political Economy of Personal Information* (Boulder CO: Westview, 1993); Richard Ericson and Kevin Haggerty, *Policing the Risk Society* (Toronto: University of Toronto Press, 1997).

**40.** 〈www.nytimes.com/2001/11/12/national/12STUD.html〉

**41.** D. Lyon, "Surveillance after September 11," *Sociological Research Online*, 6(3), 2001, 〈www.socresonline.org.uk/6/3/lyon〉

**42.** K. Haggerty and R. Ericson, "The surveillance assemblage," *British Journal of Sociology*, 51 (4), 2000: 605-22.

**43.** Nikolas Rose, *Power of Freedom* (Cambridge: Cambridge University Press, 1999), p. 234.

**44.** S. Crook, "Ordering risks," in D. Lupton (ed.), *Risk and Sociocultural Theory* (Cambridge: Cambridge University Press, 1995).

**45.** 더 장기간의 조사는 Lyon의 *Surveillance Society*에 제시되어 있다.

**46.** 〈www.ssrc.org/sept11/essays/meyers.htm〉 에서 인용.

**47.** Lyon (ed.), *Surveillance as Social Sorting*.

**48.** Clive Norris and Gary Armstrong, *The Maximum Surveillance Society: The Rise of CCTV* (Oxford: Berg, 1999).

**49.** "피의 화요일 이후 감시는 어디로 가는가?'라는 제목으로 필자가 작성한 신문의 기명 논평이 "보안을 위해 우리는 자유에서 어떤 대가를 지불할 것인가?'라는 제목으로 신문에 게재되었을 때, 필자는 이것을 일화적으로 경험하였다. *The Kingston Whig-Standard*, September 28, 2001.

**50.** 이것은 Emile Durkheim의 관점에서 이 주제들을 고려하도록 초대한다. 그의 관점은 합리화가 핵심이었던 Max Weber보다 사회적 연대에 더 초점을 맞춘다.

**51.** Annette Baier, *Moral Prejudices: Essays on Ethics* (Cambridge, MA: Harvard University Press, 1994), pp. 1-17 참조.

## 2. 감시 강화하기

**1.** Margaret Drabble, interview in *The Queen's Quarterly*, 109(3), 2002: 394.

**2.** *The Closed World: Computers and the Politics of Discourse in Cold War America* (Cambridge MA: MIT Press, 1996)에 나오는 Paul Edwards의 탁월한 설명을 참조하라.

**3.** Peter Shields, "Beyond 'loss-of-control': Telecommunications, surveillance, drugs, and terrorism," *Journal of Policy, Regulation, and Strategy for Telecommunications and Media*, 4(2), 2002: 9-15.

**4.** Gwynne Dyer, "The coming war," *Queen's Quarterly*, 109(4), 2002: 9-15.

**5.** H. G. Wells, *The War in the Air* (New York, 1908); Mike Davis, "The flames of New York," *New Left Review*, 12, Nov/Dec 2001: 52에서 재인용함.

**6.** Thomas Marshall, *Citizenships and Social Class* (Cambridge: Cambridge University Press, 1950).

**7.** *The Globe and Mail* (Toronto) September 12, 2001: A1.

**8.** Slavoj Žižek, *Welcome to the Desert of the Real* (London and New York: Verso, 2002), p. 47.

**9.** 〈http://cbc.ca/storyview/CBC/2002/09/12/pm_reax020912〉를 참조하라.

**10.** Franz Newmann, *The Rule of Law: Political Theory and the Legal System in Modern Society* (Lemington Spa: Berg, 1986); Eric Hershberg and Kevin W. Moore (eds.), *Critical View of September 11: Analyses from Around the World* (New York: The New Press)에 수록된 Kanishka Jarasuriya, "9/11 and the new 'antipolitics' of 'security'"에서 재인용.

**11.** William Hutton, *The World We're In* (London: Little, Brown, 2002), p. 81. Eric Lichtblau, "Republicans want terror law made permanent," *New York Times*, April 9, 2003.

**12.** 부시 대통령은 2002년 11월 25일, 국토안보부 법안Homeland Security Act에 서명했으며, 2003년 1월 24일 Tom Ridge가 선서를 통해 최초의 국토안보부 장관에 취임하게 하였다.

**13.** Ulich Beck, *Risk Society: Towards a New Modernity* (London: Sage, 1992) 참조.

**14.** Kirk Makin, "Anti-terrorism action weak, ineffective, lawyers hear," *The Globe and Mail* (Toronto), August 13, 2002: A4.

**15.** James Risen, "US failed to act on warnings in '98 of a plane attack," *New York Times*, September 19, 2002, 〈www.nytimes.com/2002/09/19/politics/19INTE.html〉

**16.** "Surveillance Powers," October 10, 2001, ACLU, 〈www.aclu.org/congress/patriot_chart.html〉

**17.** Don Stuart, "The Anti-Terrorism Bill (Bill C-36): an unnecessary quick fix that permanently stains the Canadian criminal justice system," in *Terrorism, Law and Democracy* (Ottawa: Institute for the Administration of Justice, 2002), pp. 173-92.

**18.** Richard Falk, "Terrorist foundations of recent US foreign policy," in Alexander George (ed.), *Western State Terrorism* (Cambridge: Polity, 1991), pp. 109-10.

**19.** Thomas Mathiesen, "Expanding the concept of terrorism," in Phil Scraton (ed.), *Beyond September 11: An Anthology of Dissent* (London: Pluto Press, 2002), p. 87.

**20.** Ibid., p. 92.

21. Ford Fessenden and Michael Moss, "Going electronic, Denver reveals long-term surveillance," *New York Times*, 21 December, 2002, ⟨www.nytimes.com/2002/12/21/technology/21 PRTV.html/⟩

22. ⟨www.orionsci.com/⟩

23. 인종적 범주는 집단들을 불공평하게 분리하는, 상당히 강력한 효과를 발휘한다. Richard Jenkins, "Rethinking ethnicity: identity, categorization, and power," *Ethnic and Racial Studies*, 17 (2), 1994: 197-219 참조.

24. Frank Furedi, *The New Ideology of Imperialism* (London: Pluto, 1994), p. 116.

25. ⟨www.statewatch.org⟩

26. ⟨http://abcnews.go.com/sections/us/dailynews/uspatriot.020701. html⟩

27. Roy Gutman, Christopher Dickey, and Sami Yousafzai, "Guantanamo justice?" *Newsweek*, July 8, 2002: 40-1.

28. "Confusion over fate of Ottawa man deported from the US," November 20, 2002, ⟨www.cbc.ca/news/indepth/targetterrorism/canadahomefront/⟩

29. Jacques Steinberg, "In sweeping campus canvasses, US checks on Mideast students," *New York Times*, November 12, 2001, ⟨www.nytimes.com /2001/11/12/national/12STUD.html⟩

30. Lisa Guernsey, "What did you do before the war?" *New York Times*, November 22, 2002 ⟨www.nytimes.com⟩

31. Tony Bunyan, "The war on freedom and democracy," 2002, available online from Statewatch ⟨www.statewatch.org⟩

32. Naomi Klein, *Fences and Windows* (Toronto: Vintage Canada, 2002), p. 238.

33. *CAUT Bulletin*, 49 (7), 2002: A3. 또한 ⟨www.campuswatch.org⟩ 참조.

34. ⟨www.nytimes.com/2003/02/21/international/ZIPROF.html⟩

35. Adam Liptak, Neil A. Lewis, and Benjamin Weiser, "After Sept 11, a legal battle over limits of civil liberty," *New York Times*, August 4, 2002, ⟨www. nytimes.com/2002/08/04/national/04CIVI.html⟩

36. ⟨www.cnn.com/2002/US/09/13.alligator.alley⟩

37. 흥미롭게도, 다른 많은 이야기들과 함께 이 이야기는 인터넷의 웹로그weblogs

나 "블로거"에서 수집된 것이다. 그 공간에서 이것은 "테러와의 전쟁"에 대한 대안적인 이해를 제공한다. 〈www.warblogging.com/archives/00222. php/〉 참조.

38. John Schwartz, "Some companies will release customer records on request" (2002) 〈www.nytimes.com/2002/12/18/technology/l 8RECO.html〉

39. 〈www.citizencorps.com.gov/watch.html/〉

40. 〈www.nytimes.com/2002/12/30/international/asia/30 AUST.html〉 참조.

41. Gary T. Marx, *Undercover: Police Surveillance in America* (Berkeley: University of California Press, 1988), p. 207.

42. Ibid., p. 141.

43. Onora O' Neill, *A Question of Trust* (Cambridge: Cambridge University, 2002).

## 3. 자동화되는 감시

1. Langdon Winner, "Complexity, Trust, and Terror," *Net-Future*, 137, October 22, 2002 〈www.netfuture.org/〉

2. Zygmunt Bauman, *Liquid Modernity* (Cambridge: Polity Press, 2000).

3. C. Norris, J. Moran, and G. Armstrong, "Algorithmic surveillance: the future of automated visual surveillance," in C. Norris et al. (eds.), *Surveillance, Closed Circuit Television, and Social Control* (Aldershot UK: Ashgate, 1998).

4. Manuel Castells, *The Rise of the Network Society* (Malden, MA: Blackwell, 2000) 참조.

5. Stanley Cohen, *Images of Social Control* (Oxford: Blackwell, 1985); Michael McCahill, *The Surveillance Web: The Rise of CCTV in an English City* (Cullompton UK: Willan, 2002).

6. 이 문제는 David Lyon, *Surveillance Society: Monitoring Everyday Life* (Buckingham: Open University Press, 2001)와 David Lyon, "Everyday surveillance: personal data and social classifications," *Information, Communication, and Society*, 5 (2), 2002: 242-57에서 논의되었다.

**7.** Paul Edwards, *The Closed World* (Cambridge, MA: MIT Press, 1996), pp. 64ff. 참조.

**8.** 예를 들어, 감옥의 보안 시스템의 변화에 대해서는 Mona Lynch, "Selling 'security-ware'," *Punishment and Society*, 4 (3), 2002 참조.

**9.** "Homeland security: high-tech starts kicking in," *Business Week Online*, September 16, 2002, ⟨www.businessweek.com/magazine/content/02_37/ b3799608. htm/⟩

**10.** Lisa Gill, "Tech security companies thrive amid economic slump," *NewsFactor Network*, November 12, 2001, ⟨www.newsfactor.com/perl/ printer/14704/⟩ 보안업계를 비롯하여 미국인들이 9/11에 대해 어떻게 반응했는지에 관한 흥미 있고 유익한 설명으로는 Steven Brill의 *After: How America confronted the September 12 era* (New York: Simon and Schuster, 2003)이 있다.

**11.** Patience Wait, "One year later: a special update," *Washington Post*, September 16, 2002, ⟨www.washingtonpost.com/ac2/wp-dyn/A63330-2002 Sep 10/⟩

**12.** Warren Leary, "Science-technology drive is urged to fight terror," *New York Times*, June 25, 2002, ⟨www.nytimes.com/2002/06/25/national/25RESE. html/⟩

**13.** ⟨http://big charts.com/⟩ September 2002에서 주식 가격 정보를 비교하라.

**14.** Cynthia Webb, "One year later...," *The Washington Post*, September 16, 2002.

**15.** Lisa Bowman, "CIA venture arm sees post 9/11 surge," *News.com*, 2002, ⟨http://news.com.com/2102-1023-861873.html/⟩

**16.** Robert Mullins, "9/11 climate providing new market," *Silicon Valley/San Jose Business Journal*, July 19, 2002, ⟨http://sanjose.bizjournals.com/sanjose/ stories/ 2002/07/22/ story7.html/⟩

**17.** Bowman, "CIA venture arm sees post 9/11 surge," n. 15.

**18.** 모니터링monitoring과 신원 확인identifying 사이에 존재하는 차이에 대해서는 Concordia 대학의 Bart Simon과의 토론에서 도움을 얻었다.

**19.** Frank Rich, "Thanks for the heads-up," *New York Times*, op-ed, May 25, 2002.

**20.** 스키폴 공항과 런던의 히스로 공항은 9/11 이전에 홍채 스캐닝 시스템을 도입

하는 계획이 순조롭게 진행되고 있었다. 예를 들면, Catherine Greenman, "In the fast lane with your eye as passport," *New York Times*, August 2, 2001 참조.

21. M. Simons, "Security on the brain, solutions in the eyes," *New York Times*, October 25, 2001, 〈www.nytimes.com/2001/10/25/international/europe/ 25AMST.html〉

22. K. Pearsall, "This technology is eye-catching," *Computing Canada*, 24 (2), 1998: 11-2.

23. "Face scan to replace passport check," ABC News Online, January 29, 2003.

24. CBC, "Fingerprint scans part of new airport security," CBC news, October 11, 2001, 〈http://cbc.ca/cgi-bin/news2001/10/11/airport_security. 011011〉

25. S. Costello, "Japanese researcher gums up biometrics scanners," *Infoworld*, May 16, 2002, 〈http://staging.infoworld.com/articles/hn/xml/02/05/16/ 020516 hngumsxml?T〉

26. 〈www.siliconvalley.com/cgi-bin/〉

27. D. Francis, "Canadians master matching mug shots," *Financial Post*, October 19, 2000: C3.

28. G. T. Marx, "DNA 'fingerprints' may one day be our national ID card," *The Wall Street Journal*, April 20, 1998.

29. Reuters, "Microchips under the skin offer ID, raise questions," *The New York Times*, December 22, 2001, 〈www.nytimes.com/reuters/technology/tech-bizchips. html〉

30. D. Lyon, "British identity cards: the unpalatable logic of European member-ship?" *The Political Quarterly*, 62(3), 1991: 377-85; J. Agar, "Modern horrors: British identity and identity cards," in J. Caplan and J. Torpey (eds.), *Documenting Individual Identity: The Development of State Practices in the Modern World* (Princeton, NJ: Princeton University Press, 2001), pp. 101-20.

31. Felix Stalder, "Exploring political issues of electronic cash," *Canadian Journal of Communication*, 24(2), 1999.

32. F. Stalder and D. Lyon, "ID cards and social classification," in D. Lyon (ed.), *Surveillance as Social Sorting: Privacy, Risk and Digital Discrimination* (London and

New York: Routledge, 2002).

**33.** Kim Lunman, "Pre-1984 birth certificates could be rendered useless," *The Globe and Mail*, October 12, 2002: A12.

**34.** Ibid., p. A9.

**35.** Timothy Longman, "Identity cards, ethnic self-perception, and genocide in Rwanda," in John Torpey and Jane Caplan (eds.), *Documenting Individual Identity: The Development of State Practices in the Modern World* (Oxford and Princeton: Princeton University Press, 2001), pp. 345-58.

**36.** O. Burkeman, "Visa detainees allege beatings," *Guardian*, May 23, 2002.

**37.** L. Fernandez, "Oakland to be first UA airport to use face-recognition ID system" (2001), ⟨www.siliconvalley.com/docs/hottopics/attack/image 101801. html⟩

**38.** P. R. Newswire, "Boston Logan airport chooses South Florida security company," October 31, 2001, ⟨http://ir.shareholder.com/vsnx/ReleaseDetail.cfm? ReleaseID=63478⟩

**39.** C. Norris and G. Armstrong, *The Maximum Security Society: The Rise of CCTV* (London: Berg, 1999).

**40.** C. Wood, "The electronic eye view," *Mclean's*, November 19, 2001: 94-7.

**41.** R. O'Harrow, "Matching faces with mug shots," *The Washington Post*, August 1, 2001: A01; T. C. Greene, "Thinktank urges face-scanning of the masses," *The Register*, August 20, 2001, ⟨www.theregister.co.uk/content/6/ 20966.html⟩

**42.** Francis, "Canadians master matching mug shots," *Financial Post*, October 19, 2000: C3.

**43.** B. Schnier, "Biometrics in Airports" (2001), ⟨www.extremetech.com/0,3428, a%253D15070,00.asp⟩

**44.** P. Agre, "Your Face is not a Bar Code" (2001), ⟨http://dlis.gseis.ucla.edu/ pagre/bar-code.html⟩

**45.** ⟨www.nytimes.com/2001/09/18/national/18RULE.html⟩

**46.** ⟨www.alcu.org/features/fl1010a.html⟩, ⟨www.siliconvalley.com/docs/ hottopics/attack/image 101801 .htm⟩, ⟨http://sg.news.yahoo.eom/011102/12/

lne83.html〉

**47.** D. Lyon, "Surveillance after September 11," *Sociological Research Online*, 6(3), 2001, 〈www.socresonline.org.uk/6/3/lyon〉

**48.** William Bogard, *The Simulation of Surveillance: Hypercontrol in Telematic Societies* (New York: Cambridge University Press, 1996); Lyon, *Surveillance Society*, pp. 116-20 참조.

**49.** David Lyon, *The Electronic Eye: The Rise of Surveillance Society* (Cambridge: Polity Press, 1994), pp. 211-7.

**50.** 물론, 등장하고 있는 상황을 포괄하도록 프라이버시의 정의를 확장할 수 있으나, 어느 지점에서는 새로운 어휘가 창조되어야만 할 것이다. 예를 들어, Philip Agre는 그 정의가 얼마나 더 확장되어야 할 것인지에 대해서 말했다. "프라이버시는 단지 자료를 통제하는 문제만이 아니다. 그것은 또한 자료들이 생산되는 사회적-기술적 메커니즘을 통한 일상사의 다양한 측면들의 규율화와 관계있다." Philip Agre and Marc Rothenberg (eds.). *The Technology and Privacy: The New Landscape* (Cambridge: MIT Press, 1997), p. 8. 이 책 서론에서 인용.

**51.** Mike Davis, "The flames of New York," *New Left Review*, 12, Nov/Dec, 2001: 50.

**52.** Desmond Butler and Don Van Natta, "Qaeda informant helps trace group's trail," 〈www.nytimes.com/2003/02/17/international/Europe/ 17QAED.html〉

**53.** 또한, 예를 들어 Lloyd Axworthy의 "인간 보안human security" 접근을 참조하라. 이 캐나다인의 관점은 "보안security"과 자주 연관되는 더 넓은 범위의 이슈들에 대해 관심을 기울인다. 예를 들면, 〈www.wagingpeace.org/articles/ 01/09/010917 axworthy.htm〉 참조.

**54.** J. Rosen, "Silicon Valley's spy game," *The New York Times*, April 14, 2002, 〈www.nytimes.com/2002/04/14/magazine/14TECHNO.html〉

**55.** Elaine Draper, "Drug-testing in the workplace: the allure of management technologies," *International Journal of Sociology and Social Policy*, 18(5/6), 1998: 62-103.

**56.** David Noble, *The Religion of Technology: The Divinity of Man and the Spirit of Invention* (New York: Penguin, 1996).

**57.** John Armitage, "From modernism to hypermodernism and beyond," *Theory, Culture, and Society*, 16(5), 1999: 25-55에서 인용하였다.

**58.** 9/11과 관련된 "비상사태state of emergency"라는 관념은 *Theory, Culture, and Society*, 19(4), 2002에서 특집으로 다루어졌다.

**59.** 심지어 기술이 요청되는 목적에 봉사할 만큼의 충분한 성능을 아직 갖추고 있지 못하다고 경고하는, 미국자유인권협회와 같은 단체들도 신기술들에 대한 신앙을 공유하고 있는 듯이 보인다.

**60.** Ellul의 작품에 대한 지식은 종종 결정론적이라고 근거 없이 주장되는 *The Technological Society* (New York: Vintage, 1964)에만 제한되어 있다. 그러나 그는 자신의 사회학적 작업이 결코 결정론적이지 않은 자신의 신학적인 저작들과 통합되어 있다고 보았다. 그의 가장 유명한 저작을 그의 전체 저작들의 맥락에서 분리하여 파악하는 것은 잘못이다.

**61.** Bruce Schneier, *Secrets and Lies: Digital Security in a Networked World* (New York: Wiley, 2000). 또한 Charles C. Mann, "Homeland Insecurity" (*The Atlantic Monthly*, September 2002)에 실린 Schneier의 인터뷰 참조. 〈www. theatlantic.com /09/2002/mann.html〉

## 4. 통합되는 감시

**1.** Defense Advanced Research Projects Agency 〈www.darpa.mil/iao/index. htm/〉

**2.** 미국의 상하원 협상단은 그 시스템이 의회와의 협의 없이 승인되어서는 안 된다는 상원 보고서에 대해서 동의하였다. Adam Clymer, "Conferees in Congress bar using Pentagon project on Americans," *New York Times*, February 12, 2003 참조. DARPA 관리들은 TIA가 제한될 수 있다고 의회를 재확신시키려고 노력하였다. Adam Clymer, "Pentagon surveillance plan is described as less invasive," *New York Times*, May 7, 2003 참조.

**3.** EPIC briefing, November 2002, 〈www.epic.org/events/tia_briefing/〉

**4.** 이것과 다른 인용들의 출처는 TIA 공식 홈페이지인 〈www.darpa.mil/iao /TIA

주 **257**

Systems.html〉이다.

5. Anthony Deanna and Oscar Gandy, "All that glitters is not gold: digging beneath the surface of data mining," *Journal of Business Ethics*, 40, 2002: 373-86.

6. John Markoff, "Study seeks technology safeguards for privacy," *New York Times*, December 19, 2002, 〈www.nytimes.com/2002/12/19/national/19COMP. html〉

7. David Johnston, "Administration begins to rewrite decades old spying restrictions," *New York Times*, November 30, 2002, 〈www.nytimes.com/2002/ll/ 30/national/30INTE. html〉

8. 예를 들어, David Lyon, "Surveillance in cyberspace: the Internet, personal data, and social control," *The Queen's Quarterly*, 109(3), 2002: 345-56 참조.

9. 이것의 중요성은 Lawrence Lessig, *Code and Other Laws of Cyberspace* (New York: Basic Books, 1999)에서 논의되었다.

10. Ibid., p. 151.

11. Oscar Gandy, *The Panoptic Sort: A Political Economy of Personal Information* (Boulder, CO: Westview, 1993).

12. Clive Norris and Gary Armstrong, *The Maximum Surveillance Society: The Rise of CCTV* (London: Berg, 1999).

13. Stephen Graham and David Wood, "Digitising surveillance: categorisation, space, inequality," *Critical Social Policy*, 26(2), 2003.

14. Janet Gilboy, "Deciding who gets in: decision-making by immigration inspectors," *Law and Society Review*, 25(3), 1991: 573.

15. 나는 이 표현에 대해 Paula Abood에게 빚지고 있다.

16. 예를 들어, 〈www.cnn.com/2001/TRAVEL/NEWS/10/03/rec.airlines. profiling/〉 참조.

17. Philip Shenon and David Johnston, "Seeking terrorist plots, FBI is tracking hundreds of Muslims," *The New York Times*, October 6, 2002, 〈www.nytimes. com/2002/10/06/national/06SLEE.html/〉

18. Michael Meehan, "Iris scans take off at airports," *Computer World*, July 17, 2000; Ricard Alfonso-Zaldivar, "'Trusted' air travelers would minimize wait," *Los*

*Angeles Times*, February 12, 2002 참조.

**19.** David Garland, *The Culture of Control: Crime and Social Order in Contemporary Society* (Chicago: University of Chicago Press, 2001), pp. 182-90.

**20.** Ibid., p. 183.

**21.** Ibid., p. 184.

**22.** Paul Virilio, *The Vision Machine* (Bloomington: Indiana University Press, 1994).

**23.** Gilles Deleuze, "Postscript on the societies of control," *October*, 59, 1992: 3-7.

**24.** 예를 들면, Richard Jones, "Digital rule: punishment, control, and technology," *Punishment and Society*, 2(1), 2000: 5-22.

**25.** "소멸하는 신체들disappearing bodies"에 대해서는 David Lyon, *Surveillance Society: Monitoring Everyday Life* (Buckingham: Open University Press, 2001) 참조.

**26.** Garland, *The Culture of Control*, p. 205.

**27.** 예를 들어, Nikolas Rose, *Powers of Freedom* (Cambridge: Cambridge University Press, 1999) 참조.

**28.** Judith Miller, "Report calls for plan of sharing data to prevent terror," *New York Times*, October 7, 2002, 〈www.nytimes.com/2002/10/07/national/07HOME.html〉

**29.** Eric Lichtblau, "FBI and CIA set for major consolidation in counterterror," 〈www.nytimes.com/2003/02/15/politics/15THRE.html〉

**30.** Steve Graham and Simon Marvin, *Splintering Urbanism: Networked Infrastructures, Technological Mobilities, and the Urban Condition* (London: Routledge, 2001) 참조.

## 5. 지구화되고 있는 감시

**1.** "New terror task force," 〈www.cbsnews.com/stories/2001/05/08/national/main290081.shtml〉

**2.** Didier Bigo, "Security and immigration: towards a critique of the governmentality of unease," *Alternatives*, 27, 2002: 63-92.

**3.** 지구화의 의미에 대한 유용한 입문적 논의를 위해서는, 예를 들어 David Held & Anthony McGrew, *Globalization/Anti-Globalization* (Cambridge: Polity, 2002)와 Malcolm Waters, *Globalization* (London and New York: Routledge, 1995)을 참조하라.

**4.** Zygmunt Bauman은 이 구분을 "여행자tourists"와 "방랑자vagabonds" 사이의 구분으로 특징화한다. 여행자들은 매력적인 특정한 장소를 원하고, 그런 장소를 발견하기 때문에 자신들이 원하는 곳을 여행한다. 방랑자들은 그렇게 해야만 하고, 그들이 있는 곳이 견딜 수 없는 황량한 장소임을 발견하기 때문에 이동한다.

**5.** Benjamin Barber, *Jihad versus McWorld* (New York: Times Books, 1995).

**6.** David Lyon, "Fundamentalisms: Paradoxical products of postmodernity," in Chris Partridge (ed.), *Fundamentalisms* (Carlisle, UK: Paternoster, 2001) 참조.

**7.** John Urry, "The global complexities of September 11," *Theory, Culture and Society*, 19(4), 2002: 57-69.

**8.** Naomi Klein은 세계무역기구와 그 유사 기구에 대항하는 항의자들은 지구화를 생생한 현실로서 경험하며, 심지어 그것을 경축하는 것도 관찰하였다. 문제가 되는 것은 지구화 그 자체가 아니라, 특정한 종류의 경제적, 정치적, 문화적 지구화의 효과들이다. *Fences and Windows: Dispatches from the Front Lines of the Globalization Debate* (Toronto: Vintage Canada, 2002), p. xv 참조.

**9.** 이 삼중의 구도는 David Held and Anthony McGrew (eds.), *Global Transformations: Politics, Economics, and Culture* (Cambridge: Polity Press, 2000)를 많이 참고하였다.

**10.** Manuel Castells, *The Rise of the Network Society* (Malden, MA: Blackwell, 2000).

**11.** Bauman, *Globalization*.

**12.** Barber, *Jihad vs McWorld*.

**13.** 비록 그가 이것을 주장하지는 않았지만, 필자가 Peter Heslam이 쓴 팸플릿, *Globalization: Unravelling the New Capitalism* (Cambridge: Grove Books, 2002)을 읽었을 때 이 아이디어가 떠올랐다.

**14.** Ibid., p. 20.

**15.** Kanishka Jayasuriya, "9/11 and the new 'anti-politics' of 'security' " (2002) ⟨www.ssrc.org/septll/essays/jayasuriya.htm/⟩

**16.** Duncan Campbell and Steven Connor, *On the Record: Computers, Surveillance, and Privacy* (London: Michael Joseph, 1986); Nicky Hager, *Secret Power: New Zealand's Role in the International Spy Network* (Nelson, NZ: Craig Potton Publishing, 1996).

**17.** Steve Wright, *An Appraisal of Technologies of Political Control* (European Parliament, Scientific and Technological Options Assessment, January 1998).

**18.** Thomas Mathiesen, *On Globalization of Control: Towards an Integrated Surveillance System in Europe* (London: State-watch, 1999), p. 2.

**19.** Ibid., p. 3.

**20.** Kevin Haggerty and Richard Ericson, "The militarization of policing in the information age," *Journal of Political and Military Sociology*, 27, 1999: 233-45.

**21.** David Lyon, *The Electronic Eye* (Cambridge: Polity, 1994), pp.150-3.

**22.** Bien Perez, "State agencies turn to analytics to fight terrorists," *South China Morning Post*, October 4, 2001, ⟨http://technology.scmp.com/cgi-bin/gx.cgi/AppLogic+FTContentServer?pagename=S⟩

**23.** Duncan Campbell, "How the plotters slipped US net," *The Guardian Online*, September 27, 2001: 1-2.

**24.** Ron Deibert and Janice Stein, "Hacking networks of terror," in *International Organization Dialogue* (Cambridge: Cambridge University Press, 2002), p. 16.

**25.** CNN, "Net effect: anti-terror eavesdropping" (2002), ⟨http://www.cnn.com/2002/TECH/internet/05/27/terror.surveillance.ap/index.html⟩

**26.** S. A. Mathiesen, "The net's eyes are watching," *Guardian*, November 15, 2001, ⟨www.guardian.co.uk/0,3858,4298,894,00.html⟩

**27.** Associated Press, "Internet takes on police role worldwide," *South China Morning Post*, November 23, 2001, ⟨http: //technology.scmp. com/cgi-bin/gx-cgi/AppLogic+FTContentServer?pagename=S... _23/ll/01⟩

**28.** S. Millar, "Police get sweeping access to net data," *Guardian*, November 7, 2001, ⟨www.guardian.co.uk/ 0,3058,4293489,00.html⟩

**29.** A. L. Pennenberg, "Surveillance Society," *Wired*, December 2001: 157-60.

**30.** J. Urry, *Sociology Beyond Societies: Mobilities for the Twenty-First Century* (London: Routledge, 2000), p. 50.

**31.** M. Gottdiener, *Life in the Air: Surviving the New Culture of Air Travel* (Lanham MD: Rowman and Littlefield, 2001), p. 1.

**32.** Allan Thompson, "Privacy under stack: watchdog," *Toronto Star*, November 24, 2002: Al.

**33.** Mark Salter, "Passports, mobility, and security: how smart can the border be?" *International Studies Perspectives* (forthcoming).

**34.** 예를 들어, Oscar Gandy, *The Panoptic Sort: A Political Economy of Personal Information* (Boulder: Westview, 1993) 참조.

**35.** David Lyon, *The Electronic Eye: The Rise of Surveillance Society* (Cambridge: Polity, 1994), p. 156 참조.

**36.** 이것은 9/11 이전의 몇몇 시스템에 대해서 사실이다. 그리고 유사한 과정이 현재도 여전히 작동하고 있다. 그러나 9/11 이후의 상황에서 이런 절차들은 재검토 되고 있으며, 변화에 직면해 있다.

**37.** Colin J. Bennett, "What happens when you buy an airline ticket? Surveill-ance, globalization, and the regulation of international communications networks," Canadian Political Science Association에서 발표한 논문, June 6, 1999.

**38.** Ibid., p. 6.

**39.** Mark Salter, *Rights of Passage* (Boulder, CO: Lynne Rienner, 2003) 참조.

**40.** M. Gladwell, "Safety in the skies: how far can airline security go?" *The New Yorker*, October 1, 2001, ⟨www.newyorker.com/fact.content/?011001fa_ FACT# top⟩

**41.** Gladwell, "Safety in the skies" 참조.

**42.** R. O'Harrow, "Intricate screening of fliers in works," *The Washington Post*, February 1, 2002: A01 ⟨http://www.washingtonpost.com/ac2/wp-dyn/ A5185-2002Jan31⟩

**43.** Gary T. Marx, *Undercover: Police Surveillance in America* (Berkeley: University of California Press, 1988) and D. Lyon, *The Electronic Eye: The Rise of*

*Surveillance Society* (Cambridge: Polity, 1994) 참조.

**44.** Geoffrey Bowker and Susan Leigh Star, *Sorting Things Out: Classification and its Consequences* (Cambridge, MA: MIT Press, 1999).

**45.** Richard Ericson and Kevin Haggerty, *Policing the Risk Society* (Toronto: University of Toronto Press, 1997).

**46.** William Bogard, *The Simulation of Surveillance* (New York: Cambridge University Press, 1996).

**47.** E. Borin, "Private Information Becoming Plane Truth," *Wired*, September 16, 2002, 〈www.wired.com/news/print/0,1294,55037,00.html〉

**48.** M. Wald, "Boston Airport to Install Scanners," *New York Times*, September 23, 2002, 〈www.nytimes.com/2002/09/23/technology/23BOST.html〉

**49.** Clive Norris, "From the personal to the digital," in David Lyon (ed.), *Surveillance as Social Sorting* (London and New York: Routledge, 2002).

**50.** Stephen Graham and David Wood, "Digitizing surveillance: categorisation, space, inequality," *Critical Social Policy*, 26 (2), 2003.

**51.** Gladwell, "Safety in the skies," 주 xxii 참조.

**52.** Michael Ignatieff, "The burden," *New York Times Magazine*, January 5, 2003.

**53.** Michael Richardson, "ASEAN to step up efforts with US in war on terror," *International Herald Tribune with Asahi Shimbun*, July 31, 2002: 2.

**54.** "Civil Society Concerned about Globalizing Law Enforcement"에 의해 유통된 문서로 일본의 Toyama University의 Ogura Toshimaru로부터 얻었다.

**55.** James Norman, "Snoop systems scrutinized," *The Australian*, July 23, 2002: 4.

**56.** Colin Bennett, *Regulating Privacy* (Ithaca: Cornell University Press, 1992) and David Flaherty, *Protecting Privacy in Surveillance Societies* (Chapel Hill: University of North Carolina Press, 1989) 참조.

**57.** Priscilla Regan, "The globalization of privacy: implication of recent changes in Europe," *The American Journal of Economics and Sociology*, 52(3), 1993: 257-74 참조.

**58.** Naomi Klein, *Fences and Windows: Dispatches from the Front Lines of the Globalization Debate* (Toronto: Vintage Canada, 2002).

59. Saskia Sassen, "Towards a sociology of information technology," *Current Sociology*, 50 (3), 2002.

## 6. 감시에 저항하기

1. Ursula Franklin, Science for Peace Forum, December 9, 2001, 〈http://scienceforpeace.sa.utoronto.ca/Special_Activities/Franklin_Page.html/〉

2. David Garland, *The Culture of Control* (University of Chicago Press, 2001).

3. Onora O' Neill, *A Question of Trust* (Cambridge: Cambridge University Press, 2002), ch. 2.

4. Kevin Haggerty and Richard Ericson, "The surveillant assemblage," *British Journal of Sociology*, 54 (1), 2000.

5. Pierre Bourdieu, *Distinction: A Social Critique of the Judgment of Taste* (London and New York: Routledge, 1986), pp. 480-1. 이것을 상기시켜 준 Craig Calhoun에게 감사한다.

6. 이 구분, 그리고 "동화로서의 배제exclusion as assimilation"라는 또 다른 구분은 Miroslav Volf, *Exclusion and Embrace: A Theological Exploration of Identity, Otherness, and Reconciliation* (Nashiville: Abingdon, 1996), p. 75에서 인용했다.

7. 예를 들어, William Safire, "You are a suspect," *New York Times*, November 14, 2002 〈www.nytimes.com/2002/ll/14/opin-ion/14SAFI.html/〉. 여기서 훌륭한 지적이 이루어졌으나 충분히 나아가지는 않았다.

8. Anthony Giddens, *The Nation-State and Violence*; vol 2: *A Contemporary Critique of Historical Materialism* (Cambridge: Polity Press, 1985).

9. John Gilliom, *Overseers of the Poor* (Chicago: University of Chicago Press, 2001).

10. William Diffie and Susan Landau, *Privacy on the Line: The Politics of Wiretapping and Encryption* (Cambridge, MA: MIT Press, 1998).

11. Michael J. Weiss, *The Clustering of America* (New York: Harper and Row,

1988).

**12.** Ulrich Beck, "The terrorist threat: world risk society revisited," *Theory, Culture, and Society*, 19(4), 2002.

**13.** 2002년도 보고서인 "Bigger monster, weaker chains," 〈www.aclu.org/privacy/privacylist.cfm?c=39〉 참조.

**14.** "Japan in uproar as 'Big Brother' computer file kicks in," 〈www. nytimes. com/2002/08/06/international/asia/06JAPA.html〉

**15.** Lawrence Lessig, *Code and Other Laws of Cyberspace* (New York: Basic Books, 1999).

**16.** Lucy Suchman, "Do categories have politics?" *Computer Supported Cooperative Work*, 2(1), 1994: 177-90.

**17.** Ian Barns, "Technological citizenship," in Alan Petersen, Ian Barns, Janice Dudley, and Patricia Harris, *Post-Structuralism, Citizenship, and Social Policy* (London: Routledge, 1999).

**18.** Langdon Winner, "Complexity, trust, and terror," *Net-Future*, 137, October 22, 2002, 〈www.netfuture.org/〉

**19.** Langdon Winner, "Technologies as forms of life," in his *The Whale and the Reactor: A Search for Limits in an Age of High Technology* (Chicago: University of Chicago Press, 1986) and Ian Barns, "The renewal of civic virtue and the difference technology makes," 미출간 논문, Sustainable Technology Policy Unit, Murdoch University, Perth, Australia, 2001. 보라.

**20.** David Noble, *The Religion of Technology: The Divinity of Man and the Spirit of Invention* (London: Penguin, 1997).

**21.** James W. Carey and James J. Quirk, "The mythos of the electronic revolution," *American Scholar*, 39(1), 1970: 219-41, and 39(2), 1970: 395-424.

**22.** Richard Jenkins, "Categorization: identity, social process, and epistemology," *Current Sociology*, 48(3), 2000: 7-25 참조. 그는 유행하고 있는 "성찰적 자아정체성 reflexive self-identity"에 초점을 맞추기보다, 사회학은 범주화에 훨씬 더 많은 관심을 기울여야 한다고 주장했다.

**23.** Sissela Bok, *Secrets: On the Ethics of Concealment and Revelation* (Oxford:

Oxford University Press, 1982), p. 106.

**24.** Kanishka Jayasuriya, "9/11 and the new 'anti-politics' of 'security'" (2002), 〈www.ssrc.org/septll/essays/jayasu-riya.htm/〉 참조

**25.** Ibid.

**26.** Hannah Arendt, *The Origins of Totalitarianism* (New York: Harcourt, Brace, Jovanovich, 1951).

**27.** 물론 누군가는 미국 행정부가 어딘가에서 테러 국가를 지원하고 지지해 왔으며, 그러므로 적어도 국가 테러리즘과 공모하고 있다고 주장할 수 있다. 예를 들어, John Pilger, *The New Rulers of the World* (London: Verso, 2002) 참조.

**28.** Craig Calhoun, "Plurality, promises, and public spaces," in Craig Calhoun and John McGowan (eds.), *Hannah Arendt and the Meaning of Politics* (Minneapolis: University of Minnesota Press, 1997), p. 236.

**29.** Bob Goudzewaard, *Idols of our Time* (Downers Grove: Inter-Varsity Press, 1984), p. 66.

**30.** Jacques Ellul, *The Meaning of the City* (Grand Rapids: Eerdmans, 1970), p. 76.

**31.** Ibid., pp. 192-3.

# 찾아보기